Delius Klasing
EDITION MOBY DICK

Mart Smeets

Die Spitzengruppe

Delius Klasing
EDITION MOBY DICK

Die Originalausgabe erschien unter dem Titel »De kopgroep«
beim Uitgeverij L.J. Veen Amsterdam / Antwerpen

Bibliografische Information Der Deutschen Bibliothek
Die Deutsche Bibliothek verzeichnet diese Publikation in der Deutschen Nationalbibliografie; detaillierte bibliografische Daten sind im Internet über „http:dnb.ddb.de“ abrufbar.

3. Auflage
ISBN 3-89595-173-0
Die Rechte für die deutsche Ausgabe liegen beim
Moby Dick Verlag, Postfach 3369, D-24032 Kiel

Übersetzt aus dem Holländischen von Egon Boesten
Titelfoto: Hans Heus
Titelgestaltung: Buchholz / Hinsch / Hensinger, Hamburg
Druck und Bucheinband: Clausen & Bosse, Leck
Printed in Germany 2002

Vertrieb: Delius Klasing Verlag, Siekerwall 21, D-33602 Bielefeld
Tel.: 05 21/5 59-0, Fax: 05 21/5 59-1 15
e-mail: info@delius-klasing.de
www.delius-klasing.de

Amsterdam

Es waren sieben. Tim van der Meer zählte die weißen, sich kräuselnden Streifen in der Luft und nickte: So war es gut. Kondensstreifen fand er unwahrscheinlich schön. Als Kind schon fand er es spannend, wenn er – mit seinen Eltern auf dem Weg nach Zandvoort – die beinahe unendlichen Streifen in der Luft sah. »Alles Flugzeuge«, sagte sein Vater, und dann zählte Tim in der Luft nach.

»Eine schöne Zahl«, murmelte er im Angesicht der sieben Streifen vor sich hin. Der Taxifahrer mit unverkennbar Amsterdamer Ausstrahlung sah ihn an: »Sprechen Sie auch schon mit sich selbst?« Danach setzte er die Koffer auf den Bürgersteig.

Ein auffällig gekleideter Hotelangestellter in gestreifter Weste und etwas zu enger Hose kam mit einem Gepäckkarren angelaufen. »Is this all, Sir?«, fragte er mit leichter Ironie in seiner Stimme.

»Nein, da kommt gleich noch ein Gepäckwagen«, sagte der Taxifahrer, ungefragt, aber schlagfertig.

Van der Meer gab dem Mann einen Hundert-Gulden-Schein und nickte: »Für den netten Empfang, würde ich sagen. Gönnen Sie sich ein Bier. Und wenn Sie den alten Cornelissen in diesen Tagen sehen, müssen Sie ihm sagen, dass ich im Lande bin. Ich bleibe mindestens bis Montag.«

Der Amsterdamer lachte: »Werde ich bestimmt machen, und ich werde meinen Kollegen erzählen, dass Sie wieder da sind.« Er lief um den Wagen, winkte, stieg ein und gab scharf Gas.

»Staying long?«, fragte die laufende Weste, während sie den Gepäckwagen vorwärts schob und Van der Meer den Vortritt auf dem Weg zur Rezeption ließ.

»Hängt davon ab«, antwortete Van der Meer und fügte hinzu: »Warum reden Sie eigentlich Englisch mit mir, Sie haben mich doch ganz normal Niederländisch sprechen hören?«

Der Mann schaute ihn mit leeren Augen an: »Hausordnung«, sagte er mit einem leichten Groninger Akzent.

»Well, fuck those rules«, dachte Van der Meer.

Nachdem er bei der Frau an der Rezeption seinen Namen genannt hatte, schienen alle Signale und Glocken im Hotel auf einmal zu läuten. Links hinten in der Rezeption ging eine Tür auf, und es trat eine Frau zwischen 30 und 40 nach vorn. Ihr Schritt hatte so eine gewisse bescheidene Begehrlichkeit, die ihn zum Lächeln brachte: Verlassen von ihrem Mann und allein lebend in der Nähe des Concertgebouw, dem bevorzugten Wohnviertel der kunstliebenden Amsterdamer Intelligenz, so schätzte er sie ein.

»Herr van der Meer … herzlich willkommen«, sagte sie und blinzelte ihn mit einem verführerischen Lächeln an. Bevor sie aber noch etwas sagen konnte, war rechts von ihr ein mittelgroßer Mann in einem schicken grauen Anzug mit etwas zu schnellem Schritt näher gekommen. »Hallo Tim, schön, dass du da bist«, sagte Eric Katzmann, Direktor des Hotels und irgendwie ein Freund vergangener Tage.

Van der Meer und er waren zusammen zur Grundschule gegangen und dann auch noch fünf Jahre zum Komenius-Gymnasium. Van der Meer hatte sich dann für den Radsport entschieden und Katzmann fürs Lernen und eine echte Karriere in der Hotelbranche.

Van der Meer hatte seinen früheren Klassenkameraden am Telefon gesprochen, Zimmer bestellt und mit diversen Faxen deutlich gemacht, was er am kommenden Wochenende alles wollte – und immer hatte Katzman geantwortet, dass nichts ein Problem sei, dass alles im Crowne Plaza möglich wäre und dass das gesamte Wochenende ein einziges Zusammengehen von Spaß, Fest und Freude werden würde.

Van der Meer streckte seine Hand aus und fühlte einen festen Griff. Gott, was hasste er Männer, die ein schlappes Händeschütteln erwiderten; dieses taugte zu etwas, hier stand ein Mann mit Biss. Er selbst bekam immer zu hören, dass seine Hände zu fest zugriffen, dass er beinahe kniff. Auch empfand er Männer, die nur die Finger ihres Gegenübers nahmen, als fürchterlich. Wer hatte ihnen das bloß beigebracht? Er glaubte, dass dies ein typisch katholisches Händeschütteln sei.

Katzman stellte seine Assistentin vor, die Frau, die ihn so herzlich begrüßt hatte. Jacqueline hieß sie; ihren Nachnamen hatte er nicht richtig verstanden.

»Hallo«, sagte er mit klarer Stimme und wartete kurz.

»Ich lasse alles in deine Suite bringen. Du hast Nummer 16, oben. Ein ruhiges Schlafzimmer, so wie du es haben wolltest«, sagte Katzman und wies mit einer Hand zur Bar: »Ein Willkommenstrunk scheint mir jetzt angebracht.«

Van der Meer wollte dankend ablehnen, überlegte es sich aber anders. Nach den vielen Wochen des Telefonierens und Faxens zur Vorbereitung dieses Wochenendes schien ihm eine persönliche Geste wichtig. »Gern«, nickte er und folgte Katzman, Jacqueline dicht neben ihm.

»Woher kommst du jetzt eigentlich?«, fragte Katzman, während er ein Zeichen gab.

Van der Meer antwortete: »New York.« Kurze Zeit blieb es still. Etwas später standen die drei mit einem Glas Champagner in der Hand in der Bar.

»Wohnst du da, oder womit hängt das zusammen?« Katzman trank auf schöne Tage. Die drei Gläser klirrten aneinander, und Van der Meer dachte: drei Gläser, schöne Zahl.

»Da habe ich auch Koffer stehen«, antwortete er dann, eigentlich ohne nachzudenken.

Eine halbe Stunde später hatte er seine Sachen ausgepackt, Anzüge aufgehängt, seine Schuhe in den Schrank gestellt, dabei mit halbem Auge zum Fernseher geschaut. Es lief gerade eine Morgen-Show, aber weil er in den letzten Jahren kaum oder gar nicht in den Niederlanden gewesen war, hatte er überhaupt keine Vorstellung davon, wer die Moderatorin war und worum es in diesem Programm ging. Eine etwas trutschige Dame sprach allerlei Unsinn, und er sah auf einmal, gerade als er seine Oberhemden sorgfältig zusammengelegt hatte, eine Frau, die er von früher kannte. »Jesus, Joanne, die Zeit ist für dich auch nicht stehen geblieben«, sagte er in Richtung Bildschirm. Während er sich auszog, versuchte er sich zu erinnern, wann die Frau, die gerade etwas über Gebärmutterkrebs erklärte, während der Tour de Suisse, die er übrigens nicht zu gewinnen gewusst hatte, zu ihm gekommen war.

Er rechnete zurück. War es vor acht Jahren? Er ging unter die Dusche und nickte. Vor acht Jahren, irgendwo in einem netten Hotel in Davos. Da war sie mit einem Kamerateam gekommen, und genau da hatte sie eine Reportage gemacht über den Führenden in der Tour de Suisse, den Amsterdamer Teufelskerl, der Tim van der Meer hieß, der niemanden fürchtete und der ein halbes Jahr vorher um ein Haar Sportler des Jahres in den Niederlanden geworden wäre.

Während er unter der Dusche stand, erinnerte er sich, wie sie in seinem kleinen Zimmer auf ihn zugegangen war. Sie hatte zuerst lockere Fragen gestellt, die er ohne Mühe und mit viel Humor beantworten konnte, aber als sie sehr schnell auf das Thema Doping im Radrennsport übergegangen war, fühlte sich Van der Meer nicht mehr so entspannt. Er war auf der Hut gewesen, denn sie schien ziemlich genau Bescheid zu wissen.

In der vorletzten Frage war sie sehr direkt geworden: Ob er wohl schon mal unerlaubte Mittel genommen hätte.

Er hatte spontan mit Ja geantwortet und dann kurz danach hinzugefügt, dass er darauf nicht weiter eingehen wolle. Aber das Ja war ein paar Tage später Grund genug für die niederländische Sensationspresse gewesen, ihn an den Pranger zu stellen. Er erinnerte sich noch genau an die Überschrift eines dreckigen Sensationsblattes: »Radrennfahrer Van der Meer gibt Drogengebrauch zu.« Und er wusste auch noch, wie er von Valencia aus eine Ansichtskarte an die Redaktion dieser Zeitung geschickt hatte, mit dem herausfordernden Text: »Lieber Henk, es gibt einen ziemlich großen Unterschied zwischen Drogen und Doping, aber das wird für Euch Naivlinge wohl immer dasselbe bleiben. Viele Grüße, Tim.« Er hatte ein Fahrrad unter seinem Namen gemalt und hatte nicht einen Augenblick daran gedacht, dass seine Ansichtskarte zwei Wochen später in diesem Klatschblatt auf Seite 3 abgedruckt werden könnte. Seit diesem Tag lebte er mit allem und jedem aus der niederländischen Klatschjournaille auf Kriegsfuß. Jeden Monat wurde irgendetwas Grässliches über ihn geschrieben, aber das berührte ihn kaum.

Nach jenem Fernseh-Interview war er auch zu einem heißen Eisen in der heimischen Sportpresse geworden. Er war der Topfahrer, der in aller Seelenruhe vor der Kamera zugegeben hatte, mal was genommen zu haben. Bis dahin waren es immer Fahrer gewesen, die fünf Jahre vorher mit dem Sport aufgehört hatten: Bedauernswerte Typen aus kleinen Provinznestern, Nullnummern, die ihren kleinen Missgriff auf bombastische Weise auszubeuten suchten.

Van der Meer band sich ein Handtuch um und schaute wieder zum Fernsehgerät. Der Frau, die ihn damals in diesem kleinen Zimmer in Davos befragt hatte, war er später noch mal in einem Hotel in Paris begegnet. Van der Meer erinnerte sich noch sehr gut an diesen Augenblick: Er hatte sie hineinkommen sehen mit einem hübschen, jungen Mann an der Hand. In der Nähe des Treppengeländers hatte er im wahrsten Sinne des Wortes ihren Weg gekreuzt und hatte sie ihm errötend und stammelnd erklärt, dass sie eine Reportage mache ... Etwas für eine Modesendung oder so ähnlich. Das französische Bürschchen hatte ihn die ganze Zeit hindurch wenig intelligent angestarrt.

Van der Meer ging seinen Aufenthalt für die nächsten fünf Tage durch. Er hatte mit Jacqueline verabredet, in einer Viertelstunde alles zu besprechen. Er hatte Katzman so verstanden, dass sie so in etwa alles organisiert hatte, dass sie die ganze Geschichte kannte und dass sie zu jeder Zeit ansprechbar sein würde, auch in ihrer Freizeit.

»Kundendienst«, hatte Katzman mit einem strahlenden Gesicht angemerkt.

Van der Meer hatte kurz innegehalten und dann gesagt, dass so etwas nicht nötig wäre. »Wie alt ist deine Assistentin?«, hatte er Katzman gefragt, als sie die Bar verlassen hatte. »Siebenunddreißig«, war die Antwort, woraufhin Van der Meer nur genickt hatte. Siebenunddreißig, eine sehr schöne Zahl, hatte er gedacht. Er hatte die Frau genau gemustert, als sie kurz darauf mit einer Mappe mit vielen Blättern zurückgekommen war und sich neben ihn gesetzt hatte. Es war irgendwas ziemlich Interessantes an ihr, aber was genau, wusste er nicht zu sagen. »Ist was?«, hatte sie gefragt, und er hatte nur seinen Kopf geschüttelt.

Er ließ das Telefon kurz klingeln, trocknete sich die Füße ab und nahm den Hörer auf.

Jacqueline fragte, ob er etwas bei ihrer Unterredung in zehn Minuten zu essen wünsche oder ob Tee und Mineralwasser ausreichten.

»Sandwiches und Tee – das reicht«, sagte er, und er legte den Hörer auf, um ihn gleich wieder abzuheben und wieder aufzulegen. Das konnte warten.

Er stieg in eine Boxershorts, eine frisch gewaschene khakifarbene Hose und überlegte, was er noch anziehen sollte. Jacke und Krawatte? Nein, er suchte sich ein T-Shirt und ein Poloshirt und steckte seine Füße in ausgetragene Timberlands. Er musste seine Zehennägel schneiden, das spürte er. Im Badezimmer kämmte er in aller Ruhe seine lockigen Haare, ließ ein paar Tropfen Aftershave auf die Hand laufen und rieb damit seine Kinnbacken ein. Er sah sich im Spiegel und grummelte: O.K., aber an der Grenze. Was früher mal glatt war, bekam jetzt doch gefährliche Falten.

Er schaute auf seine Uhr. Er hatte noch fünf Minuten. Wieder nahm er das Telefon, wartete kurz, legte den Hörer aber doch wieder auf. Warum wollte er das so gern? Ganz kurz blieb er unschlüssig sitzen, biss sich auf die Unterlippe und stand auf. Warum wollte er jetzt wissen, was sie gerade tat? Er lächelte in sich hinein. Verrückt, aber jedes Mal, wenn er in den Niederlanden war, spielte er dieses Spiel mit seinem zweiten Ich. Immer gab es den unerklärlichen

Drang danach, ihre Nummer anzurufen. Oft hatte er ihre Stimme über einen nachlässig formulierten Text auf dem Antwortapparat gehört und den Hörer vor dem Piepton aufgelegt. Zweimal hatte sie abgenommen und er hatte kurz, mit angehaltenem Atem, ihrer Stimme gelauscht, und einmal hatte eine Männerstimme laut »Ja, wer ist da?« gesagt. Jedesmal hatte er vorsichtig den Hörer aufgelegt und dabei sein Herz höher schlagen gefühlt. Jetzt lief er zur Tür hinaus, ging rechts den Gang hinunter, nahm den Aufzug und setzte sich wenig später zu der Frau an den Tisch, die ihn mit einem beinahe kühlen Blick begrüßte.

»Ich habe einiges nachlesen müssen«, sagte Jacqueline, und sie holte einen Stapel Fotokopien aus ihren mitgebrachten Mappen. »Schauen Sie, dies ist alles über diese eine Etappe geschrieben worden.« An die dreißig DIN-A-4-Seiten. Sie breitete die Blätter auf dem Tisch aus.

Er nickte ihr zu. Er erkannte bestimmte Ausschnitte und Fotos, und sagte, dass er das wisse. Es käme nicht von ungefähr, dass er hier wäre; es gäbe einiges zu feiern, denn es würde an diesem Wochenende genau sieben Jahre her sein, dass diese bestimmte Etappe gefahren wurde.

Die Frau packte die Blätter schnell zusammen, öffnete einen der Ordner und schaute Van der Meer an. »Niemand hat abgesagt, und so viel ich weiß, sind alle Tickets bei jedem zu Hause abgegeben worden«, begann sie.

Er schaute auf das Papier; der Bogen war in sich logisch und übersichtlich ausgefüllt. Von seinem Platz aus konnte er es noch entziffern: Reisen, Ankunft, Zimmer, Abfahrt und Extras. An der linken Seite las er die Namen seiner sechs Gäste, und überall war in den diversen Spalten irgendwas aufgeschrieben.

»Alles geht seinen Gang?« fragte er.

Jacqueline schenkte Tee ein, und ohne ihn zu fragen stellte sie ihm eine Tasse hin.

»Thanks«, antwortete er ohne nachzudenken. »Und wie sieht es mit der Abteilung Unterhaltung aus?«

Jacqueline schaute auf und legte ihr Gesicht in strenge Falten: »Wie Sie es gewünscht haben. Mit dem Zusatz, dass ich locker das Budget überschritten habe, aber das ging fast nicht anders, weil sie so anspruchsvoll gewesen sind.«

Van der Meer erhielt ein anderes Blatt. Ab Freitag Mittag lief dieser Plan für die Gruppe, die sie in all ihren Aufzeichnungen »Die Spitzengruppe« genannt hatte. »Weshalb dieser Name?«, fragte er, und ohne zu warten antwortete sie: »Wenn man all diese Artikel gelesen hat, bleibt dieser Begriff hängen. Sie waren zu siebt ... Ich muss gestehen, dass ich davon sieben Jahre lang nichts mitbekommen habe. Es scheint wohl etwas Besonderes gewesen zu sein. Oder nicht?«

Sie schaute ihn an, ganz offen, gerade in die Augen. Van der Meer nickte nur, hielt kurz inne und sagte dann: »Ja, ich glaube wirklich, dass es etwas Besonderes war. Ich verdanke dem sogar fast meine Existenz ... um es ganz einfach auszudrücken.«

Danach hatten sie zwei Seiten des Drehbuchs durchgenommen und er hatte sich bedankt für die sorgfältige Arbeit, die sie ihm vorgelegt hatte. »Was den Etat betrifft ... ja, es hört sich verrückt an, aber ich schaue nicht auf ein paar tausend Gulden mehr oder weniger«, hatte er vorsichtig formuliert. Sie hatte ihn daraufhin bestimmt fünf Sekunden lang gebannt angeschaut und dann gesagt: »Ich hatte schon befürchtet, dass Sie so etwas sagen würden.«

Sie hatte ihre Unterlagen zusammengelegt und war schnell zur Tür des Hotelbüros gegangen.

»Warum?«, hatte er ihr nachgerufen.

Sie hatte sich umgedreht: »Es liegen eine Menge Faxe für Sie an der Rezeption. Ich werde sie auf Ihr Zimmer bringen lassen.«

»Das ist keine Antwort auf mein Wieso«, hatte er gesagt, und sie hatte bejaht: »Das weiß ich.«

Er hatte ihr nachgeblickt. Er schätzte sie, während sie zum Lift ging, auf einen Meter siebenundsiebzig. »Das wäre doch eine schöne Zahl«, sagte er sich selbst, während sich die Aufzugstür hinter ihr schloss.

In seinem Zimmer hatte er sich direkt den Telefonhörer geschnappt und unwillkürlich die Nummer gewählt, die er wahrscheinlich sein Leben lang nicht vergessen würde. Genau neunmal hatte er es klingeln lassen, und kurz bevor er auflegen wollte, hatte er ihre Stimme gehört. Sofort hatte er den Hörer aufgelegt und gestöhnt: »Dummkopf! Riesen-Dummkopf!«

Vor sieben Jahren war er von ihr geschieden worden, und seit dieser Zeit hatte er sie genau zweimal gesprochen, zweimal bei der Beerdigung eines Familienangehörigen. Beide Male hatten sie sich als vollkommen Fremde gegenüber gestanden, zum letzten Mal im vergangenen Jahr auf dem Westgaarde-Friedhof. Auch noch im Regen. Er hatte auf sie gewartet, während sein Taxi für die Fahrt nach Schiphol bereits parat stand. Sie hatte ihn stehen sehen und war mit einem eher ironischen Lächeln im Gesicht auf ihn zugegangen. »Ich höre aus einigen Interviews, dass es dir finanziell gut geht«, hatte sie gesagt, und er hatte nichts anders tun können, als zustimmend zu nicken: »Stimmt. Und was spricht dagegen?« Sie hatten sich drei Minuten gegenüber gestanden, und der freundlichste Satz, der gesprochen wurde, kam aus ihrem Mund. Sie hatte ihre rechte Hand auf seine Schulter gelegt und ihm gesagt: »Was bist du doch für ein armseliger Fall! Du hast alles, du warst ein berühmter Sportler, du hast jetzt, so verstehe ich es, ein ganzes Imperium – und doch hast du nichts... Du hast noch nicht einmal ein Zuhause, weißt du das eigentlich?«

Er hatte genickt, hatte ihre Hand hinuntergleiten lassen, indem er einen Schritt zurückgetreten war: »Geht's dir gut?«

Bevor sie dann überhaupt noch etwas sagen konnten, hatte irgendeine Tante mit hysterischer Stimme laut gerufen, Hélène müsse sich beeilen, denn die Trauergemeinde warte. Sie hatte ihre Lider gesenkt und ihn ganz kurz mit zwei Fingern an seiner Wange berührt: »Es geht so.« Sie war auf den großen Parkplatz zurückgelaufen. Er hatte sich ins Taxi zum Flughafen gesetzt, und sich später an Bord der KLM einige doppelte Bourbons einschenken lassen.

Saint-Gervais-les-Bains

Als José, der belgische Soigneur, die Gardinen beiseite schob, wusste Van der Meer kurzzeitig nicht, wo er war. »Es wird heute sehr heiß werden, vor allen Dingen in den Bergen«, sagte der ältere Mann in der anderen Ecke des Zimmers. Er legte drei Pillen auf den Tisch, versetzte dem Bett an der Seite einen Fußtritt und rief: »Vorwärts, du Sau, komm aus deinem Stall«, und verließ das Zimmer.

Langsam drang das Tageslicht zu Van der Meer vor. Er reckte sich und stand auf, lief gedankenverloren ins Badezimmer und zielte seinen Morgenstrahl ins kleine WC-Becken. Danach schnappte er sich Zahnpasta und Zahnbürste und ging unter die Dusche. Er putzte so wie immer seine Zähne, während das lauwarme Wasser auf seinen Kopf prasselte.

Er lief nackt und tropfend in sein Zimmer zurück und hörte, wie der Gepäckmann im Flur beschäftigt war. »He, Arie, ein bisschen ruhiger. Du weißt doch, dass heute eine Bergetappe ansteht?«, rief er durch die halb offen stehende Tür. Eine Stimme aus dem Gang plärrte zurück: »Koffer fertig machen in zwanzig Minuten. Sorg du dafür, dass du heute Abend wieder am Tisch sitzt und morgen noch eine Rückennummer hast.«

Van der Meer lachte in sich hinein. Arie war ein hundsgemeiner Kerl, Neffe des Sponsors und Chauffeur des Gepäckwagens. Jeden Morgen stand er um sechs Uhr auf, joggte erst eine halbe Stunde, zerrte an irgendwelchen Gewichten und sorgte dann fürs Gepäck der Mannschaft. Meistens hatte er schon alles weggepackt, wenn die Fahrer zum Start rollten, und vor dem Startschuss raste er bereits über die Autobahn zum nächsten Hotel. »He, Arie«, rief Van der Meer, und der Junge betrat das Zimmer: »Ja, was gibt's denn?«

»Noch jemand bei dir im Wagen gewesen heute Morgen?« Arie schaute ihn kurz an: »Ja, José, aber schon sehr früh. Er musste ein paar Sachen aus dem Kühlschrank haben, mehr nicht.« Van der Meer nickte. Er hatte die Botschaft begriffen.

Er zog schnell eine Trainingshose an, ein paar Schlappen und ein Hemd der Houston Rockets. Er wusste, dass er den PR-Mann seiner Mannschaft zum Kochen bringen konnte, wenn er ohne ihr Tischtrikot zum Frühstück kam. Während der Klassiker im Frühjahr hatte man ihn noch dazu verpflichtet, aber bei der Romandie-Rundfahrt hatte Van der Meer vorsichtig, aber sehr deutlich, einen Versuchsballon steigen lassen und eines Abends ein T-Shirt ohne Werbeaufdruck angezogen. Nur Robert den Daas, sein Teamchef, hatte etwas gesagt, sinngemäß: »Ein schöner Sponsorname auf deinem Hemd«, aber darüber hinaus hatte niemand reagiert, auch Peter Janssen nicht, der PR-Mensch, der nach jeder Zielankunft vor allem damit beschäftigt war, Kappen und Sonnenbrillen zu verteilen, bevor die Radrennfahrer vor laufender Kamera interviewt wurden.

»Morgen«, murmelte Van der Meer und setzte sich an den Tisch. Er war einer der Letzten. Die anderen Fahrer saßen und aßen still.

Van der Meer bediente sich von den Spaghetti, streute Zucker über den dampfenden Teig und trank den heißen Tee, den José für ihn eingeschenkt hatte. »Komm gleich noch kurz auf mein Zimmer«, sagte der alte Betreuer. Er hatte schon verstanden.

»Hört zu«, begann Den Daas mit einem Male, und ein paar Fahrer schauten erstaunt auf ihren Teamchef. Was war das? Eine Taktik-Besprechung? Van der Meer blickte auf den Mann, mit dem er mal eineinhalb Jahre zusammen gefahren war. Er sah plötzlich die Bilder der vorletzten Etappe der Vuelta vor sich, als sie gemeinsam in Richtung Ziel fuhren. Den Daas hatte das Preisgeld des Tages plus einige Extras angeboten, aber Van der Meer, der damals für eine kleine amerikanische Mannschaft fuhr und überhaupt keinen Bock darauf hatte, sich diesen Sieg nehmen zu lassen, hatte Nein gesagt.

»Vielleicht mein letzter Sieg«, hatte Den Daas zwei Kilometer vor dem Ziel mit hoher Stimme gerufen, und Van der Meer hatte dem Veteranen geantwortet: »Dann sprinte doch nach vorn.« Auf der Linie hatte Van der Meer mit drei Längen Vorsprung gewonnen und mit schäbigem Grinsen zur Seite geblickt. Den Daas hatte ihn ein halbes Jahr ignoriert, und auch jetzt glaubte Van der Meer gelegentlich zu spüren, dass er ihm noch immer nicht vergeben hatte.

»Hört zu, es wird heute schwer werden«, begann Den Daas, und Van der Meer schnitt sich ein Hörnchen auf.

»Mein Gott, was ein Blödsinn«, dachte er, und er begriff, dass der Teamchef vor allem eine Besprechung mit den jungen Fahrern im Sinn hatte. Ohne seinen Mannschaftsleiter zu beachten, schmierte er sich das Hörnchen dick mit Marmelade. »Verschwendet nicht eure Kräfte ... bleibt lange in der Gruppe oder sucht euch einen Bus, wo ihr das Tempo mithalten könnt ... Achtet auf Fahrer wie Lopez, Koch oder Rusconi; das sind die Meister des Tempohaltens im Bus. Ich werde unseren zweiten Wagen den ganzen Tag hinter dem letzten Fahrer halten, aber dann darf der nicht mehr als eineinhalb Stunden Rückstand haben ... Wer weiter zurückfällt, muss heute für sich selbst sorgen ... Und, äh, Tim, ich nehme an, dass du deine Top-Position heute nicht auf Teufel komm raus verteidigen willst?«

Jeder am Tisch schaute auf Van der Meer, der gerade einen großen Bissen Brot im Mund hatte. Er nickte und mampfte: »Gut erkannt.«

Er nahm einen Schluck, spülte damit seinen Mund, schluckte und sagte: »Niemand braucht heute vom Start an in meiner Nähe zu bleiben. Jeder kann heute für sich selbst sorgen. Die Spanier werden erst nach dem dritten Gipfel angreifen. Meiner Meinung nach sind die Typen alle ohne Bedeutung, aber heute werden sie geladen und hoch motiviert auf dem Fahrrad sitzen.«

Zehn Minuten später hatte er Josés Zimmer betreten. »Ist das der sterile Bereich?«, hatte er leicht amüsiert gerufen, und der Betreuer hatte ihn daraufhin strafend angesehen. »Vierzig Jahre im Geschäft, immer die Gunst der Stunde genutzt, nie schmutzige Nadeln in meiner Tasche gehabt.« Van der Meer hatte seine Trainingshose über dem Hintern hinuntergezogen und sich umgedreht, und der alte Betreuer hatte routiniert die kleine Menge Flüssigkeit injiziert. Er hatte dem Fahrer einen Klaps gegeben und gerufen: »So kommst du rechtzeitig ins Ziel.« Van der Meer hatte das Zimmer verlassen und war auf Arie gestoßen, der zwei Koffer schleppte. »Er hat heute Morgen bestimmt das feine Zeugs genommen«, lachte der, und Van der Meer erwiderte sein Lachen: »Ich bleibe hellwach, ich kann klettern, ich bin konzentriert in den Abfahrten und habe überhaupt keine Mühe mit der Distanz ... O what fun it is to ride in an one-horse open sleigh.«

In seinem Zimmer angekommen, ging er genüsslich aufs Klo. Nichts fand er beruhigender als einen stabilen Morgenschiss, am liebsten mit einer Zeitung unterm Arm. »Herrgott«, seufzte Van der Meer auf, als er sah, dass das Toilettenpapier aus fein ineinander gefaltetem hauchdünnem Papier bestand, »da werde ich vierzig von brauchen. Scheiß Zahl«, brummte er hinterher. Wieder zurück im Zimmer schnappte er sich seine Radrennhose, rubbelte das Leder und ging wieder ins Bad. Wenn er etwas nicht ausstehen konnte, dann war es eine schmutzige Hose. Er kam schon mal in Zimmer anderer Fahrer und sah dort Hosen hängen mit großen, braunen Schleifspuren auf ockergelbem Leder. Natürlich, er hatte den Scheiß auch schon mal laufen lassen müssen, aber eigentlich lieber nicht. Deshalb zog er ein Handtuch durch sein Hinterteil und besah sich belustigt das Ergebnis. Dann faltete er das Handtuch so, dass sein helles Morgengemälde innen zu liegen kam. So war es netter für das Zimmermädchen...

Danach zog er saubere Strümpfe an, zog sein Shirt über den Kopf, stieg in seine Rennschuhe und kämmte mit beiden Händen sein Haar nach hinten. Er sah gut aus, befand er selbst, und nickte seinem Spiegelbild zu: »Good luck today.«

Ganz kurz blieb er stehen und inspizierte sein eigenes Bild. Meine Güte, was hasste er schwere Bergetappen, was hasste er die langweiligen Abfahrten, das Gerase um eine halbe Minute Gewinn, das stumpfsinnige Getue um nichts.

Er brauchte vor dieser Etappe keine Angst zu haben. Er war ein leidlich guter Kletterer, und erst auf den wirklich hohen Gipfeln musste er zurückschalten, um mit Franzosen und Italienern mithalten zu können. »Was quakst du dann?«, fagte er sein Spiegelbild. »I don't like the whole fucking Tour de France«, hörte er sich selbst sagen. Dann nahm er die Pillen von José vom Tisch, steckte sie in seine linke Trikottasche und verließ das Zimmer: Arie würde seinen Koffer mitnehmen wollen.

Nach drei Schritten im Gang machte er auf einmal kehrt, ging zurück und nahm das Telefon vom Haken, das über dem Fernsehgerät hing. Schnell drückte er eine ganze Serie von Ziffern und wartete.

»Hallo«, sagte eine Stimme.

»Hi, du brauchst heute nicht zu gucken, weißt du... Es wird wohl eine lange Übertragung sein mit all den Gipfeln, aber ich habe nicht vor, heute irgendetwas Ernsthaftes zu unternehmen; du wirst mich also nicht im Bild sehen können... Vielleicht irgendwo im Hauptfeld«, sprach er in den Hörer. Das Gespräch dauerte noch zwei Minuten, und mit einem schneidigen »Und dann noch viel Spaß am Strand!« legte er auf. Während er durch den Gang lief, dachte er beinahe laut: Ich fahre mich hier kaputt – und Madame stellt ihren schönen Körper für die verwöhnten Strandjungs von Bloemendaal zur Schau.

Der Start war irgendwo am Rande der Stadt, in einem kleinen Park. Van der Meer fuhr langsam durchs Publikum, grüßte den französischen Polizisten, der am Ende der Absperrung die Leute abwehrte, die kein Kärtchen um den Hals hängen hatten, und stellte sein Fahrrad an einen der Mannschaftsführerwagen. Er lief zum kleinen Podium, wo der Sprecher auf Hochtouren seine Kenntnis des internationalen Radrennsports herausposaunte, gab dem alten Jury-Mitglied die Hand, das jeden Tag bei der Anwesenheitsliste postiert war, und unterschrieb mit schneller Schrift an der Stelle mit der Nummer 137: VdM. Er legte den Kugelschreiber hin, grüßte die beiden Fahrer des deutschen Weltcom-Teams und verließ das Podium.

Der Sprecher schickte ihm lautstark hinterher: »Voilà Tiemmmm Vander Meeeer, le champion hollandia, vainquer ...« Van der Meer hörte schon gar nicht mehr hin. Er hatte die Sätze des eitlen Fatzkes auf diesem Podium schon oft genug gehört. Zwar hatte er Respekt vor dem Mann wegen seiner phänomenalen Kenntnis der Radsportresultate, aber die typisch französische Art, in seinen Kommentaren zu übertreiben, war ihm zuwider. Er hörte einen kleinen Applaus aus Richtung der Zuschauer gegenüber dem Start, und ohne dabei nachzudenken winkte er hinüber. Er nahm sein Fahrrad, schaute auf seine Uhr und sah, dass er noch eine knappe Viertelstunde Zeit hatte, bevor die Etappe beginnen würde. Die meisten Fahrer suchten nach Schatten in ihren Mannschaftsführerwagen; nur ein paar Franzosen waren in den Startort hineingefahren für den Frühstückskaffee.

»Morgen, Tim.« Van der Meer blickte auf und sah, dass es Rolf Wagen war, ein noch junger, aber sehr gut informierter Journalist, der als freier Autor für verschiedene Zeitungen über die Tour berichtete. »Morgen«, kläffte er zurück und zog vorsichtig die Bremse. Der Journalist stellte sich neben ihn und kramte seinen Notizblock heraus: »Ihre Erwartungen heute?«

Van der Meer atmete einmal tief durch und sagte: »Was mich selbst betrifft, nicht allzu große. Ich finde diese Art von Etappen nicht schön. Sie sind schwer und lang, und das liegt mir nicht. Kurz und schwer ist kein Problem, lang und flach bewältige ich auch ganz gut, aber das hier ist mir zu viel.«

»Werden Sie angreifen?«, fragte der Journalist.

Van der Meer schüttelte seinen Kopf: »Ich weiß es nicht, aber ich habe keinen Plan, wenn Sie das meinen. Ich glaube, dass ich bei den besten 30 mithalten kann, aber alles hängt davon ab, wie gefahren wird. Wenn es ein paar Verrückte gibt, die gleich am ersten Gipfel klotzen ..., ja, dann weiß man es niemals. Ich werde auf jeden Fall meinen zehnten Platz im Gesamtklassement nicht verteidigen.«

»Achten Sie auf White vom Bald-Eagle-Team«, sagte Wagen, und Van der Meer fragte: »Wieso?«

»Ich saß gestern in deren Hotel und konnte das Tischgespräch mühelos mithören. White rief ein paar Mal, dass er morgen reinhauen werde und dass er ernsthaft vorhabe, die europäischen Arschlöcher schnell an die Schmerzgrenze zu bringen.«

Van der Meer musste lachen. Er kannte White zur Genüge. Chris White, Neuling, Sohn eines Geigenbauers aus Vermont.

Sie waren noch bei den offenen amerikanischen Meisterschaften zusammen 60 Kilometer lang an der Spitze gefahren und hatten manchmal miteinander gesprochen. Smalltalk wie: »Bist du noch nicht müde?«, oder: »Etwas zu trinken?«, und später dann noch etwas über die grünen Hügel von Vermont und das flache Land rund um Amsterdam. White hatte erzählt, dass zu Hause ein Poster von Van der Meer in seiner Scheune hing. Ein Foto vom Sprint im Giro, als vier Italiener ineinander stürzten und der eine Holländer diese Etappe ganz einfach gewann. Man sah in der Straßenmitte vier fallende Radrennfahrer und ansonsten nichts, nur nah am Publikum Van der Meer, der sichtlich zufrieden gewesen wäre mit einem fünften Platz, der aber nun auf einmal Sieger wurde.

Siebzehn Kilometer vor dem Ziel waren Van der Meer und White durch eine Gruppe von 19 Fahrern eingeholt worden, wonach Van der Meer sich 1.500 Meter vor dem Finish mehr oder weniger zufällig an drei ungeschickt ausreißende Amerikaner ranhängen konnte und dann ganz simpel den Sprint und 40.000 Dollar gewann. Sie waren sich am selben Abend noch in Philadelphia begegnet. »Du wirst noch von mir hören«, hatte der Anfänger-Ami fest gesagt, und Van der Meer hatte geantwortet: »Sure.«

»Chris White mag wohl ein ordentlicher Fahrer sein ..., was er heute vors Rad bekommt, ist noch zu viel für ihn«, sagte Van der Meer, und der Journalist ihm gegenüber nickte: »Das glaube ich auch.«

Ein Stück weiter hatte er die Glocke gehört, das Zeichen dafür, dass der Start in fünf Minuten stattfinden würde. Es wurde heute direkt gestartet. Keine neutralisierte Spazierfahrt durch die Stadt, keine kilometerlange Show fürs Urlauberpublikum; es hieß direkt Flagge runter und rauf Richtung Megève.

Van der Meer postierte sich an der linken Seite der Straße und schaute sich um. Pierre Jossilin mit dem Gelben Trikot stand nicht weit davon entfernt und grüßte in seine Richtung: »Bonjour!«, und Van der Meer grüßte zurück. Meistens reichten französische Fahrer sich die Hand. Warum sie das taten, wusste er nicht, er musste das nie haben. Die Italiener hakten sich vor dem Start unter, die Deutschen gingen en groupe Zeitung lesen. Und er? Van der Meer mochte keine Stereotypen. Er war selbst auch keines, oder vielleicht doch? War er der nüchterne Holländer? Jemand, der gern gegen den Wind fuhr und so seine eigenen Macken und Eigenheiten im Fahrerfeld mit sich herumschleppte. Er war viel allein, hatte wohl ein paar Kumpel bei so einem großen Wettkampf wie der Tour, aber er war so richtig mit niemandem befreundet. Es gab einen Schweizer, Raymond Zamara, den er gern mochte, aber Zamara war zwei Tage vorher ausgestiegen, weil er keine Lust darauf hatte, sich durch die Alpen zu quälen. »Viel Glück«, hatte er zu Van der Meer gesagt, als der ihn abends in seinem Hotelzimmer angerufen hatte.

Es war 16 Minuten vor 9 – und alle 166 Fahrer standen am Start. Van der Meer schob seine Weichteile ins linke Hosenbein, zog eine Falte an seinem rechten Socken glatt und fuhr los. Die Straße lief schräg hoch, und er hörte um sich herum Flüche in verschiedenen Sprachen. Die Jungs, die nicht aufgepasst hatten, mussten rasch zurückschalten, und knirschend und polternd machte sich die große Gruppe auf den Weg. »Noch 254 Kilometer«, sagte Van der Meer, als der Belgier Fons de Ruck neben ihn rollte.

Der Flame lachte: »Nur eine Neun-Stunden-Etappe, was eine Ehre, Profi-Fahrer zu sein.«

»So ist das eben«, rief Van der Meer zurück, und er sah, dass zwanzig Meter vor ihm die Straße rechtwinklig nach links abknickte. Er beschleunigte kurz, kam links am ersten Fahrer vorbei, nahm die Kurve locker und hörte dann hinter sich das bekannte Geräusch von übereinander stürzenden Radfahrern. Er trat noch ein paar Mal kräftig in die Pedale, um dann nach rechts zu fahren, setzte sich aufrecht und schaute sich um. In seiner Nähe waren vielleicht noch zehn Fahrer, die alle aufrecht saßen und nach hinten guckten.

Die Straße führte schräg abwärts und dann nach rechts, und auf einmal hörte er einen Schrei: »Let's fucking go.« Er sah Chris White beschleunigen und wegfahren. Scheißkerl, dachte Van der Meer. Er fuhr noch kurz locker weiter und sah, wie sich auf der rechten Straßenseite fünf weitere Fahrer krumm machten. Kurzfristig dachte Van der Meer, dass er, hätte er jetzt eine Pistole dabei, jeden einzelnen von ihnen vom Fahrrad geschossen hätte. Aber bevor er es richtig begriffen hatte, schaltete er schon, gewann an Tempo und war kurz darauf am Hinterrad eines Fahrers, den er nicht kannte. Der hatte Rückennummer 14: Es war ein Italiener vom starken Bison-Team. Van der Meer machte zwei schnelle Umdrehungen und setzte sich schräg neben diesen letzten Fahrer der Gruppe. Er sah, dass es Ottavio Dazan war, der abgewichsteste Fahrer dieser gesamten Tour, ein mit allen Wassern gewaschener, manchmal etwas übertrieben gestylter Kerl mit dem Beinamen »Die Nase«.

Der Italiener schaute kurz auf, um zu sehen, wer den Anschluss schaffen würde, und beide setzten sich aufrecht und sahen sich um.

Nichts. Sie sahen überhaupt nichts. Es gab ein Loch von mindestens 500 Metern, die Straße war beängstigend leer. Wieder drehten sich beide um. Sie sahen keine Motorradpolizisten, keine Autos, geschweige denn Radrennfahrer, und deshalb machten sie ihren Rücken krumm und fuhren das entstandene Loch von knapp dreißig Metern schnell wieder zu.

Van der Meer sah auf seinen Tacho. Sie waren kaum 1.500 Meter gefahren, als der Massensturz geschehen war. Er blickte den Italiener an, und der reagierte mit einem Grinsen: »Imbecilli.« Van der Meer nickte. Vor ihnen fuhren noch fünf Leute, und einen von ihnen erkannte er ganz deutlich: Chris White. Der hatte den großen Gang eingelegt und zerrte die anderen förmlich mit sich. Die Strecke war schön. Es war kurz nach neun, und da tauchte auch schon das Ortsschild Megève an der rechten Seite der Straße auf. Van der Meer fasste wieder seinen Tachometer ins Auge: Heiliger Josef, was hatte dieses Arsch von White vor? Sie fuhren nun schon minutenlang schneller als Tempo 50; das war Selbstmord erster Klasse. Warum machte er bei dieser Wahnsinnstat mit?

Nur ganz kurz dachte er daran abzubremsen und auf das Hauptfeld zu warten, aber als sie die Stadt wieder verließen, fühlte er auf einmal das unwiderstehliche Bedürfnis, an die Spitze dieser Gruppe zu fahren. Er wollte nur eben zeigen, dass er auch noch da war – und dann konnte er gleich sehen, wer die anderen Schwachsinnigen waren.

Als er White überholte, guckte der Van der Meer strafend an. »Oh, fuck, it's you again«, rief der junge Amerikaner, und Van der Meer setzte sich an die Spitze. Nach etwa fünf Minuten, in denen stramm durchgefahren wurde, holte ein Motorrad der Rennleitung von hinten auf. »Sturz mit ungefähr 90 Leuten«, vermeldete der Fahrer. »Wieviel haben wir vor?«, fragte ein Belgier, drei Positionen hinter Van der Meer. Der Mann auf dem Motorrad hörte Tour-Radio. Aus dem kleinen Lautsprecher des Motorrades kam die Stimme: »4:10 Minuten für die Männer an der Spitze.«

Van der Meer stellte sich kurz in die Pedale, ließ einen Furz fahren, setzte sich wieder und rief dem Amerikaner zu, der schräg neben ihm fuhr: »So let's fucking go, you damned rookie.« White kläffte zurück: »Kiss my ass ...«, und legte einen Zahn zu. Den Sprint Praz-sur-Arly gewann der Amerikaner. Mit neun Minuten Abstand folgte ihnen nur eine kleine Gruppe von dreiundzwanzig Fahrern, alles Opfer des Massensturzes.

Amsterdam

Chris White sah aus, als ob er die jährliche Zusammenkunft der Grateful-Dead-Fans in Vermont besuchen wollte. Er war um acht Uhr ins Hotel gekommen, hatte mit leiser Stimme dem Mädchen am Schalter seinen Namen genannt und die Schlüssel seiner Suite bekommen. Er hatte die Hilfe eines Gepäckträgers zurückgewiesen mit den Worten, dass er selbst kräftig genug sei. Dann hatte er seine Tasche und seinen Rucksack genommen und war zum Lift gegangen.

Das Mädchen hinter dem Tresen hatte ihm verwundert hinterher gesehen; ein erwachsener Mann in einer gammeligen Gartenhose, mit ausgelatschten Nike's an den Füßen und einem bunten Stirnband auf dem Kopf. Was hatte dieser Mensch in der Gesellschaft des weltgewandten Tim van der Meer zu suchen? White war auf sein Zimmer gegangen, hatte seine Sachen ausgepackt und sich aufs Bett gelegt; er war müde und wollte schlafen. Als das Telefon klingelte, war sein erster Impuls, nicht aufzunehmen. Aber nach kurzem Zögern sprach er leise seinen Namen ins Telefon: »Christopher White, who's speaking, please?«

Die Stimme auf der anderen Seite der Leitung war ihm zuerst fremd, aber nach wenigen Sekunden hatte er es raus: »Jesus, Dutchie, where are you and what the hell is this party going to be?«

Van der Meer erklärte dem Amerikaner, was passieren sollte, und dass er erst mal in Ruhe ausschlafen könne. White berichtete ihm kurz, wie die Reise gewesen war, die er hinter sich hatte. Er war mit dem Wagen von Montpellier nach Burlington gefahren, von dort hatte er einen Flieger zum Flughafen JFK in New York genommen und mit KLM hatte er in relativ kurzer Zeit Amsterdam erreicht. Er beglückwünschte Van der Meer zur Organisation des Ganzen, denn er hatte schon ein gewisses Maß an Skepsis gespürt, als er vor vier Tagen von Federal Express einen Stapel von Flugtickets erhalten hatte. Zuerst hatte er an einen Scherz von Freunden geglaubt, aber dann sah alles doch sehr seriös aus. Van der Meer teilte ihm mit, dass White als Erster angekommen war. Im Laufe des Tages würden sich die anderen Gäste in Amsterdam melden.

White war der Einzige, der eine sehr weite Anreise hatte und mit dem Jetlag kämpfen musste. Deswegen sei es wohl besser, wenn er sich jetzt hinlege; dann könne er ja am Nachmittag zu den anderen stoßen.

»Sounds good«, hatte White gesagt, aber statt sofort zu schlafen, hatte er dann zuerst einen Spaziergang rund ums Hotels gemacht. Das war doch Amsterdam, und als Student schon, vor neun Jahren, hatte er von diesem Paradies der verbotenen Früchte geträumt.

Er hatte nur eine kleine Runde gedreht. Über den Nieuwedijk war er auf dem Damrak angekommen, wo er nahezu unterging im Strom der Menschen, die vom Hauptbahnhof in die Stadt zogen. Er war rechts ab in einen kleinen Steg eingebogen, und er hatte am Nieuwezijds Voorburgwal das erste Hasch angeboten bekommen, als er unmittelbar vor einem Coffeeshop sichtlich gezögert hatte, den einen oder den anderen Weg einzuschlagen.

Interessiert hatte er den jungen Händler gefragt, der nach draußen gekommen war, wie viel es koste, aber er hatte sich doch nicht getraut, etwas zu kaufen – obwohl ihm zwanzig Dollar nicht zu viel schienen für die Joints, die der Jugendliche ihm zeigte.

Eine knappe halbe Stunde später war er wieder in seinem Hotel und zog sich schnell aus. Er hatte immer noch einen gut gebauten und geschmeidigen Körper. Sechs Jahre Profi-Radsportler-Dasein hatten ihm zwei gebrochene Schlüsselbeine, etliche Schürfwunden und eine winzige Summe an gespartem Geld eingebracht. Von diesem Geld lebte er nun. Er war Gärtner geworden, und er wohnte wieder in Vermont, nicht weit von seinem Elternhaus entfernt. Sein

Vater hatte ihm immer die Freiheit gelassen in der Wahl seiner Hobbys, auch als er auf einmal mit einem Rennrad auftauchte und seinen Eltern erzählte, er wolle sein Glück jetzt in Europa versuchen. Sein Vater hatte daraufhin geantwortet, dass er es vor allem aus Spaß an der Freude machen solle, und wöchentlich zu Hause anrufen – das müsse nicht sein.

White senior wusste nichts von diesem Sport, hatte selbst nicht einmal den Superbowl je im Fernsehen gesehen und wurde voll in Beschlag genommen durch seinen Job, das Bauen von Geigen – und manchmal auch einer Gitarre. 1988, während der Olympischen Spiele von Seoul, hatte er mit seiner Frau allerdings schon mit großem Stolz die Radsportwettbewerbe im Fernsehen verfolgt, bei denen er seinen Sohn Vierter werden sah.

White lebte nach diesem Rennen für kurze Zeit in Frankreich und hatte ein halbes Jahr später einen Profi-Vertrag beim amerikanischen Bald-Eagle-Team unterschrieben. Er hatte ganz gute Ergebnisse in seinem ersten Jahr, eine schwere Bergetappe der Vuelta gewonnen, und war in der Lombardei-Rundfahrt bis vier Kilometer vor Schluss in einer Führungsgruppe sehr aktiv gewesen. Aber dann wurde er von erfahrenen Italienern vorgeführt, die den angeschlagenen Amerikaner in den Schwitzkasten nahmen, als er unter Einsatz aller Kräfte den Anschluss an die Spitzengruppe schaffte. Die Italiener starteten Mann für Mann Ausreißversuche, und White, eigentlich der stärkste Sprinter, wurde wegen seiner Anfängerfehler förmlich ausgezählt; er wurde Vierter von vier. Nur noch manchmal dachte er zurück an seine kurze Profi-Laufbahn. In seinem Heimatort wusste nur der örtliche Sportjournalist von seiner früheren Karriere; der hatte vor zwei Jahren eine schöne ausführliche Reportage über ihn für die Weihnachtsausgabe geschrieben. White sah seine sportliche Laufbahn nur als überraschenden und zeitweise angenehmen Zeitvertreib in seiner Jugend. Während andere nach Indien reisten und dort die Erleuchtung suchten, war er im Radrennsport in Europa gelandet.

Leid hatte es ihm nie getan, aber er musste nicht unbedingt an seine Vergangenheit erinnert werden. Er hatte zwar noch ein paar

Trikots und eine Radrennhose, aber er hatte aus dieser Zeit keine Zeitungsausschnitte gesammelt, und selbst über ein einigermaßen brauchbares Rennrad verfügte er nicht mehr. Vor etwa drei Jahren hatte er sich ein Mountainbike zugelegt und war damit seitdem in den Wäldern herumgefahren. Er fühlte sich inzwischen als anderer Mensch. Der Profiradrennsport war eine kurze Lehre gewesen für den Rest seines Lebens. Ein Leben ohne Stress und den unbedingten Willen, der Erste zu sein, war ihm nun wichtiger; er hatte seine Musik, hörte gern Loudon Wainwright 111 und Bob Dylan; er werkelte ein bisschen im Garten, las viel und sah überhaupt nicht nach einem Hochleistungssportler aus. Er hatte, so formulierte er es einmal, das Ganze schnell begriffen. Er war ein braver, anständiger Bürger geworden, der als Mann von nebenan durchs Leben ging. Einmal hätte er amerikanischer Meister werden können, aber sein Ausreißversuch mit dem durchtriebenen Niederländer Van der Meer hatte ihm nicht mehr als nur den vierten Platz eingebracht.

Er glaubte eigentlich, dass Erfolg nicht mehr in seine Gedankenwelt passte. Das Gefühl war langsam, aber sicher dabei, sich in seinem Körper festzusetzen, als er seine letzte Saison begann. Er fuhr noch Etappenrennen, wurde Dritter in der Tour de Suisse und gewann die bestimmt nicht zu unterschätzende Runde von Portugal, aber der ganz große Ehrgeiz war weg. Nach seinem letzten Wettkampf, Paris–Tours, hatte er sein Rennrad einfach so einem Zuschauer in die Hand gedrückt. Seinen Platz in der amerikanischen Mannschaft hatte er einem jungen Sportler mit den Worten überlassen: »Have fun with those fucking crooks.« Er hatte sein Appartment in Nizza geräumt und war nach Boston zurückgeflogen. Ende der Radsportgeschichte. Dass er jetzt nach Amsterdam gekommen war, war reine Neugierde. Er hatte diesen Van der Meer als außergewöhnlichen Menschen eingeschätzt. Er wusste nicht, was ihn in den kommenden Tagen erwartete. Er würde es sehen.

Flumet

Es hatte zwei Minuten gedauert, bis Van der Meer genau wusste, mit wem er da fuhr. White war der Auffallendste. Der Amerikaner spornte seine Mitstreiter dauernd an, schneller zu fahren, Tempo zu machen – eine Sache, die besonders Dazan ärgerte. Der Italiener hatte schon einmal aus der vierten Position heraus mit lauter Stimme »Coglioni!« gerufen, aber White tat so, als ob er das Schimpfwort nicht gehört hätte. Er fuhr, kurz vor dem Abbiegen nach Crest-Voland, an die linke Seite der Straße, setzte sich so, dass er nach hinten schauen konnte und hatte Blickkontakt mit Van der Meer.

Was wollte dieser Amerikaner? Van der Meer starrte hinüber und nickte dann. Wie White das Kopfnicken interpretieren würde, war ihm egal. White war ein Anfänger, kannte das Fahren der Tour de France nicht und war deshalb, wenn es im weiteren Verlauf des Tages darauf ankäme, ganz leicht hereinzulegen.

Mit den anderen Fahrern war das sicher nicht zu machen. Der Belgier Franki van Geneugden fuhr nun an der Spitze. Er war ein grobschlächtiger Mann, aber freundlich, wie sich Van der Meer an Paris-Roubaix erinnerte, das der Belgier vor drei Jahren gewonnen hatte. Er hatte damals eine riesige Solo-Fahrt hingelegt, die ihn, übermannt durch Euphorie und Übermut, zum Gewinner und Clown des Rennens gemacht hatte. Van Geneugden hatte vor dem Ziel auf der langen Allee vor der berühmten Radrennbahn in Roubaix gehört, dass sein Vorsprung über sieben Minuten betrug. Dieses Wissen hatte ihn dazu gebracht, mit ausgestreckten Armen auf das berühmte Oval zu fahren und nahezu während der gesamten

Runde in dieser Haltung zu bleiben. Als er zum ersten Mal über die Ziellinie fuhr, hatte er seine rechte Faust schnell nach oben gebracht. Eine Jubelgeste, die ihn aus dem Gleichgewicht brachte, sodass er irgendwie komisch ins Gras fiel. Er stand danach lachend auf, bestieg sein Fahrrad wieder und streckte 100 Meter weiter durch die Kurve seine Arme wieder in die Luft. Bilder von dieser Zielankunft waren um die ganze Welt gegangen, und Van Geneugden hatte in mancher Talkshow des belgischen und niederländischen Fernsehens seine Geschichte erzählen dürfen. Er war eine Berühmtheit in den flachen Ländern am Meer.

Van der Meer war im selben Rennen mit einer Gruppe Italiener mit zehn Minuten Rückstand ins Ziel gekommen und hatte die Jubelarien um den Sieg des Flamen aus der Ferne betrachtet. Van Geneugden war im Peloton bekannt als starker User, und Van der Meer erinnerte sich noch, wie zwei Belgier, die zusammen mit ihm die berühmten Duschen des Stadions betraten, kopfschüttelnd grummelten: »Wenn der mal durch die Kontrolle kommt.« Aber das gelang Van Geneugden; was ihm später aber nicht glückte, als er bei einem belanglosen Rennen in Spanien erwischt wurde. Das war bereits seine zweite positive Dopingprobe, denn auch als Amateur hatte er bereits einmal die Mess-Skala in den roten Bereich gepinkelt.

Hinter Van Geneugden fuhr das Kraftpaket in dieser Tour. Müller war strohblond, hatte hellblaue Augen, trug einen goldenen Ohrring und war ein toller Angeber. Van der Meer konnte mit diesem eingebildeten Menschen nichts anfangen, der vor wenigen Jahren noch zur berühmten 100-Kilometer-Mannschaft der DDR gehörte, bevor die Mauer fiel. Müller war bärenstark, aber taktisch ein Ochse. Als Zeitfahrer war er der Beste, benutzte immer das Elferritzel auf flachen Strecken, und die Berge schleppte er sich auf einer viel zu hohen Übersetzung hoch.

Van der Meer hatte wohl früher über den Deutschen gehört, der etwa bei Warschau–Berlin–Prag ein einsames Gefecht führte gegen vier bis über die Ohren vollgestopfte Russen, denen er den Etappensieg mit Jeans, Damen-Unterwäsche und CDs abkaufen musste. In

Deutschland war Müller sehr populär, weil er mit der Miss Black Germany verheiratet war. Van der Meer hatte diese Miss einmal gesehen – und er hatte dem Paar nicht mehr als vier Monate gegeben.

Müller leistete seine Führungsarbeit und gab die erste Position mit einem kurzen Ellbogenwink an den Franzosen Jean-Pierre Dutronc ab. Van der Meer erinnerte sich, dass der gedrungene Brillenträger vor zwei Jahren in der Tour das gepunktete Trikot für die Bergwertung recht locker bis Paris gebracht hatte, aber darüber hinaus wusste er nichts von ihm. Natürlich war Dutronc sich im Klaren darüber, dass er der beste Kletterer in dieser Siebener-Gruppe war. Aber jetzt schon nach knapp zwanzig Kilometern der Etappe etwas schneller von der Spitze wegzufahren wäre verräterisch gewesen; das deutete auf weitere Reserven. Alle anderen begriffen das. Dazan übernahm vom Franzosen, Van der Meer zog kurz an und passierte den einzigen Fahrer, den er überhaupt nicht kannte. Er hatte sogar seine Karte mit Namen und Rückennummer klammheimlich überflogen, als er an letzter Position fuhr. Und er hatte gesehen, dass der junge Mann im Trikot der spanischen De-La-Hoya-Mannschaft ein Norweger war und Erik Andersen hieß. Van der Meer hatte keine Ahnung, wie der Junge fuhr, wie er zu dieser kaputten Mannschaft gekommen war und woher er in Gottes Namen den Mut nahm, um mit dieser Gesellschaft zusammen auszureißen an ausgerechnet diesem Tag. Ja, natürlich, er war vor dem Feld gefahren, als der Massensturz sich ereignete, wahrscheinlich zufällig, denn er fuhr nie unter den ersten Zwanzig. Während der Weg nun allmählich bergauf in Richtung Col des Saisies führte, versuchte sich Van der Meer an einen Augenblick zu erinnern, als er schon einmal in dieser Tour neben Andersen gefahren war. Ihm fiel keiner ein.

Van der Meer betrachtete den Norweger sehr aufmerksam. Ein gut aussehender, schlanker Fahrer, ein etwas zu krummer Rücken, ein schmales Goldkettchen am Handgelenk und keine Uhr dabei. Das Letzte fand Van der Meer noch am auffallendsten an diesem Fahrer, der nun freihändig fahrend langsam von der Spitze zurückfiel und beinahe neben ihm fuhr. »You know what time it is?«, fragte Van der Meer. Der Norweger lachte: »Pretty funny remark ... ich glaube, es ist die richtige Zeit«, hatte er gerufen, und Van der Meer hatte ihm zustimmend zugenickt.

Die ersten Meter der Steigung waren einfach gewesen. Alle Fahrer hatten am Fuß des Anstiegs getrunken. Dutronc war nach vorn gefahren, aber Dazan hatte ihn nach zwanzig Metern überholt. »Pas si vite – nicht so schnell«, hatte die Nase unwirsch gerufen. Der Franzose hatte die Botschaft begriffen. Wenn er jetzt schon auf Tempo führe, würde die Spitzengruppe schon vor elf Uhr aus dem letzten Loch pfeifen, und der Tag war noch lang, noch sehr lang. Dazan fuhr danach mit einer angenehmen Übersetzung; jeder konnte folgen. Es war noch vor zehn in der Frühe, und Van der Meer grummelte in sich hinein: »Scheiß Leben, wer würde nur aus Spaß um zehn Uhr morgens einen Alpengipfel hochfahren wollen?«

Gegen Ende des Anstiegs wurde dann doch deutlich, dass das Tempo von Dazan gerade etwas zu schnell für Müller war. Van der Meer glaubte kurz, der Deutsche schauspielere, aber dann bemerkte er, dass der zwei Gänge tiefer als alle anderen fuhr. »So schaffst du es nie«, hatte Van der Meer gesagt. Müller fürchtete das augenscheinlich auch und hatte fluchend wieder höher geschaltet.

Dutronc war irgendwann neben Van der Meer gefahren und hatte ihm zugenickt. Ein bisschen dumm hatte Van der Meer reagiert: »Ca va – wie geht's?« Dutronc hatte angefangen zu lachen und dann gefragt: »Weißt du, dass dies das Trainingsterrain des französischen Skiläufers Franck Picard ist?«

»Nein, müsste ich das denn wissen?«, hatte Van der Meer geantwortet, woraufhin der Franzose ihn anlachte: »Niederländische Fahrer wissen doch so viel.«

Kurz vor dem höchsten Punkt war Dutronc losgerast, wegen der Bergwertung. Die sechs anderen hatten ihn ruhig fahren lassen. Niemand kümmerte sich um diese Kleinigkeiten, niemand machte einen einzigen Pedaltritt mehr, um einen Extra-Punkt einzufahren.

Müller fuhr als Siebter über den Berg, wo die Fahrer von einem Jurymitglied hörten, dass ihr Vorsprung mehr als elf Minuten betrug.

Während der Abfahrt war Van der Meer in die letzte Position gefallen. Den Col des Saisies herunterzufahren war relativ einfach; die Kurven verliefen überschaubar, die Straße war breit und die Sicht blieb dauernd gut. So fuhr er gern herunter. Er entspannte sich, gönnte seinen Oberschenkeln eine Pause und trank.

Elf Minuten Vorsprung – was sollten sie damit, überlegte er sich. Er schaute zu den anderen sechs: Wussten sie, was sie da gerade angefangen hatten?

Van der Meer zweifelte daran. White war ein Narr, der Norweger gehörte zufällig dazu, Dutronc würde natürlich auf den Etappensieg fahren, und Müller hatte schon erkennen lassen, dass dies heute nicht sein Tag sei. Und Van Geneugden? Van der Meer fragte sich, wie vollgepumpt der Belgier wohl an den Start gegangen war, während er die Augen über die sechs Rückennummern gleiten ließ.

Im Laufe der Jahre hatte er daraus ein Hobby gemacht: Rückennummern. Er erkannte die Fahrer eher an ihren Rückennummern als an ihrem Gesicht, und mit diesen Zahlen machte er alles. Jetzt wieder. Dazan fuhr 14. White fuhr mit 67, Van Geneugden trug 28, Andersen 203, Müller hatte 157, Dutronc 57. Und während er auf einem langen und geraden Stück beschleunigte, rief er plötzlich: »Verdammt noch mal … das kann doch nicht wahr sein?«

Auf dem nachfolgenden langen Stück Straße sah er sich noch einmal alle Nummern genau an und fuhr lachend etwas später ins Dorf Beaufort. Es war tatsächlich wahr, es konnte nicht sein, das gab es nicht, aber es war verdammt wahr.

Immer hatte er davon geträumt, und heute passierte es: Die verrückte Ziffernkombination war in dieser Spitzengruppe vertreten. Jetzt mussten sie wohl durchfahren. Er war überhaupt nicht abergläubisch, er lief sogar gern unter Leitern hindurch, aber dies war etwas ganz Besonderes. »Wie ist das nur möglich?«, fragte er sich laut, aber niemand antwortete ihm. White hatte auf dem flachen Teil wieder schneller zu fahren begonnen, und Müller schien wieder erholt. Der Deutsche hatte einige Zeit seine Etappenkarte studiert und dann Van der Meer gefragt, wie schwer die Auffahrt zum Roselend sei. Van der Meer hatte mit seinen Schultern gezuckt: »Jeder Anstieg hier ist beschissen.« Der Deutsche begriff es. Niemand machte dies zu seinem Vergnügen.

Etwas später fuhr ein Wagen der Tour-Organisation heran, und Eric Bondue, ein Franzose, gegen den Van der Meer noch gefahren war, grüßte ihn vom Fahrersitz aus. Der ehemalige Radrennfahrer steuerte nun einen Organisationswagen. Mehrere Radsportler taten dies in der Tour. Jungs, die sich nicht ans normale Leben gewöhnen konnten und die, koste es, was es wolle, im Monat Juli nach Frankreich mussten, um in diesem spannenden Radsport-Schauspiel eine kleine Nebenrolle auszufüllen. Sie brauchten zumindest nicht zur Kontrolle, hatte Van der Meer gedacht, als er all die früheren Kollegen wiedersah; sie brauchten bei diesen Bergetappen auch nicht nachzuladen; und sie brauchten bestimmt auch nicht davor zu zittern, dass das Los ausgerechnet sie zur Pinkelprobe bestimmte. Und abends konnten sie den Journalisten spannende Geschichten erzählen und Bier trinken und im Vorbeigehen noch ein Mädchen aus der Reklame-Karawane mit aufs Zimmer nehmen.

»Ca va?«, rief er dem ehemaligen Radrennfahrer neben sich zu. Bondue nickte lachend zurück. Aus dem Auto heraus plärrte das Geräusch des Tour-Radios. Die Namen und Rückennummern der Spitzengruppe wurden abermals ausgerufen. Auf der Spitze des Col des Saisies hatte der Vorsprung der siebenköpfigen Gruppe vierzehn Minuten und zwanzig Sekunden betragen. Van der Meer hörte, wie sein eigener Name plus Rückennummer genannt wurde: cent-trente-sept. Er fand, das war eine sehr schöne Nummer, hundert-und-sieben-und-dreißig. Durch überhaupt nichts teilbar.

Amsterdam

Frankie van Geneugden war mit dem Auto gekommen. Er war am Morgen in Kortrijk gestartet und hatte am KLM-Schalter in Zaventem einen Stopp gemacht. Dort hatte er sein per Express zugesandtes Ticket vorgezeigt und eine schöne Geschichte darüber erzählt, dass es für ihn schneller gehe, wenn er das Auto, nicht das Flugzeug nähme, und ob er vielleicht das Geld fürs Ticket zurücküberwiesen bekommen könne. Der unausgeschlafene und missmutige Schalterbeamte hatte den Flugschein dreimal von vorn bis hinten durchgesehen und ihn dann auf die Tatsache hingewiesen, dass es in Amerika bezahlt worden sei. Ob Herr van Geneugden das nicht gewusst habe?

Herr van Geneugden hatte es nicht gewusst, hatte das Ticket vom Schalter genommen und gesagt, dass es sich um ein Missverständnis handele. Er würde bei der Vertretung in Amsterdam vorbeifahren und die Sache dort klären. Während er zu seinem achtlos geparkten Wagen lief, dachte er mit Wehmut an die 12.000 belgischen Franc, die er hier hätte einstecken können. »Verfluchter Kaaskop«, zischte er und gab Gas in Richtung Autobahnring.

Eineinhalb Stunden später hatte er seinen Wagen vor der Tür des Hotels geparkt. Mit federndem Schritt war er hineingegangen und hatte dort Dutronc stehen sehen.

Van Geneugden kam zwar aus Kortrijk in Belgien, aber er sprach nicht gern Französisch. Das hatte er während seines gesamten Radfahrerlebens nicht getan, und er war sogar so weit gegangen, dass er vor dem Mikrofon des wallonischen Fernsehens, die auf Französisch gestellten Fragen rundweg im platten Flämisch beantwortete.

Van Geneugden hielt sich selbst für einen echten Flamen, und echte Flamen lassen es hübsch bleiben, Französisch zu sprechen.

Jetzt, am Schalter im Hotel, tat er es trotzdem. Dutronc erkannte den Belgier sofort, streckte seine Hand zur Begrüßung aus und rief in Erinnerung an alte Zeiten: »Zieh, zieh!« Van Geneugden lachte und winkte in Richtung Bar einige Treppenstufen weiter: Warum nicht? Dutronc war mit dem Flugzeug aus Nantes gekommen, hatte sich zwar schwer freimachen können, weil die Geschäfte zu Hause sehr gut liefen, aber diese Einladung hatte er dermaßen spannend gefunden, dass er doch gekommen war.

»Spielverderber bei so einem speziellen Treffen zu sein – das geht doch nicht!«, sagte er. Van Geneugden hatte kurz und deutlich zugestimmt: Wer würde wohl zu dieser Zusammenkunft nicht kommen wollen? Nicht, dass er viel zu tun gehabt hätte, denn eigentlich hatte er eine Unmenge von Zeit. Bruchstückhaft erzählte er, dass er eigentlich keine Arbeit habe in diesen Tagen, dass er etwas suche, aber dass ihm der Wind entgegen wehe.

»Darin seid ihr Flamen und Holländer immer so gut gewesen: gegen den Wind zu strampeln«, antwortete Dutronc, der ein Bier bestellt hatte. Van Geneugden hatte seinen alten Gefährten angeschaut und die Lippen geschürzt: Diesmal eher nicht. Innerhalb von fünf Minuten hatte er all seine Probleme Dutronc erzählt. Madame war von zu Hause weggelaufen, wohnte nun bei einem »Fußballeur«, ausgerechnet von Anderlecht; und sie hatte auch noch seinen BMW-Sportwagen mitgehen lassen. Er hatte im vergangenen Jahr erst eine zweite, später noch eine dritte Hypothek auf sein Haus aufnehmen müssen, und das Leben wurde auch immer teurer. Dutronc hatte ihm zugehört und sich das seine dabei gedacht.

Die Geschichten über den Feste feiernden Van Geneugden waren im gesamten radsportliebenden Europa bekannt. Er hatte seine Badewanne einmal mit Champagner voll laufen lassen, um darin mit zwei aus Brüssel mitgebrachten Call-Girls zu baden. Siebenundvierzig Flaschen hatten die Mädchen geöffnet, gekostet und laut lachend in die Wanne entleert, und danach waren sie nackt in das prickelnde, schäumende Wasser gestiegen. Die Geschichte war schnell in die Klatschspalten geraten. Die beiden Mädchen hatten in schillernden Farben erzählt, wie der berühmte Radfahrer sie eingeladen hatte zu einem unterhaltsamen Privatfest, aber dass er das Fest nicht richtig hätte beenden können, weil er »ihn« nicht mehr hoch bekommen hätte. Die sich selbst doch sehr seriös nennende L'Equipe, die französische Sportzeitung, hatte diese Aussagen übernommen, wonach sich dann die gesamte europäische Sportpresse auf die angebliche Impotenz des früheren Klassiker-Königs aus Kortrijk gestürzt hatte. Eine Naseweiß des niederländischen Fernsehens, so erzählte Van Geneugden jetzt Dutronc, hatte ihn interviewt und gleich die zweite Frage ging darum, ob diese Impotenz eine Folge von übermäßigem Doping sei.

»Was hast du damals geantwortet?«, hatte der Franzose vorsichtig gefragt, und Van Geneugden hatte laut lachend losgepoltert: »Ja, erst impotent und dann wird man Journalist beim holländischen Fernsehen.«

Die zwei hatten eine halbe Stunde gesessen und zwei Bier getrunken, als der Barkeeper fragte, ob die Herren Gast des Herrn Van der Meer seien. Sie hatten genickt, und der Barkeeper hatte gesagt, dass alle Getränke selbstverständlich auf Rechnung des Gastgebers gingen. Wenn sie bitte schön nur ihre Suitenummer nennen könnten, das sei dann ausreichend.

»Gilt das für alles in diesem Hotel?«, hatte Van Geneugden lachend gefragt, und der Geschäftsführer nickte: »In der Tat, Sie sind doch Gäste des Herrn Van der Meer.«

»Allez, Männeken, wir nehmen noch eine Kanne und dann kann der Holländer kommen, he?«

Dutronc war aufgestanden und hatte den Kopf geschüttelt. Er musste noch einige Telefonate erledigen.

Les Cernix

Van der Meer war eine Weile in der dritten Position gefahren und hatte dabei genau auf White geachtet. Was machte der Amerikaner bloß? Er zog auf den flachen Strecken die Gruppe auseinander und wollte immer schneller fahren, während Dazan ihm bereits dreimal kräftig die Meinung gesagt hatte: Entweder in dieser Gruppe folgen oder abhauen, vorn oder hinten, aber nicht weiter querschießen. Der Italiener hatte sich auf den ersten 50 Kilometern als Führungspersönlichkeit gezeigt. Er hatte auch Müller zweimal zu sich gerufen, und er war kurz zu Van der Meer herangefahren. »Forma?«, hatte er nur gefragt, und Van der Meer hatte genickt. Und wäre er mausetot gewesen, dann hätte er wahrscheinlich noch dieselbe Kopfbewegung gemacht, denn man darf niemals einem Gegner gegenüber sagen, wie es einem genau erging. Der Radsport wäre dann wahrscheinlich wesentlich sozialer, aber Siegen war das ohnehin nicht. Fand Van der Meer. Er verachtete Menschen, die nur das Schöne im Sport suchten, die es schön fanden, in einer Gruppe Erfolg zu haben. »Dann spiel doch Hockey«, hatte Van der Meer mal einem Journalisten zugerufen, als ihm entsprechende Fragen gestellt worden waren. »Topsport ist ein fürchterlich langweiliger Egotrip, bei dem man mehr als nur etwas selbstsüchtig sein muss«, hatte er mal gesagt – ein Satz, der es sogar bis in das berühmte Weihnachtspreisausschreiben einer großen Tageszeitung gebracht hatte.

Dazan war kurz neben ihm gefahren, und die beiden hatten sich schweigend angesehen. Der Italiener hatte den Blick auf die fünf vor ihnen Fahrenden gerichtet und die Augenbrauen nur kurz hoch gezogen. Van der Meer hatte ein eher zweifelndes Gesicht dazu gemacht und nur »Possibile« gesagt. Er hatte gemeint, Dazan würde das wohl so begreifen, und so war es auch. Der Veteran hatte daraufhin genickt: Mit denen da und mit dem mit allen Wassern gewaschenen Niederländer, der den Ruf genoss, ein erfahrener, starker Fahrer zu sein, würde er dieses schwachsinnige Abenteuer wohl eingehen wollen. Dazan hatte Tempo gemacht und war an die Führungsposition gefahren, exakt zu dem Zeitpunkt, als der Anstieg des Roselend begann – und genau in dem Augenblick, als Dutronc sich mit einigen kräftigen Antritten an der Spitze festsetzen wollte. Dazan hatte den Franzosen leicht geschnitten und ihm seinen Platz zugewiesen: ans Hinterrad und nirgendwo sonst. Bergspezialisten gehörten in dieser Phase noch nicht an die Spitze.

Van der Meer schaute auf seine Uhr: halb elf. Der Morgen sollte eigentlich erst noch beginnen, und keiner hatte begriffen, dass die Tour kurz vor der Explosion stand.

Nach zwei Kilometern hatte Andersen die Hand gehoben und Van der Meer hörte hinter sich das Geräusch eines schnell herbeifahrenden Motorrads. »How much?«, hatte der Norweger gerufen, und der Motorradfahrer hatte geantwortet: »Dix-sept minutes.«

Van der Meer hatte erstaunt zur Seite geguckt. Siebzehn Minuten, das war verdammt noch mal ein echter Abstand! Wussten die Idioten im Peloton wohl, was sie hier vorn gerade veranstalteten? Siebzehn Minuten, das bedeutete einen Unterschied von ungefähr elf Kilometern, das konnte nicht wahr sein.

»He«, hatte er Dazan zugerufen. Der Italiener hatte ihn fragend angeschaut.

»Diciassette minuti«, hatte Van der Meer geschrien, und die anderen fünf hatten ihn ebenfalls angesehen; jeder hatte das begriffen. Van der Meer hatte heftig genickt, und ganz kurz war das Tempo heruntergegangen; siebzehn Minuten, was sollten sie mit diesem Vorsprung anfangen?

Dazan hatte die Führungsposition wieder eingenommen, schweigend hatten sie die folgenden drei Kilometer zurückgelegt. Van der Meer schaute aus der sechsten Position auf die gekrümmten

Rücken vor sich: Er konnte sie denken und rechnen hören, und er wusste, dass der Deutsche hinter ihm alle Mühe hatte, diesem Tempo zu folgen.

Kurz vor der Spitze des relativ einfach zu fahrenden Roselend riss Dutronc abermals aus, und wieder ließen sie ihn den Fehler machen: imbeciel – schwachsinnig!

Der Deutsche näherte sich auf den ersten Metern der Abfahrt Van der Meer und nickte ihm zu – so als ob er sagen wollte, dass es jetzt besser ginge, und als ob er ausdrücken wollte: »Ich mach noch mit, aber vielleicht habe ich dich gleich noch nötig.« Das verstand Van der Meer jedenfalls daraus.

Er ließ den Deutschen vor, und in siebter Position raste er den Berg hinunter. Die frische Bergluft pfiff an seinem Gesicht vorbei. Ganz kurz setzte er sich aufrecht und schob sich seinen Helm etwas fester auf den Kopf: Er fühlte sich gut. José hatte ihm schöne Sachen mitgegeben, das war klar. Nach der Abfahrt bog die Siebener-Gruppe in die staubige D 902 ein, eine Straße, die alle Profi-Radsportler kennen sollten. Es war der Anstieg nach Bourg-Saint-Maurice, einem bekannten Ort der Radgeschichte, und genau der Platz, wo die Helfer die Provianttüten bereithielten.

An der Dorfgrenze standen Hunderte von Menschen am Wegesrand. Van der Meer setzte sich aufrecht, um zu sehen, wo sein Helfer stand. Der alte José erledigte diese Besorgungen nicht mehr, das Gedrängel entlang der Rennstrecke überließ er jüngeren Herrschaften. Jetzt hielt Van der Meer Ausschau nach der riesigen Gestalt von Pim, einem ehemaligen Handballtorwart, der fürchterlich fingerfertig war im Anreichen der Beutel und der häufig auch die richtige Position gewählt hatte: entweder ganz hintenan, nachdem der größte Ansturm vorbei war, oder ganz vorn, bestimmt dreißig Meter vor den anderen Tütengebern.

Diesmal war es das Letztere. Van der Meer entdeckte ihn und streckte seine Hand schon aus. Pim stand gut: vor der Kurve und einen Meter vor dem Bürgersteig – also ideal. Van der Meer griff geschmeidig nach der Tüte.

»Schuurmans kommt nach vorn«, rief der Betreuer dem Fahrer zu, und Van der Meer schrie zurück: »Okay« und untersuchte den Inhalt der Tüte. Er nahm drei Kuchenteilchen und steckte sie in seine Trikottasche, leerte schnell eine Flasche mit lauwarmem Brei und fand noch Kleinzeugs, zwei Stückchen Banane und ein Sportgetränk. Jeder saß jetzt aufrecht, aß und trank, und das Publikum bedachte die sieben Männer mit Beifall. Man sah Leute auf ihre Uhr schauen; das waren die Experten, die Männer, die morgens schon sehr früh ihren Klappstuhl an der Strecke postiert hatten, ihre L'Equipe oder ihre Dauphiné Libéré gelesen hatten und jetzt den Vorprung der Spitzengruppe mitstoppen wollten.

Van der Meer nahm sich die Etappenkarte und schaute nach, wo sie waren. Zwei Berge geschafft, jetzt auf dem Weg nach Val-d'Isère und dann den Iseran hinauf ... Hier schaute er auf die bis Bourg zurückgelegte Distanz und lächelte in sich hinein: Siebenundachtzig Kilometer ... es konnte gar nicht besser sein. Sieben-und-achtzig – er sprach die Zahl aus und lachte wieder. Er erwog, dass er eigentlich pinkeln müsste, wollte absteigen, weil es jetzt möglich war, hörte dann aber Gehupe hinter sich.

Schuurmanns kam also. Der stellvertretende Teamchef, der den lieben langen Tag hinter den Letzten her fahren musste, kam nun an die Spitze der Etappe gerauscht. Wenn das mal gut ging.

Drei Kilometer hinter Bourg hörte Van der Meer Bremsgeräusche. Er drehte sich um und sah, dass sich drei Teamchefs näherten; die ersten drei, nahm er an, denn die anderen würden schnell nachkommen.

Kurze Zeit später rollte Schuurmans Wagen langsam neben das Rad von Van der Meer.

»Wie geht's?«, fragte der frühere Rennfahrer, der jetzt zwei Jahre lang Co-Teamchef war und in der Mannschaft von Tritec überhaupt nichts zu sagen hatte.

Van der Meer hielt sich nur kurz am Auto fest und schaute seinen Ex-Teamkollegen an. »Keine Probleme bis jetzt«, sagte er und fügte hinzu: »Was wird dahinten verflucht noch mal ausbaldowert?«

Schuurmans gab ein wenig Gas und rief: »Niemand macht Tempo ... Das Gelbe und Grüne Trikot lagen mittendrin im Massensturz, und es dauerte fünf Minuten, ehe sie wieder auf dem Fahrrad saßen ... Sie haben bestimmt eine halbe Stunde warten müssen, bis Josselin wieder vorn im Peloton angekommen war ... Das ist alles, was ich weiß. Ich bin hinter den Letzten losgefahren, und es hat mich die Zeit von Saisies bis hierher gekostet, um vorn anzukommen. Ich hab dreimal über dem Abgrund gehangen, verflucht ... Hier, frag den mal.« Er zeigte auf seinen Beifahrer, und Van der Meer blickte in den Wagen, wo er Jack van Rossum erkannte, einen bekannten Politiker, der eine Nase für wichtige Etappen im Radsport zu haben schien. Diesem fröhlichen Limburger war Van der Meer vor drei Jahren bei der Etappe nach Jaca in Nordspanien vorgestellt worden. Das war damals ein glühend heißer Tag gewesen, und der Politiker, der es herrlich fand, in der Radsportwelt mit dabei zu sein und große Wettkämpfe live mitzuerleben, musste damals den ganzen Tag hinter Van der Meer herfahren, bis der drei Minuten vor Schluss der Zeitkontrolle im Ziel angekommen war. Van der Meer erinnerte sich noch genau daran, wie er buchstäblich vom Fahrrad gefallen war und wie der muntere Politiker ihn aufgefangen hatte. An diesem Abend hatten sie zusammen ein Bier getrunken, und Van Rossum hatte ihm erzählt, wie sehr der Besuch von großen Sportveranstaltungen seine Popularität beim sportlich interessierten Teil des Wahlvolkes in den Niederlanden erhöhe.

»Hallo«, rief Van der Meer ins Auto hinein, aber Van Rossum musste offensichtlich die Todesfahrt der letzten halben Stunde noch verarbeiten und konnte mit wenig mehr als nur einem matten, gequälten Lächeln antworten.

»So geht's uns genauso, wenn wir auf die Politik gucken«, rief Van der Meer zurück, und er lenkte sein Rad auf die andere Straßenseite, wo Dutronc zum Pinkeln abgestiegen war.

»He, Tim, Den Daas will, dass du drei Viertel der Strecke mitfährst und dann abwartest, was beim Anstieg auf den Iseran passiert«, rief Schuurmans. Van der Meer nickte. So etwas hatte er sich schon lange überlegt; da hatte er diese Nullnummer im Bergfahren von Den Daas nicht für nötig. Dutronc kam vorbei und blieb in seiner Nähe. Er schaute auf den Gang, mit dem Van der Meer fuhr, und wackelte mit seinem Kopf, als ob er sagen wollte: »So, so.« Er erkannte, dass der Niederländer topfit war. Er legte seinen Arm nur kurz auf die Schulter von Van der Meer und fragte: »Und du willst wirklich gewinnen?«

Van der Meer fuhr erschrocken hoch. Die Etappe war kaum 100 Kilometer alt, vielleicht sogar noch weniger, und da begann dieser Dummkopf schon vom Gewinnen zu sprechen. Mit festem Blick schaute er den Franzosen an und sagte: »C'est moi qui va gagner – ich werde es sein, der gewinnen wird.« Er nahm seine Flasche und trank einen Schluck. Prost!

Was dachte sich dieser Idiot nur? Dass die Preise schon vor zwölf verteilt wurden?

»He, du, White«, rief Van der Meer dem vor ihm fahrenden Amerikaner zu: »Dieses französische Arschgesicht kommt daher und fragt mich, ob ich gewinnen will … seid ihr Typen denn nur verrückt?« White drehte sich um und lächelte. Er war ganz sicher, dass der Franzose und wahrscheinlich auch der Italiener kein Englisch verstanden und konnte deshalb auf diesen lauten Spruch dieses Holländers entsprechend reagieren.

«Reden wir übers Gewinnen?« Müller hatte sich mit einem Male aufgerichtet und mit deutlich deutschem Akzent diese Frage gestellt.

»Natürlich, du Ossi-Arschloch«, hatte White zurückgerufen, und genau in diesem Augenblick hatte Andersen einen Platten. Ganz kurz machte sich Unsicherheit bei den anderen breit, aber als Dazan verhielt und sich freihändig umdrehte, war klar, dass gewartet werden würde. Van der Meer hatte damit überhaupt kein Problem. Er nutzte die Gelegenheit, stieg auf der rechten Straßenseite ab, fingerte umständlich sein Glied aus der Hose und pinkelte in den Wind fröhlich die Böschung hinab. Als Andersen später vorbeikam, schloss sich Van der Meer an. Zusammen fuhren sie in leichtem Tempo bis zur nächsten Kurve, wo noch Dazan und Van Geneugden auf der

Wiese standen. Andersen hatte sich umgedreht und erstaunt zu Van der Meer und White gesagt: »Mehr als zwanzig Minuten bis jetzt.«

»Quanto?«, hatte der clevere Dazan sogleich gerufen, und Van der Meer hatte begriffen, dass es jetzt ernst würde. Andersen hatte seine Flasche leer getrunken und sie in leichtem Bogen weggeworfen und dann einen lauten, langen Rülpser ausgestoßen. Van der Meer musste ob dieses Geräusches lachen. Es schien von einem Hirsch zu kommen.

Amsterdam

Erik Andersen hatte in Hamar den Zug zum Flughafen in Oslo genommen und in der Business-Klasse der Scandinavian Airlines einen alten Bekannten getroffen, ein Eisschnellläufer, der schon mal Europameister war und zwei Jahre später nirgendwo mehr starten durfte: Doping. Die beiden hatten gemütlich zusammen gesessen, getrunken und geschwatzt; Andersen hatte von dem Wiedersehenstreffen erzählt, das ihn in Amsterdam erwartete. Der Eisschnellläufer hatte ihn nach der bewussten Etappe gefragt, an die er sich noch erinnern konnte, denn die gesamte Sportwelt hatte sich in diesem Jahr dafür interessiert. In allen Fernsehjahresrückblicken, in allen Zeitungskommentaren und Analysen hatte man auf diesen einen Tag der Tour de France zurückgeblickt, und auch jetzt musste Andersen die Frage beantworten, die er schon tausendmal gehört hatte: Waren Sie damals tatsächlich der Beste aus der Spitzengruppe, wie allgemein gesagt wurde? Andersen hatte zustimmend genickt. »Aber im Radsport gewinnen häufig nicht die Stärksten«, hatte er gesagt. Und nicht nur da – und das wusste der Eisschnellläufer nur allzu gut.

Andersen hatte zu seinem Erstaunen auf Schiphol einen Mann getroffen, der ein Schild hoch hielt, auf dem in sauberen Buchstaben zu lesen war: MR. ERIK ANDERSEN. Er hatte sich vorgestellt, hatte seine Reisetasche auf dem Boden abgestellt und die Hand ausgestreckt. Der Chauffeur der Limousine hatte gezögert. Durfte er die Hand schütteln? Das machten seine Auftraggeber nie.

»Nice meeting you«, sprach der Norweger. Der Chauffeur hatte ihm zugenickt, die Reisetasche genommen und war vorausgegangen. Andersen war ihm gefolgt und hatte einigermaßen erstaunt im Mercedes Platz genommen, der augenscheinlich nur für ihn bereitstand.

Noch bevor der Wagen auf der Autobahn nach Amsterdam war, hatte Andersen den Chauffeur gefragt, wer dies so organisiert hatte.

Der Chauffeur hatte mit den Schultern gezuckt. Er hatte keine Ahnung.

Er musste sich am selben Abend für diesen Auftraggeber noch einmal bereithalten.

»Warten Sie«, sagte er und nahm eine weitere Karte aus dem Handschuhfach. Sicher durch den Verkehr steuernd, hielt er das Kärtchen hoch: MR. OTTAVIO DAZAN.

Andersen nickte. Offensichtlich hatte der gründliche Holländer die Dinge gut geregelt. Eigentlich hatte er nichts anderes erwartet, denn der Niederländer war doch ein ganz besonderer Kerl in der Radsportwelt gewesen.

Andersen hatte, knapp einen Monat zuvor, einen netten Brief erhalten. Eine herzliche Einladung zu einem Wiedersehenstreffen, das seinesgleichen suchen würde. Van der Meer hatte geschrieben, dass es inzwischen sieben Jahre her sei, dass sie als siebenköpfige Spitzengruppe die Tour aufgemischt hätten; das sei für ihn Grund genug gewesen, seine Gefährten von damals persönlich in Amsterdam zu empfangen. Andersen hatte den Brief mit gemischten Gefühlen gelesen. Noch immer glaubte der Norweger, dass er die Tour damals hätte gewinnen können, aber aus Neugierde hatte er doch postwendend auf die Einladung reagiert: Er würde ganz bestimmt kommen, denn er wäre neugierig, was der Franzose, der komische Belgier und der strenge Italiener gegenwärtig machten. Andersen war nach der bewussten Tour noch drei Jahre im Geschäft geblieben und hatte ohne großes Aufheben irgendwann Schluss gemacht. Er hatte von seinem sorgfältig gesparten Geld ein Haus in Hamar gekauft, an der Ecke des berühmten Hotels Astoria, und dort hatte er eine Galerie eröffnet mit bezahlbarer Gemäldekunst. Er fuhr noch ein bisschen Rad aus Spaß an der Freude, aber nach fünf Profijahren in Spanien war ihm die Lust auf Radrennen verloren gegangen. Warum genau, wusste er selbst nicht.

Er war ein ganz guter Fahrer gewesen, hatte manchmal ausgezeichnete Zeitfahren hingelegt, aber etwas ganz Großes hatte er nie gewonnen. Aber immerhin drei Etappen der Vuelta, eine davon bei Hundewetter in der Nähe von Oviedo. Das war wohl der größte Tag seiner Laufbahn gewesen, neben diesem Tag in der Tour.

In der Vuelta war er wirklich der Stärkste und gewann vor allem deshalb, weil er in einem spannenden Finale ruhig blieb, als die drei spanischen Aspiranten für den Gesamtsieg wie die Verrückten nacheinander auszureißen suchten. Er, der ruhige, schlanke Norweger, hatte das Spiel der Stars durchschaut und war zwei Kilometer vor dem Ziel mit voller Kraft losgespurtet.

Er erinnerte sich dieser Tage in Spanien nur allzu gut, denn irgendwo in einer der sich überschlagenden Zeitungsgeschichten nach dem Etappensieg war seine vermeintliche Homosexualität zur Sprache gekommen. Andersen hatte das damals nicht berührt. Zwar hatte er den Berichterstatter von Marca, der Zeitung, in der die Geschichte zuerst aufgetaucht war, gefragt, wie er an diese Informationen gekommen sei. Doch besagter Mann hatte getan, als ob er die Frage nicht verstanden hätte und war schamrot davongelaufen. Seit dieser Zeit hatte die Radsportwelt über den Norweger hinter vorgehaltener Hand gesprochen: der mögliche Schwule im Peloton. Niemals hatte er mit irgendjemandem über diese Geschichte gesprochen. Allerdings hatte er, in seiner letzten Saison, als er eine Etappe in der Tour de Suissse gewonnen hatte, den Anwesenden mit einem gellenden Lachen zugerufen: »Schaut her, ihr Typen ..., ich werde die Mädchen hier küssen ...«, und er hatte die ihm hingehaltenen Wangen mit schmatzenden Küssen bedeckt.

Die Schweizer Regenbogenpresse war voll darauf abgefahren, und er wurde wieder von allen Seiten schief angesehen. Niemand, auch die Fahrer aus seinem eigenen Team nicht, hatte ihn jemals direkt gefragt, ob er tatsächlich Männer lieben würde. Es schien tatsächlich das größte aller Tabus in dieser kleinen, engstirnigen Welt zu sein, während Andersen doch von zu Hause mit auf den Weg bekommen hatte, dass alle Tabus auf den Friedhof gehörten.

Selbst die beiden Schwulen, die er wirklich kannte, hatten ihn nie gefragt; sich ihm nie, wie auch immer, angenähert; sie hatten ihn nie berührt, hatten niemals mit ihm geflirtet oder signalisiert, dass sie »etwas« von ihm wollten. Bei seinem Abschied vom Radsport hatte eine norwegische Zeitung ihn noch einmal »einen der wenigen Homos im Topsport« genannt, aber abermals hatte ihn keiner danach gefragt.

Erik Andersen stieg aus dem Wagen. Er war, so hatte er sich in den vergangenen Jahren verstehen gelernt, weder homo- noch heterosexuell. Er lebte ganz ohne körperliche Liebe. Er onanierte mehr als nur bisweilen, aber hatte in seinem ganzen Leben nur einmal mit einer Frau geschlafen, und er hatte sich in einer gammeligen Homo-Bar in Oslo einmal von einem stämmigen Lederknaben aus Deutschland abküssen lassen. Diese Begegnung hatte er wohl mit Bedacht gesucht. Er war in Hamar mit einem Kribbeln im Magen losgefahren und dem Gefühl, sich selbst testen zu wollen, aber als er sechs Stunden später wieder in seinem Atelier war, hatte er nur ein leeres, trauriges Gefühl zurückbehalten. Er hatte die Atmosphäre in der Bar als heiß und beinahe aggressiv empfunden; er hatte sich überhaupt nicht wohl gefühlt, und er hatte die Berührungen des deutschen Jungen ohne besondere Regung gespürt. Als der Deutsche ihn nach dem Küssen gefragt hatte, ob er einen Steifen bekommen habe, hatte Andersen ruhig und beinahe schüchtern gesagt »Nein«. Er hatte nichts gefühlt – keine Erregung, keinen Abscheu; es war ihm noch nicht einmal unangenehm und fremd vorgekommen. Er hatte gezahlt, dem Deutschen zugenickt und dann das Lokal verlassen. Mehr war nicht dran?

Genauso wie damals mit der Frau. In Spanien. Er war noch Anfänger im Profisport, und während des Trainingslagers organisierten die alten Hasen aus seiner Mannschaft Damen, die die drei Anfänger im Team in Benidorm in die Geheimnisse der spanischen Liebe einweihen sollten. Eine der Frauen, eine Professionelle im

Alter von über dreißig, hatte ihren bloßen Körper gegen Andersens Leib gedrückt, und während die anderen Fahrer schrien und den jungen Norweger anfeuerten, hatte er sie gehen lassen. Am späteren Abend hatte sie sich zu ihm ins Bett gelegt, und er hatte nach vielen Versuchen sein Bestes gegeben. Nachdem sie ihn lange bearbeitet und er einen Steifen bekommen hatte, hatte sie sich auf ihn gesetzt. Er hatte in das verlebte, schrecklich aufgemachte und vor allem leere Gesicht der Frau über sich gesehen und ihr zugenickt: Es reichte.

»Disculpa«, hatte er sanft gesagt, und die Frau hatte es begriffen. Sie war aufgestanden und war mit zwei Schritten am anderen Bett im Zimmer, wo der junge russische Hengst Vladimir Sdaltow auf sie wartete.

Andersen hatte sich umgedreht und auf die unappetitlichen Geräusche gehört. Schreiend hatte der Russe seinen Samen über die Frau gespritzt, während er etwas in einer fremden Sprache gerufen hatte. In der Tür hatten die drei Alten, darunter mit Jesus Antonio Gomez einer der besten spanischen Bergfahrer aller Zeiten, gestanden und zugesehen; alle mit ihrem steifen Glied in der Hand. Andersen wusste, dass er ab jetzt dem erlauchten Kreis der echten Männer angehörte. Er war nun Profi-Radrennfahrer in einem spanischen Team.

Das Taxi hielt vor dem Hotel. »Hier müssen Sie hin«, sagte der Chauffeur.

Der Norweger sagte »Tak« und stieg aus.

Sainte-FoyTarentaise

Van der Meer sah auf seiner Uhr, dass es bald Viertel vor zwölf war. Sie fuhren nun seit drei Stunden an der Spitze, und während der ganzen Zeit hatt sich niemand von der Rennleitung ernsthaft in der Nähe der Führenden blicken lassen. Er sah sich um und erblickte eine Vielzahl von Autos hinter sich. Am Straßenrand fuhren noch etwa acht Motorräder, und das war die gesamte Eskorte der Spitzengruppe.

Van der Meer streckte seine Hand nach oben, nicht um seinen eigenen Teamwagen herbeizurufen, sondern weil er die Tour-Leitung vorn haben wollte. Der Fiat kam an seine Seite, und Direktor Jean Duprez steckte seinen Kopf aus dem Fenster. Van der Meer nickte ihm zu und hörte, dass der Direktor über Funk gerufen wurde.

»Einen Moment«, rief Duprez, Ex-Radprofi und sicher nicht der Schlechteste in seinem Umfeld.

Nach einem kurzen Wortwechsel steckte der Franzose seinen Kopf wieder aus dem Fenster und winkte in Richtung Van der Meer.

»Frag kurz, ob Dazan auch mithören will«, rief Duprez aus dem Auto heraus. Der Italiener verstand Van der Meers Ruf sofort und ließ sich bis auf Höhe des Niederländers zurückfallen. Die beiden routiniertesten Fahrer dieser Spitzengruppe schauten den Tour-Direktor an und warteten ab, was er zu sagen habe.

Duprez überlegte und fragte dann, ob sie dies immer noch als ein ernsthaftes Unternehmen ansehen würden.

»Pourquoi ca – warum nicht?«, erwiderte Dazan mit einer Gegenfrage, und der Mann im Auto zog seine Schultern hoch: »War nur eine Frage.«

Van der Meer ergriff mit seiner rechten Hand den Fensterrahmen des Wagens und schaute schräg nach unten ins Auto: »Combien de minutes – wieviele Minuten?«, fragte er, und Duprez antwortete prompt: »Vingt-sept minutes maintenant – siebenundzwanzig Minuten zurzeit.«

»Bon ... bien – gut ... besser«, sagte Van der Meer und schaute ihn an. Er kannte Duprez als einen Mann mit Charakter; er war vor zwei Jahrzehnten selbst ein guter Etappenfahrer gewesen, er kannte die Sprache des Pelotons und er hatte bei den Fahrern einen guten Namen. Es kam Van der Meer so vor, als ob Duprez irgendetwas nicht sagen wollte oder sich nicht traute, es zu sagen. Er ließ den Wagen wieder los, trat zweimal kräftig in die Pedale und lenkte sein Rad auf die andere Fahrbahnseite, wo die übrigen hintereinander fuhren. Dazan nahm den Platz von Van der Meer ein und hängte sich beinahe ins Auto hinein. Van der Meer sah, dass die beiden miteinander sprachen, und nach ungefähr einer Minute ließ der Italiener das Auto los, steuerte nach rechts und kam unmittelbar neben Van der Meer.

»Was sagte er?«

Dazan spuckte mit dem Wind in die Böschung und hob schnell seine Schultern: »Er fragte mich, ob wir das hier ernsthaft durchziehen wollten. Er sagte, dass die Gesamtwertung feststünde, wenn wir so weiterfahren würden, dass die letzten eineinhalb Wochen der Tour bedeutungslos wären, wir die Nummern 1 bis 7 des Klassements bleiben würden.«

Van der Meer winkte wieder zum Wagen des Tour-Direktors und beugte sich nun selbst mit seinem Kopf in Richtung Duprez: »Es liegt nicht an uns. Wenn die hinter uns nicht fahren, dann darf man uns das hier nicht übel nehmen.«

Aus dem Radio hörte man eine plärrende Stimme, und Van der Meer erschrak: Der Vorsprung der sieben Leute an der Spitze vor der ersten Verfolgergruppe war jetzt auf neunundzwanzig Minuten und vierzig Sekunden aufgelaufen. Das Peloton war in fünf Teile zerbrochen; die letzten Fahrer, in einem Bus von siebenundzwanzig, lagen eine Dreiviertelstunde zurück. Wieder sah Van der Meer auf seine Uhr, es war halb eins, und der Aufstieg zum Val-d'Iseran begann langsam.

»Qu'est-ce que tu veux?«, fragte er Duprez, der gerade wieder etwas in sein Mikrofon sprach.

Der Tour-Chef wartete kurz und sagte dann: »Ich kann und darf den sportlichen Verlauf dieses Rennens nicht beeinflussen, aber wenn ihr daran zweifelt, ob es richtig ist, mit dieser Gruppe weiterzumachen, dann schlage ich vor …«

Genau in diesem Augenblick plärrte eine Stimme aus dem Tour-Radio: »Chute, chute – Sturz, Sturz, attention – Achtung«, und Van der Meer verlor den Kontakt mit dem Wagen neben ihm, weil der Chauffeur kurz beschleunigte. Fünf Pedaltritte später bückte er sich wieder. »Ralentir … pourquoi? – Langsamer werden … warum?«, hob er seine Stimme an.

Duprez machte eine vielsagende Handbewegung: Es war ein Vorschlag, nur eine Idee am Vormittag.

Müller, der andauernd auf Hörabstand vor Van der Meer gefahren war, ließ sich zurückfallen und fragte, was da los wäre. Van der Meer sagte: »Nichts, nichts Besonderes … Ich wollte wissen, wie viel wir vorn liegen«, und schwieg danach. Der Deutsche schaute ihn misstrauisch an: Er glaubte es nicht, das stand ihm ins Gesicht geschrieben.

Auch White fuhr nun neben Van der Meer: »What's up, Dutch?«, fragte er, und wieder war die Antwort: »Nichts.«

Der Amerikaner hob daraufhin seinen Arm und rief nach dem Tour-Wagen. Van der Meer schaute aus kurzem Abstand zu, wie White mit Duprez sprach. Er konnte nicht genau hören, was da gesagt wurde, aber er begriff schon, dass auch White gefragt wurde, ob er diesen Versuch ernsthaft fortsetzen wolle oder ob er Zweifel hätte. Der Amerikaner ließ den Wagen los, spurtete schnell davon und fuhr in einem durch bis zur Führungsposition, wo er Dutronc ablöste. Shit, dachte Van der Meer, exakt der verkehrte Mann, um etwas abzusprechen. Gleich danach winkte er Dazan herbei, und nachdem der Italiener eine Flasche weggeworfen hatte, hatten die beiden in vier Sätzen den weiteren Verlauf der Tour de France geklärt.

Dazan hatte gesagt: »Sie wollen also, dass wir den Abstand kleiner werden lassen …«

Van der Meer hatte genickt: »Um die Tour noch auf irgendeine Weise spannend zu halten in den nächsten eineinhalb Wochen.«

Ein Satz, der bei Dazan ein mäßiges Lächeln hervorrief: »Wir können also die Tour gewinnen oder abbrechen … So verstehe ich es doch richtig, nicht wahr?«

Van der Meer hatte es bestätigt: »Das siehst du richtig. Wenn wir durchfahren, steht das Gesamtklassement fest, und deshalb wird das Publikumsinteresse stark abnehmen und die Einschaltquote sinken … Darum geht es jetzt. Meine Antwort ist: Und wenn du tot umfällst, ich fahre durch, und wenn sie hinten etwas unternehmen wollen, dann bitte. Vergiss nicht, dass die Säcke hinten schon mehr als eine Stunde schlafen.«

Auch Van Geneugden hatte sich danach bei Van der Meer gemeldet. Der Belgier besaß eine gewisse Bauernschläue und hatte das Spielchen mit Duprez schnell durchschaut. »Bieten sie was?«, hatte er gefragt, und Van der Meer hatte genickt: »Doppelte Tagespreise für jeden von uns, wenn wir den Vorsprung bis zum Ziel auf eine Viertelstunde schmelzen lassen.«

Van Geneugden hatte seine Nase hochgezogen: »Doppelt … das ist dann so viel wie ein Trinkgeld von einem Holländer und nicht mehr.« »Voilà«, hatte Van der Meer gerufen und hatte das Straßenschild La Daille rechts an der Straße gesehen. Er kannte diesen Anstieg. Nun begann die etwas härtere Maloche. Jetzt erst fing die Etappe richtig an.

Bei der Einfahrt nach Val-d'Isère fuhr Van der Meer an der Spitze. Die Sommerurlauber standen mit Fotoapparaten parat, um die Durchfahrt ihrer Helden festzuhalten. Van der Meer hörte die lauten Fragen im Publikum: »Wer sind die denn?« Er musste spontan an den Film »Butch Cassidy and the Sundance Kid« denken, wo der legendäre Satz »Who are those guys?« ein ums andere Mal durch Redford und Newman ausgesprochen wird, als sie ihre Verfolger beobachten. Hier lag die Sache etwas anders, aber es war verständlich, dass die Zuschauer in diesem Wintersportort auf Bergspezialisten mit großen Namen gehofft hatten. Man hatte das Gelbe Trikot erwartet, und natürlich Angreifer wie Gomez, Di Lello, Pasquale oder den Schweizer Kneubauler; Männer, die sich auf diesen Wegen wie zu Hause fühlten. Jetzt sah das Publikum sieben andere Fahrer vorbeirollen, sieben verschiedene Trikots, sieben Nationalitäten, sieben Männer, die man in jedem Fall nicht vorn erwartet hatte.

Für kurze Zeit war die Straße sehr flach, und die Sieben setzten sich auf. Alle schnappten sich eine Flasche, und für zwanzig Sekunden trat niemand in die Pedale. Trinkend fuhren sie an den Zuschauern vorbei. Der Teamchef von Müller fuhr an die Spitzengruppe heran. Es war Heinz Schulz, früher ein namhafter Bahnfahrer, Sieger vieler Sechs-Tage-Rennen und im Fach gefürchtet wegen seiner unbändigen Kraft bei Derny-Rennen. Darüber hinaus war er ein geübter Packer gewesen und sah auch danach aus. Der Deutsche brüllte mit schwerer Stimme den Vorsprung der Spitzengruppe heraus: sechsunddreißig Minuten.

Die Sieben durchfuhren eine Kurve. Noch mindestens zweihundert Meter ebene Straße, dann begann der Anstieg. Van der Meer zog die Etappenkarte aus seiner linken Trikottasche und schaute sich an, wie der Anstieg verlief. Val-d'Isère, las er, wie viele Kilometer waren sie nun gefahren? Er suchte die aufgedruckten Ziffern: 119 Kilometer. »Hundertundneunzehn«, redete er mit sich selbst. Er begann zu rechnen und zu dividieren. »Durch sieben«, sagte er. Ein Lächeln huschte über sein Gesicht. »Sieben-mal-siebzehn ... wunderbar ... geht gar nicht besser.«

Müller fuhr an die Spitze und schaltete nach zehn Metern Steigung einen Gang zurück.

»Nichts tun«, reagierte Dazan sofort, und der Deutsche gehorchte. Er legte wieder einen Zahn zu, schaltete einen Gang höher und überließ dem Italiener die Führungsarbeit. Hin- und herwippend verließen die sieben Fahrer die Stadt. Der Aufstieg zum Iseran würde etwa vierzig Minuten dauern.

Müller schaltete noch einmal und fluchte laut; noch immer hatte er seine richtige Übersetzung nicht gefunden. Er musste das Hinterrad von Dazan verlassen und fiel schnell auf die sechste Position zurück. Van der Meer beobachtete den Deutschen: Der würde es nicht mehr allzu lange machen. Schweiß tropfte von seiner Stirn. Jetzt schon.

Amsterdam

Es gab Augenblicke, in denen Heiko Müller wusste, dass er aus seinem Leben ein reines Chaos gemacht hatte. Dies war so ein Augenblick. Er lehnte auf seinem Kofferkuli und ihm war schlecht. Er war an diesem Morgen um sieben Uhr aufgestanden und hatte im Eiltempo alles regeln müssen, bevor er als Letzter um drei Uhr ins Flugzeug stieg, das ihn nach Amsterdam bringen sollte.

Er wohnte in Berlin und sein Penthouse sah an diesem Morgen mehr wie ein Schlachtfeld aus als wie der gepflegte Raum, den er drei Monate zuvor bezogen hatte, nachdem seine dritte Ehe kaputtgegangen war. Aller guten Dinge sind drei – das galt auch für ihn, und er hatte sich selbst gesagt, dass die Ehe für ihn ein auslaufendes Modell sei; der ganze Unsinn, der Haufen Papiere, und vor allem: die Verpflichtungen. Er wohnte nun als gut gekleidetes Ferkel, räumte selten auf, stolperte über Zeitungen, Zeitschriften, Klamotten und leere Pizzaschachteln. Einen Monat lang hatte er eine Haushaltshilfe gehabt, aber nachdem er das zwanzigjährige Mädchen an einem tristen Tag in der kleinen Küche gepackt hatte und sie verwirrt und mit zerrissenen Kleidern hatte gehen lassen, hatte er das Appartment nie mehr sauber gemacht. Er hatte sich selbst kaum noch unter Kontrolle und musste mehrmals pro Tag rote, dreieckige Pillen einnehmen, um sich einigermaßen zu fühlen. Der Entzug des früheren Radrennfahrers hatte dramatische Formen angenommen. Er nahm nun zwar keine härteren Mittel mehr, aber dreimal pro Tag Amphetamine – das sorgte für weiteren Verfall.

Müller hatte in den Morgenstunden probiert, seinen Anwalt anzurufen. Er hatte mit seiner weinenden zweiten Frau Brigitte telefoniert und musste erfahren, dass von seinen Sparbüchern nichts mehr übrig war. Um überhaupt noch etwas Geld dabei zu haben, war er zu seiner Bank gefahren und wusste den Direktor davon zu überzeugen, dass dieser innerhalb von drei Wochen den Ausgleich seines Kontos erwarten durfte.

Müller hatte einen netten Betrag bei einer kleinen Bank in Genf angelegt, und alle sechs Monate fuhr er in die Schweiz. Dann hob er regelmäßig 50.000 Schweizer Franken von seinem Konto ab und kaufte an der Ecke beim Apotheker ein paar Sachen, die in Deutschland nur illegal zu haben waren.

Gegen Mittag erreichte er seinen Anwalt. Die Trennung von seiner dritten Frau hatte noch ein juristisches Nachspiel gehabt, und Müller wusste nur zu genau, dass er finanziell auch mit seiner zweiten Frau nicht auseinander war. Monatlich musste er 9.000 Mark Alimente überweisen, und der Boden seines Sparschweins kam langsam in Sicht.

Nicht dass er sich unmittelbar Sorgen zu machen brauchte, denn die Schweiz garantierte sicher noch sechs Jahre sorgenfreies Leben, aber doch lebte er in der letzten Zeit so, als ob ihm der Teufel auf den Fersen wäre.

Er hatte keine feste Arbeit, trat aber ein paarmal im Monat als Radsportanalytiker bei der ARD auf und hatte wieder ein gewisses Maß an Popularität in Deutschland erlangt. Überall, wo er hinkam, wusste man, dass er dieser beinahe unschlagbare Müller gewesen war, der das radsportliebende Deutschland in eineinhalb Wochen dieser berühmten Tour de France zum Staunen gebracht hatte. Ja, er war ein Held gewesen und hatte auf beinahe skandalöse Art und Weise seine Popularität genossen. Er hatte Geld wie Heu verdient, hatte dasselbe Geld rasend schnell auf den Kopf gehauen und später durch glückliche Umstände noch zwei Jahre lang ein Top-Gehalt bei einem Schweizer Team kassiert. Das damals verdiente Geld hatte er in aller Seelenruhe auf der Bank anlegen lassen, und von diesen Einkommen konnte er, wie er gern sagte, »sein tägliches Gläschen Sekt« trinken.

Denn Herr Müller liebte den Luxus. Autos? Ja, immer etwa zwei, drei, darunter dann auch eine etwas größere Karosse. Frauen? Immer etwa drei. Eine Ehefrau und viele Freundinnen. Augenfällige Typen: Sängerinnen, eine Moderatorin einer großen TV-Spiel-Show bei RTL, eine polnische Bildhauerin, eine Richterin aus Hamburg – und die Frau des Hauptsponsors seines Teams.

Das letzte Verhältnis hatte ihn bei den Deutschen berühmt gemacht. Die Geschichte seiner Affäre mit der schönen, intelligenten Frau hatte er, ohne es ihr vorher zu sagen, an ein Massenblatt verkauft. Selbst seine Mannschaftskollegen hatten ob dieser Niedertracht entsetzt dagestanden. Aber die Zeit schien auch solche Wunden zu heilen. Er war wieder eine prominente Persönlichkeit in Deutschland geworden und genoss diesen Status.

All ihre sexuellen Ausschweifungen waren detailgetreu im Tratschblatt abgedruckt worden, sogar mit Fotos. Die Frau, Tochter eines CDU-Ministers und eine in der Frankfurter Gesellschaft, wo ihr Mann viel Ansehen als Direktor einer Top-Telefon-Gesellschaft genoss, gern gesehene Persönlichkeit, hatte den Radsportler bei einem Empfang nach der Tour de France kennen gelernt. Sie hatte dem starken, blonden Mann zugeblinzelt und reinste Wollust im Unterleib verspürt.

Vier Tage später hatte er sie in einem Hotel in Mainz genommen – und von da an wollte sie nur noch in den Armen dieses bärenstarken Menschen aus Erfurt liegen. Sie betrog ihren Mann mit Begeisterung, überlegte sich die fantasievollsten Ausreden, um nicht an seinem gesellschaftlichen Leben teilnehmen zu müssen und reiste inkognito von Hotel zu Hotel quer durch Europa. Jedes Bett war gut – solange er seinen muskulösen Körper neben ihren legte.

Müller hatte seine damalige Frau drei Wochen nach der Tour zu Hause rausgeschmissen, nachdem sie ihm eröffnet hatte, dass sie während seiner Abwesenheit zu der Einsicht gekommen war, das Leben mit ihm sei nicht alles. Erst Jahre später hatte er kapiert, dass der Betrüger in diesem Fall auch der Betrogene war, denn per Zufall bekam er mit, dass sein Teamgefährte Hartwig Schwarz, ein Junge, der bereits während der dritten Etappe der Tour aufgegeben hatte und nach Deutschland zurückgereist war, seinen Platz in ihrem Bett übernommen hatte.

Müller hatte die Beziehung zur Frau seines Sponsors ein halbes Jahr lang interessant gefunden. Sie bezahlte alles, er sorgte dafür, dass sie sich an seinem stählernen Körper laben konnte, aber an einem Abend im Januar beschloss er, jetzt genug von ihr zu kennen; sie begann ihn zu langweilen.

Er hatte sie an einem schönen Abend in Berlin überredet, Fotos von ihrer Liebe machen zu lassen, und sie – blind vor lauter Lust am körperlichen Vergnügen – hatte zugestimmt.

Eins dieser Fotos, auf dem sie nackt an seiner Seite saß und lachend in die Kamera schaute, war im April in der Regenbogenpresse erschienen. Müller hatte sofort seine Siebensachen beim Team packen können, und auch die Frau des Sponsors wurde zu Hause rausgeschmissen. Erst ein paar Monate später hatte er wieder ein Lebenszeichen von ihr gehört. Sie arbeitete in Australien, unter anderem Namen, in einem Kinderkrankenhaus. Ihr Leben war kaputt, und sie würde sich nie mehr in Deutschland sehen lassen.

Müller hatte nach dieser Affäre einen Rückschlag erlebt. Die meisten seiner Freunde hatten sich von ihm abgewandt, sein Manager hatte ihm geraten, doch besser für kurze Zeit außerhalb Deutschlands zu leben. Aber genau das hatte er nicht getan. »Die Zeit heilt alles, auch Gerede und plötzliche Unbeliebtheit«, hatte er gesagt, und das stellte sich auch als richtig heraus.

Nachdem er ein knappes Jahr kaum in den Medien Beachtung fand, hatte er sich doch wieder aufgerappelt und nach seinem spektakulären Sieg beim Weltcup-Rennen in Hamburg in seiner Abschiedssaison wieder das Großmaul spielen können.

Er war wieder ganz oben. Die deutschen Fernsehprogramme buhlten wieder um seine Gunst. Er wurde förmlich überschüttet mit Sponsor-Angeboten, und genau deshalb hatte er laut gelacht: Selbst das ärgste Unkraut vergeht nicht. Oder?

Er hatte auf dem Weg zum Flughafen noch dreimal per Handy telefoniert und alle Gespräche drehten sich irgendwie um seine Entgleisungen in der Vergangenheit. Jeden Tag kamen neue Rechnungen oder der Rechtsanwalt wollte etwas von ihm wissen. Er war jetzt siebenunddreißig Jahre alt, aber der Verschleiß war ihm anzusehen. Er hatte häufig Kopfschmerzen und er war schnell müde. Er lebte immer noch auf der Überholspur, er feierte Feste und machte mit im Berliner Party-Zirkus, aber glücklich war er bestimmt nicht.

Jetzt war er auf dem Weg nach Amsterdam.

Mit Schweißperlen auf der Stirn hatte er seinen Koffer eingecheckt. Die junge Frau von der Lufthansa hatte ihn wiedererkannt und freundlich gelächelt. »Guten Tag, Herr Müller. Ferien in Amsterdam?«, hatte sie ausgelassen gerufen.

Er hatte sein freundlichstes Gesicht gezeigt und Süßholz raspelnd genickt. »Reisen Sie mit?«, hatte er rundweg gefragt, und er bildete sich ein, bei der Frau ein kurzes Zögern gesehen zu haben.

Es funktionierte also immer noch.

Er erinnerte sich der Worte eines Teamkameraden aus früheren Zeiten, des jungen Dänen Ole Christiaansen, der ihm während einer Mannschaftsvorstellung einmal an den Kopf geworfen hatte, dass sein Schwanz sein größter Gegner sei. Darin hatte der Narr von Ole wahrscheinlich Recht gehabt, überlegte er, während er die Konturen unter der Bluse der Frau ihm gegenüber anstarrte. Geile Frau, dachte er.

Lächelnd hatte er den Schalter mit seiner Bordkarte in der Hand verlassen.

Die junge Frau hatte seinen noch stets imponierenden Körper genau angeschaut. Sie erinnerte sich an die Geschichten aus der Sensations-Presse und konnte sich Weiteres vorstellen. Kräftige Schultern, eckiger Kopf, ein knackiger Hintern, schlank, gut gekleidet...

Col de l'Iseran

Nach zehn Kilometern Steigung hatte Heiko Müller die anderen fahren lassen. Immer wieder schaltend war es ihm dennoch nicht gelungen, die richtige Übersetzung zu finden, und in einer linken Kurve hatte er das Hinterrad von White verloren und schnell zwei Gänge zurückgeschaltet. Plötzlich schwand der Druck aus seinen Muskeln, und er fuhr im Touristentempo weiter; die anderen sechs lagen schnell sechzig Meter vor ihm. Van der Meer hatte den Deutschen fluchen hören und ihn in der Gruppe zurückfallen sehen. »Hoffnungslos«, hatte er festgestellt und daraufhin nicht mehr nach ihm gesehen. Der deutsche Mof war nun zum Ballast geworden, und jeder Gegner, der abreißen ließ, bedeutete einer weniger im Ziel vor ihm. Also weiterrollen ...

Der Anstieg verlief ruhig. Dutronc war tatsächlich der Stärkste; White hatte in den vergangenen Minuten etwas Mühe und trank sehr viel; Dazan war ruhig; der Norweger fuhr dauernd einen Gang lockerer als alle anderen; und Van Geneugden sagte nichts, aber atmete sehr schwer. Van der Meer hielt bei diesem Tempo mit. Er brauchte sich kaum anzustrengen und sah auf seinem Pulsmesser, dass er wohl noch Reserven hatte. Er kletterte jetzt drei Kilometer hoch; dieser Berg stand beschrieben als »Hors catégorie«, aber selten hatte er sich seiner Sache so sicher gefühlt. Er spielte mit seiner Gangschaltung, hielt aber Dutronc im Auge, weil er wusste, dass jede Temposteigerung des Franzosen ihm teuer zu stehen kommen würde.

Hinter sich hörte er das Geräusch eines sich schnell nähernden Fahrzeuges. Van der Meer drehte sich um. Es war das Auto des Teamchefs von Müller, und Van der Meer sah, dass Schulz ihm zuwinkte. Die anderen fuhren ihr Tempo weiter, während Van der Meer sich ruhig an der anderen Straßenseite zurückfallen ließ, sodass das Auto zwischen ihm und den anderen fuhr. Neben Schulz angekommen, schaute Van der Meer ihm in das ernste Gesicht.

»Kannst du ihn zurückholen?«, fragte Schulz schnell, direkt und ohne rot zu werden, und er machte mit seinem Kopf eine Bewegung nach hinten in Richtung Müller. Der schaute auf die Kurve unter sich und sah, dass der Deutsche jetzt schon einen Rückstand von zweihundert Metern hatte. Van der Meer nickte, und Schulz streckte seinen Daumen schnell nach oben. Van der Meer ließ sich zurückfallen … zehn, zwanzig, dreißig Meter. Er fragte sich nur, warum die Deutschen jetzt schon versuchten, Müller in der Spitzengruppe zu halten. Es kamen noch zwei Berge … Wenn man schon jetzt nicht gut drauf war … Oder dachten die weiter? Hatten sie berechnet, dass er der beste Zeitfahrer von allen war und dass er am Freitag vor Paris allen Schaden wieder gutmachen könnte? Mit einem Mal stockte Van der Meer. Er ließ das Rad rollen, schlingerte kurz von der rechten zur linken Straßenseite, fluchte. Er hatte dem scheinbar simplen Plan der deutschen Teamleitung zugestimmt, dieser Arschlöcher. Wenn er nun Müller in aller Seelenruhe wieder ranbrächte und mit respektablem Abstand über den höchsten Punkt führte … »Verdammt noch mal«, sagte er sich selbst, »Ich kann hier reich werden.«

White war nun der Letzte in der Gruppe. Der Amerikaner hatte sich irritiert umgedreht, als Van der Meer neben dem Wagen des deutschen Teams fuhr, aber Van der Meer glaubte, dass dieser Anfänger das Spiel nicht durchschauen würde.

Drei Autos fuhren langsam vorbei, und in diesen Wagen sah Van der Meer nur fragende Gesichter. War dieser Anstieg zu viel für ihn? Er hörte Gehupe und sah den Wagen seines Teams heranfahren.

»Was ist los?«, fragte Schuurmans, und Van der Meer drehte sich um: »Ein kurzer Aussetzer, wird schon wieder«, sagte er und rotzte nach rechts in die Böschung. »Habt ihr was Süßes dabei?«

Zwei Minuten später hörte er den schwer schnaufenden Müller heranrollen. Der Deutsche hatte natürlich gesagt bekommen, dass er sich auf den Holländer konzentrieren solle und hatte gleich einen Gang höher geschaltet. Dies durfte allerdings nicht zu auffällig geschehen.

Van der Meer ließ ihn vorfahren. Der Form halber musste er sich nun zuerst ans Hinterrad von Müller hängen. Die zwei fuhren mit den Teamwagen hinter sich. Die anderen Fahrzeuge waren durchgefahren und befanden sich zwei Ebenen höher am Berg. Müller drehte sich um und sagte: »Danke.« Van der Meer nickte zurück. Der Fahrer wusste es also. Er übernahm die Führung und beschleunigte leicht, sodass der Deutsche nur mit einiger Mühe folgen konnte.

Fünf Kurven später sah Van der Meer White vor sich fahren. Er schätzte den Rückstand auf vielleicht 150 Meter und wusste jetzt, dass er dabei war, gute Geschäfte zu machen. Der Amerikaner war ein herrlicher Orientierungspunkt und äußerst nützlich für die letzten Kilometer des Anstiegs.

Drei Kilometer unterhalb des Bergplateaus fuhren sie zu dritt, während die anderen drei Kurven höher waren. Van Geneugden fiel zurück und wurde einen Kilometer später in der Gruppe von Van der Meer aufgenommen, wo White nun Führungsarbeit leistete. Van der Meer hatte ihm zugerufen: »Come on rookie, show me some – auf geht's, Anfänger, zeig was«, und der ehrgeizige Amerikaner hatte beschleunigt und damit, ohne es zu wissen, die nächste Entscheidung der Etappe eingeläutet.

Auf der Spitze des Iseran war der Vorsprung des davoneilenden Dutronc nicht größer als 15 Sekunden auf Andersen, zwanzig Sekunden auf Dazan und siebenunddreißig Sekunden auf das schnell aufholende Quartett.

»So möchte ich es hören, siebenunddreißig Sekunden«, sagte Van der Meer sich selbst, während er sein Trikot gerade zog, nachdem er eine Zeitung von einem Zuschauer genommen und sie darunter geschoben hatte.

Fahrer in guter Form fühlen während der Abfahrten die Kälte weniger als diejenigen, die Schwierigkeiten haben, das hatte er früher mal von einem alten spanischen Betreuer gehört, und das war auch so. Er schob seinen Helm zurecht, nahm schnell einige Schluck Tee aus seiner Flasche und stürzte sich in die Abfahrt: Das Loch war locker wieder zuzufahren.

Van der Meer überlegte sich, dass er in den letzten zwanzig Minuten wahrscheinlich gut verdient hatte. Aber wieviel bloß, fragte er sich. Zehntausend Mark? Könnte hinhauen. Müller nahm die Abfahrt wie kein anderer, also brauchte er auf den jetzt nicht aufzupassen. Einmal unten angekommen, würde er schon noch mal genauer hinsehen. Ein Fahrer, der schon am ersten Anstieg zurückfällt, ist im Allgemeinen ausgebrannt – und die zwei schwersten Steigungen würden erst noch kommen. Wie sollte dieses Muskelpaket bloß die Berge hoch? Hatte er einen truc special in der Hinterhand? Und welche Taktik schlug der deutsche Teamchef ein?

Van der Meer fragte sich allen Ernstes, ob er sich habe reinlegen lassen. Und was sollte er dann tun? Den Deutschen irgendwo festsetzen und dann schnell bremsen? Van der Meer schaute sich einmal um und sah dem Deutschen direkt ins Gesicht. Er sah noch gut aus; die Schweißperlen vom Anstieg waren weg. Er war beim Essen und zwinkerte dem Holländer zu. Van der Meer wusste wirklich nicht, ob er mit seiner Aktion von vorhin etwas Richtiges getan hatte. Er fühlte sich kurzzeitig unsicher, bekam eine Gänsehaut und musste mit einem Male pinkeln.

Er kannte das Gefühl: vom Finale der Weltmeisterschaft in Spanien, vor sechs Jahren. Zwei Kilometer vor dem Ziel gehörte er zusammen mit drei Italienern und zwei Franzosen zur Spitzengruppe. Ganz kurz hatte er das absolut irre Gefühl, diese WM gewinnen zu können, aber die Italiener rissen auf den folgenden vierhundert Metern permanent von ihm aus. Er fuhr einmal die Lücke dicht und ihn überkam damals dasselbe Gefühl, die kalte Gänsehaut auf dem gesamten Körper und vor allem das dringende Bedürfnis zu pinkeln. Später hatte er sich dieses Gefühl als Reaktion auf Angst erklärt. Er hatte in seine Hose gemacht und war ganz brav Vierter geworden. Mit einer nassen Hose, das wohl. Und er brauchte nicht zur Kontrolle.

Die Straße verlief schräg nach rechts, es folgte eine nicht einsehbare Kurve, und Van der Meer lenkte mit bestimmt 70 Sachen hinein. Das konnte er, seltsam genug, denn wie kam ein Junge aus dem flachen Land zu Erfahrungen im Bergfahren?

Von seinem ersten ernsthaften Versuch an, in der Runde von Jugoslawien bei den Amateuren – das war jetzt auch schon wieder sieben Jahre her –, hatte er das Klettern ganz spannend gefunden. Abfahren war etwas anderes. Er konnte es zwar, aber seine angeborene Trägheit und sein ausgeprägtes Relativierungsvermögen hatten ihn zu einem nachdenklichen Abfahrer gemacht. Mit Mühe lenkte er durch die Kurve. Hinter sich hörte er: »Jesus ... Fuck you, Dutch!«

Ohne sich umzudrehen wusste er, was gemeint war. Der junge Amerikaner hatte keine Erfahrung in den Bergen und vertraute mehr seinen Ausreißgefährten als seiner eigenen Lenkkunst. Die anderen schnitten viel besser und gewagter die Kurven, während White die letzte, schrecklich geschwungene Kurve gerade eben halten konnte. Van der Meer erinnerte sich an sein erstes Jahr im Giro. Wie er wie ein Verrückter dem Italiener Ivan Strenco in der Abfahrt des Stelvio hinterher gejagt war. Nach fünf Kurven hatte er voll in die Bremsen greifen müssen und den Italiener in die Hölle verwünscht. Jedes Mal drängte der große, behaarte Meister-Abfahrer den Holländer Richtung Böschung mit einer wunderbaren Aussicht auf den Abgrund; waghalsig war Van der Meer dreimal durch die Kurve gekommen.

Der Italiener Dazan saß scheinbar seelenruhig und war dabei, etwas zu essen – eine Szene, die Van der Meer zum Lachen brachte. Die Tour de France stand kurz vor der Explosion, die sieben Leute der Spitzengruppe quälten sich den Iseran hoch – und der Oldie war dabei, mit einer Hand am Lenker, ein Brot zu essen.

Während die Fünfergruppe in das Bergdorf Bonneval-sur-Arc hineinpreschte, sah Van der Meer in der Ferne die Trikots von Andersen und Dutronc. Er machte eine Kopfbewegung in ihre Richtung. Der Italiener nickte zurück, schnappte sich eine Flasche und nahm einen kurzen Schluck. Die Uhr zeigte mittlerweile kurz vor zwei – und die Führenden waren etwa 20 Minuten schneller, als es der Tourplan vorsah.

»Hast du irgendeine Vorstellung davon, was hinten läuft?«, fragte Dazan, als Van der Meer ihn überholte.

Amsterdam

Ottavio Dazan hatte gegen Mittag seinen Flug auf dem Flughafen Linate verpasst. Nicht, dass dies besonders schlimm war oder bemerkenswert im Leben des Italieners, denn er war kein Mann von Pünktlichkeit. Ein mäßiger Zeitfahrer im Übrigen auch, obwohl er einmal den Baracchi gewonnen hatte, aber das war zusammen mit dem phänomenalen Zeitfahrer Jean-Marie Leclerc. Und nach der Zielankunft mussten beide den Dopingarzt für drei lange Minuten draußen vor der Kabinen-Tür stehen lassen, um den mitgeschmuggelten, sauberen Urin in ein bereitstehendes Gefäß zu schütten.

Dazan hatte sich auf dem Flughafen nicht allzu sehr verspätet, nur eine halbe Stunde. Er hatte ein wenig damit spekuliert, dass die Maschine nach Amsterdam sich verspäten würde; das passierte nämlich jeden Tag. Die Lebensfreude, mit der er seine Tage lebte, vermutete er auch bei anderen. Er war bestimmt nicht faul, er arbeitete hart und hatte einen sehr gut gehenden Fahrradladen in Como, aber seine Art zu leben hatte etwas Lässiges, Nonchalantes an sich.

»Die Nase« hatte nach seiner Laufbahn als Aktiver für relativ wenig Geld ein Fahrradgeschäft gekauft, hatte aufgrund seines Namens und seiner Popularität die großen Fahrradfabriken an Land gezogen und in kurzer Zeit ein kleines Imperium mit Filialen in ganz Italien aufgebaut. Sein großes Hobby war das Kaufen und Pflegen von alten Sportwagen. Aber jetzt, fünf Jahre danach, wurde deutlich, dass Arbeit und Hobby nicht gut zueinander passten. Er hatte andauernd mehr Ausgaben als Einnahmen. Dazu passte, dass er schon siebzehn Sportwagen auf einem speziell dafür gekauften

Bauernhof stehen hatte, aber Dazan wollte nicht einsehen, dass dieses teure Hobby ihn langsam aber sicher in den Bankrott treiben würde.

Anfang April hatte er sich noch eine ordentliche Reduzierung seiner Steuerzahlungen organisiert. Er hatte das sehr clever gemacht. Er hatte einen hohen Finanzbeamten zu einer Radtour um den See eingeladen und war später mit ihm nach einer Spritztour in einem alten, blinkenden Lamborghini sehr gut essen gewesen. Das Fahrrad, mit dem der Steuerexperte gefahren war, stand nach dem Essen fein säuberlich eingepackt als Erinnerung an einen besonders schönen Tag bereit. Der Name Ottavio Dazan zierte den Rahmen mit der Widmung darunter: für Ricardo Difilipis, einen Radsportfreund. Dazan hatte seine Strafen für drei Jahre ebenso wenig bezahlen müssen wie die Vorauszahlungen für die kommenden Jahre; der Tag hatte ihm Milliarden von Lire erspart.

Er erinnerte sich an den Beamten – übrigens ein netter, flotter Typ –, der ihn im Restaurant immer wieder nach dieser einen Tour-Etappe ausgefragt hatte. Wie es im Finish zugegangen war und warum der Norweger doch verloren hatte, und welche Rolle überhaupt dieser Holländer Van der Meer gespielt hätte. Dazan hatte erzählt, dass Tulipino ganz einfach clever gehandelt hätte. Vielleicht einen kleinen Tick zu gemein, aber was bedeutete das schon in diesem Fall? Dazan hatte selbst auch während eines Rennens gut verhandeln können. Und er hatte seinem mit hochroten Ohren lauschenden Tischnachbarn ein kleines Geheimnis erzählt. Er hatte dem absoluten Anti-Sprinter Davide da Costa mal zu einem heißbegehrten Sieg im Giro verholfen – und niemand hatte ihm damals vorgeworfen, er hätte gemein gehandelt. Er hatte ein abgekartetes Spiel gespielt. Dabei hatte er einen Schweizer, der nicht mitmachen wollte, brutal an den Straßenrand gefahren – ohne ernsthafte Verletzungen übrigens und zufällig außer Reichweite der fast überall anwesenden Fernsehkameras – und er war während der letzten 70 Meter zufällig auf der falschen Straßenseite gerollt … na und? Das geht doch? Das ist doch Radrennen.

Dazan hatte mit Mühe noch einen Platz im letzten Flugzeug nach Amsterdam bekommen. Er hatte sich an Bord des KLM-Flugs einen Weißwein einschenken lassen und vor sich hingedöst. Er war in der letzten Zeit viel zu häufig müde. Am Morgen hatte er dies noch zu seiner Freundin gesagt – als Entschuldigung dafür, dass er einmal im Bett direkt tief und fest eingeschlafen war.

In Amsterdam hatte Dazan seine schöne Reisetasche vom Band genommen und war durch den Zoll gelaufen. Er hatte gerade noch mitbekommen, wie einer der Zöllner seinen Namen gegenüber einem jüngeren Kollegen genannt hatte und war stolz darauf, dass er sogar hier, in den Niederlanden, erkannt wurde. Mit diesen Gedanken hatte er die Ankunftshalle betreten. Dort sah er einen Mann stehen, der eine Tafel mit seinem Namen hoch hielt.

Dazan hatte sich vorgestellt. Eine halbe Stunde später hatte er der Frau an der Rezeption erzählt, dass er Gast sei von Signor Van der Meer. Er wurde mit der größten Aufmerksamkeit empfangen, man hatte seine Koffer genommen, und der diensthabende Empfangschef hatte ihn gebeten, sich zu beeilen für das Abendessen, das bereits vor einer halben Stunde begonnen hatte. Dazan war auf sein Zimmer gegangen, hatte sich kurz geduscht und mit Sorgfalt seine Kleidung ausgewählt: eine Kamelhaarjacke zu einer dunkelgrauen Hose und ein hellblaues Hemd mit einer schönen Zegna-Krawatte. Würde das zu der Gesellschaft passen, die ihn jetzt erwartete?

Es war kurz vor halb elf, als er das Restaurant betrat. Anfangs musste er sich ans Licht gewöhnen. Dann sah er, rechts hinten in der Ecke, sechs Männer an einem großen Tisch sitzen. Dazan hielt kurz inne und musterte die sechs. Er erkannte sie noch alle, obwohl er seine Zweifel hatte, wer denn nun der Norweger und wer der Amerikaner sei. Van der Meer sah ihn zuerst, und als er »Ecco ... Il Naso!« rief, hatte sich jeder am Tisch zu ihm umgedreht, und es kam spontaner Beifall. Van der Meer war ihm entgegengekommen, und die zwei hatten sich einen Augenblick lang tief in die Augen geschaut. Van der Meer hatte seine Arme um die Schultern von Dazan gelegt und beide hatten sich herzlich umarmt, was Dazan auch mit den anderen fünf machte. Hallo, oui, ca va, how are you doing, si, va bene, grazie. Müller hatte ihm zu seinem Entsetzen einen dicken Kuss auf die Wange gegeben.

So standen die sieben Männer neben ihren Stühlen. Van Geneugden nahm sein Glas. Alle anderen taten dies auch, und ein herbeieilender Ober gab Dazan ein Glas Champagner.

»Jetzt sind wir vollständig«, meinte Van der Meer. »Jetzt können wir auf uns anstoßen. Willkommen in Amsterdam, willkommen bei diesem Wiedersehenstreffen … Willkommen in unserem neuen Leben, auf dass es euch schmeckt.«

Die sieben Männer hatten ihr Glas erhoben, und Dazan hatte sich auf den freien Stuhl gesetzt. Rechts von ihm saß Dutronc, an der anderen Seite Van der Meer.

Notre-Dame-des-Graces

Die sieben Fahrer waren wieder zusammen, und Van der Meer hatte wegen des Gesichts lachen müssen, das Dutronc machte, als er mit Erstaunen registrierte, dass Müller auf einmal an der Spitze fuhr. Die Strecke war ziemlich flach, es wehte ein angenehm kühlender Wind aus Richtung Osten, und die sieben fuhren in einem Tal, in dem alles um sie herum grünte.

Van der Meer hatte sich etwas zurückfallen lassen und schielte nach hinten. Er schätzte, dass dort etwa zwanzig Fahrzeuge in einer Kolonne fuhren. Kurz dahinter folgte schon seit zwei Stunden ein Motorrad mit einem Kameramann des französischen Fernsehens, und alle zwei oder drei Minuten kam aus der Nachhut ein Motorrad mit einem Fotografen nach vorn, der schnell ein paar Mal auf den Auslöser drückte.

Im Übrigen schien es ruhig zu sein.

White probierte während des Fahrens auf der linken Seite der Straße zu pinkeln, und Van der Meer konnte sich ein Lachen nicht verkneifen wegen der putzigen Akrobatik des Amerikaners. Wie hieß dieses Lied doch noch? War das nicht ein Stück von Jimmy Buffett, das »Pissing in the wind« hieß? White machte das, was alle Anfänger taten: er pinkelte sich beinahe ans Bein und gab seine dilettantischen Versuche bald auf.

Van der Meer hob seinen Arm, und einer der Kommissare fuhr schnell und geschickt neben ihm vor. »Combien? – Wie viel?«, fragte Van der Meer, und das Jurymitglied, ein junger Typ, schrie: »Plus de quarante minutes – mehr als vierzig Minuten.« Van der Meer schaute den Mann erstaunt an: »Pardon – wie bitte?« Der junge Mann nickte, fast schon entschuldigend, und rief: »Sie sind gerade auf dem Anstieg des Iseran, zwölf Mann vorn mit dem Gelben Trikot und allen anderen Favoriten.« Van der Meer schloss wieder zur Gruppe auf, kam ans Hinterrad von Van Geneugden und dachte für sich: »Welche Favoriten?«

Der Belgier schaute sich um: »Wie viel?«

Van der Meer nickte: »Genug.«

Van Geneugden hatte sich diese Antwort angehört und sich dann mit erhobener Stimme zu seinem nördlichen Nachbarn gewandt: »Ich frage wie viel, du Klotzkopf. Du kannst doch wohl eine richtige Antwort geben?«

Van der Meer überholte mit drei schnellen Pedaltritten den Belgier, ohne ihn dabei anzuschauen, und fuhr dann neben Dazan. »Quaranta«, sagte er kauend und schnell, und über das Gesicht des Italieners huschte ein arglistiges Lächeln.

»Incredibile – unglaublich«, reagierte er auf die Zahl, und Van der Meer überholte auch den Italiener. Er wollte sich bei Andersen vergewissern und vorsichtig schob er sein Vorderrad neben das Rad des Norwegers. Als sie nebeneinander fuhren, fragte er: »Geht's noch?« Van der Meer wusste selbst, was für eine saublöde Frage das war, aber er wusste nicht anders anzufangen. Aus der Entfernung hatte er gesehen, dass der Norweger sehr locker fuhr. Er schaltete wirklich nirgendwo zurück, ein sehr gutes Zeichen.

Der Norweger setzte sich kurz um und antwortete, dass es ihm gut ginge. »Wie gut?«, fragte Van der Meer, aber der Norweger spielte das Spiel mit. »Gut genug, um die beiden folgenden Berge dranzubleiben.«

Van der Meer beobachtete Andersen sehr aufmerksam. Starker Mann, wie man sehen konnte. Er fuhr für die kleinste und unbekannteste Mannschaft dieser Tour, De La Hoya. Er hatte ein weißrotes Trikot, an der Seite der Hose stand: SILLA DE TIJERA. SILLA bedeutete Stuhl, aber was bloß TIJERA? Und wie kam er in Gottes Namen in so ein kleines spanisches Team? Sollte diese Mannschaft Geld haben?

Bevor Van der Meer es realisierte, war es draußen: »Your sponsor has some money to play with – Hat dein Sponsor noch genügend Geld, um mitzuspielen?«

Der Norweger schaute ihn erstaunt an: Natürlich war das so, aber Andersen war zu unerfahren für dieses Spiel. Deshalb zog er brüsk seine Schultern hoch und beschleunigte; das war seine beste Antwort.

Die zweite Verpflegungsstelle rückte näher, und die Fahrer fuhren im ruhigen Trott auf der rechten Straßenseite. Van der Meer sah Johan am Straßenrand stehen, das Faktotum seiner Mannschaft. Es war angesichts der Länge der Etappe und angesichts der Tatsache, dass niemand überholen konnte, unmöglich, den Nachschub mit einem Fahrzeug zu sichern. Johan, Mitte dreißig, der eigentlich nichts richtig konnte, aber ein netter Gesprächspartner war, stand mit der Essenstüte und winkte, als ob er ein Flugzeug einweisen müsse. Van der Meer musste lachen. Es war zum ersten Mal während dieser Tour, dass Johan so eine verantwortungsvolle Aufgabe übertragen bekommen hatte, und der Mann erledigte seinen Auftrag. Und zwar so gut, dass er die Tüte genau etwas zu lange festhielt, als Van der Meer geschmeidig seine Hand durch den Aufhänger gesteckt hatte.

Das Unvermeidliche passierte. Van der Meer fühlte Widerstand auf der rechten Seite, konnte mit seiner linken Hand nicht genügend gegensteuern und fiel vom Fahrrad. »Verdammter Penner«, rief er, als er wieder aufgestanden war.

Johan stand erschrocken daneben. »Dann hilf doch wenigstens, du Linkswichser!«, blaffte Van der Meer, und Johan schob den Radrennfahrer mit voller Kraft an, als der wieder auf seinem Rad saß. Van der Meer war in Rückstand geraten, ungefähr hundert Meter, aber er wusste, dass die anderen sich nun über ihre Essenstüten hermachten und dass nichts weiter passieren würde. Deshalb wühlte auch er in seinem Proviantbeutel, in dem er ein paar Kuchenteilchen fand und eine Flasche, die sich warm anfühlte. Er spähte die Straße hinunter … Verdammt noch mal … er spürte, wie Adrenalin sich seines Körpers bemächtigte, warf seinen Beutel weg und schaltete sofort hoch, glatte zwei Gänge, denn er sah, dass zwei Fahrer ausgerissen waren. Er glaubte, dass es Van Geneugden und Dutronc waren, aber sicher war er sich dessen nicht.

Bestimmt zwei Minuten musste er richtig ranklotzen. In dieser Zeit hatte er den armen Johann mindestens siebzehnmal zur Hölle gewünscht. Am Ende einer Kurve schien er auf zwanzig Meter zu Müller, White und Dazan aufgeschlossen zu haben. Mehr als hundert Meter vor ihnen fuhr jemand. Das musste Andersen sein, aber den Franzosen und den Belgier sah er nicht mehr.

»Gigantisches Schafsgesicht«, rief Van der Meer noch einmal aus.

Vier Jahre vorher, in einer belanglosen Etappe von Paris-Nizza hatte Johan den gleichen Mist gemacht bei Rini van Spronck, einem jungen, sehr talentierten Fahrer aus Limburg, der sich bei dieser Aktion seinen Arm brach und nie wieder den Anschluss gefunden hatte. Seitdem hatte die Team-Leitung Johan verboten, Proviantbeutel anzureichen, aber heute ging es nicht anders. »Gott verdammt noch mal«, fluchte Van der Meer abermals und starrte auf das Blutrinnsal, das von seinem Knie tropfte. Er tastete das Knie ab, aber stellte nichts Unnormales fest. Auch befühlte er kurz seine Schulter, an der das Trikot zerrissen war. Gut fürs Fernsehen, dachte er, denn er war sich ganz sicher, dass das Fernseh-Team in den nächsten Minuten seine blutunterlaufene Schramme in Großaufnahme zeigen würde.

Fünf Minuten später fuhren die fünf Männer zusammen. Sie sahen in der Ferne Van Geneugden und Dutronc; der Abstand betrug ungefähr dreihundert Meter. Ganz kurz machten sich Zweifel bei den Verfolgern breit. Dazan schaute Van der Meer an, aber sah gleich, dass dieser Fahrer, der gerade wieder den Anschluss gefunden hatte, nicht der ideale Mann war, um die Verfolgung in Gang zu bringen. »White«, rief der Italiener scharf, und der Amerikaner drehte sich um. »Velocita – Tempo«, rief er, und White begriff, was von ihm erwartet wurde.

Innerhalb von fünf Minuten hatte das Quintett zu den Führenden aufgeschlossen. »He, du Mistkerl, abhauen, wenn jemand gefallen ist – dazu hast du die Traute!«, rief Van der Meer unwirsch dem Belgier zu. Van Geneugden schaute sich um und lachte höhnisch. In diesem Augenblick startete Andersen an der anderen Seite einen Ausreißversuch.

Amsterdam

Erik Andersen schüttete den Champagner in sich hinein, als ob es Wasser wäre, und bekam langsam glasige Augen. Warum konnten Skandinavier nicht mit Alkohol umgehen? Van der Meer betrachtete den Norweger amüsiert, der in einem sehr geschmackvollen Outfit gekommen war. Alles in Schwarz: Hemd, Anzug, Socken, Schuhe, Uhren-Armband – und auch seine hörnerne Designer-Brille. Andersen war zuerst meist still gewesen und hatte den Kontakt mit White gesucht. Er hatte danach den anderen, bis zu dem Moment, als Dazan hereinkam, von seinen Abenteuern mit der Kunst für jedermann erzählt, und dass er als ehemaliger Sportler in dieser Welt kaum einen Fuß auf den Boden bekommen hatte, aber dass seine Tour-de-France-Vergangenheit mit dieser einen Etappe ihn doch weitergebracht hätte. Sogar in Norwegen, wo die Tour fürs große Publikum doch eher ein unbekanntes Phänomen war.

Andersen hatte von einem Geldgeber erzählt, der ihm begegnet war; ein Mann aus Oslo, der die bewusste Etappe im Fernsehen gesehen hatte, als er in Nizza im Urlaub war. Andersen hatte sich, so wie es häufiger in seinem Heimatland geschehen war, anhören müssen, dass eigentlich nur er sowohl jene Etappe als auch die Tour hätte gewinnen müssen, aber der Kunstliebhaber, der ihm das Geld für den Kauf seines Haus vorgeschossen hatte, hatte noch etwas hinzugefügt. »Was denn genau?«, hatte Van der Meer gefragt, und Andersen hatte geantwortet: »Der Mann war sich ziemlich sicher, dass ich durch den einen oder anderen Fahrer in dieser Spitzengruppe hereingelegt worden bin.«

Van der Meer hatte sein Glas erhoben und laut gerufen: »Darauf trinken wir.«

Alle hatten gelacht, und genau in diesem Moment hatte Dazan den Raum betreten.

Mit dem Italiener am Tisch wurde es auf einmal lauter und geselliger, und das zuletzt besprochene Thema, das von Andersen, war komplett vergessen. White, gekleidet in einem früheren Team-Blazer und einer weiten braunen Breitkordhose, schien ein wenig der Außenseiter, aber der Amerikaner verstand genug Französisch und Italienisch, um Dutronc, Van Geneugden und Dazan zuhören zu können. Mit Müller hatte er mehr Probleme. Nicht weil er das verschwommene Englisch des Deutschen nicht verstehen konnte, sondern eher deswegen, weil er eigentlich nie mit ihm klargekommen war. White hielt den Deutschen für den Gipfel der Plattheit, und das ließ er ihn auch spüren.

Van der Meer spielte seine Rolle als Gastgeber hervoragend. Er überbrückte Gesprächspausen, übersetzte, erklärte, kümmerte sich darum, dass jedem genug Aufmerksamkeit entgegengebracht wurde und fühlte sich sauwohl dabei.

»Ich habe dies schon so lange vorgehabt … du kannst dir nicht vorstellen, wie ich mich hier drauf gefreut habe«, sagte er zu Dutronc.

Der Franzose war mit 38 der Älteste in der Gesellschaft und sah auch am ältesten aus: Halbglatze, silbernes Gestell auf der Nase, grauer Anzug mit einer eher geschmacklosen Krawatte. Rein gar nichts erinnerte an ihm an den großartigen Bergspezialisten vergangener Tage.

Die letzten vier Jahre waren nicht spurlos an dem Franzosen vorbeigegangen. Nachdem er seinen Rückzug vom Radsport erklärt hatte – eine Sache, die in Frankreich mit einem speziellen Herbstrennen gefeiert wurde, einem kleinen Rundkurs in einem Städtchen südlich von Nantes, wo Dutronc mit großer Mühe den Sprint gegen vier beinahe bremsende Mitausreißer zu gewinnen wusste – hatte sich sein Leben gewaltig verändert.

Dutronc saß da und konnte nett darüber erzählen. Er tat das auf Französisch; und manchmal – als er sah, dass Müller, Andersen oder White Probleme hatten – übersetzte er sein eigenes Französisch in ulkiges Englisch. Er handelte nun mit Musikrechten. Er gab billige CDs mit alten Hits heraus, hatte eine Option auf ein großes Projekt mit amerikanischen CD-Roms und hatte allein dadurch schon Geld wie Heu verdient. Mit seinem Privatleben war es nicht ganz so toll gelaufen, denn Madame war vor einem Jahr ausgezogen, nachdem sie dahintergekommen war, dass er seit längerem ein Verhältnis mit der Tochter seines Buchhalters hatte, und forderte die Hälfte seines Vermögens. Er beschrieb in schillernden Farben, wie er seine Frau doch noch hinters Licht geführt hatte, weil ein Teil seines Geldes nach Martinique transferiert worden war – und er so auf jeden Fall mehr als nur die Hälfte seines Kapitals behalten hatte. Naja, es ging ihm nun ziemlich gut. Er wohnte mit der jungen Frau zusammen, nannte sie eine Mischung aus Maitresse und Ehefrau, und er riet den anderen ebenfalls zu dieser Form des Zusammenlebens.

Van der Meer hatte schmunzelnd zugehört. Ab und zu hatte er am herrlichen spanischen Wein genippt, den die Chefs des Restaurants für ihn ausgesucht hatten. Er hatte sich eine der Flaschen genommen, um zu sehen, was genau er trank: Pere Ventura. Er kannte den Wein nicht, aber der Geschmack war beinahe bezaubernd köstlich.

Van der Meer schaute um sich. Das Gespräch am Tisch blieb lebhaft. Andersen war etwas stiller geworden und hörte gemütlich nach hinten gelehnt zu. Van Geneugden hatte das Thema Frauen mit der simplen Frage angeschnitten: »Und wer ist denn eigentlich noch bei seiner eigenen Frau?« Dutronc hatte sofort gerufen: »Ihr kennt meine Geschichte«, und Andersen hatte mit einer beschwörenden Geste, wobei er seine Hände mit gestreckten Fingern von sich gehalten hatte, behauptet: »Nie verheiratet, niemals!« Darauf hatte Van Geneugden in derbem flämischem Platt gerufen: »Jeannet!« Van der Meer war der Einzige, der diesen Begriff (der so viel wie »Schwuchtel« bedeutet) kannte, aber die anderen gingen nicht drauf ein.

White schien der Einzige zu sein, der noch mit seiner Frau zusammen lebte. Der Amerikaner hatte erst im letzten Jahr seiner Laufbahn geheiratet; sie hatte ihren Job in Vermont ganz normal behalten, während er noch für ein Jahr nach Europa gereist war. Sie arbeitete in einem schönen, kunstorientierten Buchladen in Burlington, und gemeinsam ging es ihnen gut: Sie mit ihren Kunstbüchern, er mit seiner Gartenanlage und seiner Musik.

Sie schienen manchmal ein wenig aneinander vorbeizuleben, doch der Anschein trog. Sie hatte ihn sogar ausdrücklich ermuntert, nach Amsterdam zu diesem speziellen Ereignis zu fahren, weil sie wusste, dass er gern an seine sportliche Vergangenheit zurückdachte, etwas, über das er mit ihr kaum reden konnte. Sie wusste nichts vom Radsport und nichts von dem, was er in dieser Zeit erlebt hatte. Zweimal wöchentlich joggte sie mit einer Gruppe von Frauen, das war ihre Auffassung von Sport.

»Weiß deine Frau eigentlich, dass du dicht vor dem Tour-Sieg gestanden hast?« fragte Dazan

White nickte und lachte: »Ja, das habe ich ihr erzählt, aber sie begriff nichts von den Spielchen während der letzten 90 Kilometer. Ich habe versucht, ihr zu erklären, wie es im Radsport läuft, aber meine Frau hat noch die naive Vorstellung, dass im Sport immer der Beste gewinnt.«

»Und ist das etwa nicht so?«, fragte Müller mit einem gequälten Unterton.

Van der Meer zählte die Weinflaschen auf dem Tisch: sieben, so war es gut. Er schaute auf seine Uhr: dreizehn nach eins.

»Und du?«, fragte der Belgier; und Van der Meer begriff, dass er jetzt an der Reihe war, seine Geschichte zu erzählen.

Er nahm einen Schluck und schüttelte den Kopf: »Nicht geklappt«, sagte er.

»Was meinst du mit ›nicht geklappt‹?«, fragte Van Geneugden irgendwie sarkastisch .

Van der Meer spürte auf einmal, dass die unter der Oberfläche fühlbare Ablehnung, die er für den Flamen während der Tour empfunden hatte, noch immer nicht verschwunden war. Van Geneugden ätzte immer noch gern herum.

»Okay, es ist mir danach sehr gut gegangen, das kann ich nicht abstreiten … Aber meine Ehe lief auf Grund, lange, bevor ich mein zweites Leben begonnen hatte.«

»Gab es andere?« fragte Dazan mit Interesse.

Van der Meer nickte. »Bei mir auf jeden Fall, naja, manchmal, bei ihr auch und sehr häufig. Ich vermutete es, aber ganz sicher war ich mir nicht. Ich habe es auch nicht darauf ankommen lassen … Ich bin meinen Weg gegangen, ich hab ein Häuschen an der Gracht für sie gekauft. Wir sind an einem Sonntagabend noch essen gegangen, hier in der Stadt, und haben mit besoffenem Kopf noch zusammen geschlafen – und sie ist am Montagmorgen weggegangen. Mehr nicht.«

Müller lachte rau: »Auseinandergehen ist nicht schlimm; aber deine Frau dann mit einem anderen Fahrer während eines Rennens wiedersehen – das ist das Einzige, was ich als schlimm empfunden habe.«

»Warum schlimm?«, fragte Andersen müde. »Du hast dir alles geschnappt, was es zu packen gab, und nahmst es ihr dann krumm, dass sie es mit deinem Teamgefährten machte?«

Müller sah den Norweger an: »Woher weißt du das?« Andersen zuckte mit den Schultern: »Die Geschichte war im Peloton allgemein bekannt. Aber wie hieß der Fahrer eigentlich noch? Sind wir gegen ihn gefahren?«

Müller schwieg kurz, gerade so, als ob er wirklich nachdenken müsste, um auf den Namen des Fahrers zu kommen.

»Schwarz«, sagte er. Er schwieg eine Weile und lachte dann. »Hartwig Schwarz … ein großer, schöner Junge. Von guter Herkunft, kann ich mich erinnern. War auch zur Schule gegangen. Kein großer Fahrer, wohl aber ein guter Knecht. Ich lag mit ihm während der Vuelta auf einem Zimmer. Als ich ihm erzählte, wie wir es früher getrieben hatten, wurde er verrückt vor Eifersucht. Er hat mich einmal, in Valencia, bei Tisch zusammenschlagen wollen; damals haben sie uns auseinander zerren müssen. Er hasste mich, und er konnte mir den Buckel runterrutschen. Er ist wohl immer noch mit ihr zusammen. Sie haben sogar Kinder.«

Van der Meer merkte an: »Ich hab mal gehört, dass ihr euch auch während der Rennen nicht sehen wolltet, nicht gesehen habt.«

Müller nickte: »Stimmt. Mit dieser Frau hatte ich nichts mehr zu tun, aber die Tatsache, dass ein Mannschaftskamerad mit ihr ging, hat mich doch ein wenig berührt. Ich war in meinem Stolz verletzt. Ich meine, ich hatte sie in einer Tanzbar in Köln aufgegabelt; ich hatte zuerst mit ihr Geschlechtsverkehr; ich hatte ihr alles beigebracht, was sie im Bett konnte; ich hatte ihr ein Auto geschenkt, eine Kreditkarte, Juwelen – dann ging dieses Bürschchen mit ihr auf und davon … da hatte ich genug davon. Ich beachtete ihn nicht mehr; als Teamgefährten gab es ihn nicht für mich.«

»Führte das bei Paris-Tours nicht zu Problemen?«, fragte Andersen, wieder in ruhigem Tonfall.

Müller schüttelte seinen Kopf: »Das war drei Tage vorher, irgendein Rennen da in der Nähe; Bourges oder so was … Stimmt. Schwarz war alleine los und sollte gewinnen. Ich hab' dann die Verfolgergruppe wie verrückt auf Tempo gebracht. 900 Meter vor dem Ziel hatten wir sein Hinterrad. Er richtete sich auf und rief mir zu: »Schweinehund!«

»Das warst du auch«, sagte Andersen, mit einem völlig ausdruckslosen Gesicht.

Van der Meer hörte zu und rückte seinen Stuhl nach vorn. »Darf ich kurz das Programm für morgen vorstellen?«

Die anderen starrten ihn verwundert an; jetzt da es gerade spannend am Tisch wurde, kam er mit so einer nüchternen Mitteilung.

Van der Meer erzählte kurz, was sie am folgenden Tag machen würden. »Zum Dinner morgen Abend bitte in Anzug und Krawatte, ansonsten ist alles eher leger.«

»So wie ich zum Beispiel«, lachte White und deutete auf seine etwas nachlässige Kleidung, während er aufstand. Der Jetlag begann zu wirken.

»So wie du«, stimmte Van der Meer zu und setzte hinzu: »Genau so, wie du an diesem Tag in Frankreich zufällig da warst.«

Der Amerikaner entschuldigte sich bei den anderen und verließ mit ziemlich sicherem Schritt das Restaurant.

«Der hätte doch gewinnen müssen», sagte Van Geneugden mit unsicherer Stimme und nickte mit dem Kopf in Richtung der Tür, hinter der White verschwunden war.

»Was meinst du?«, sagte Müller.

»Er hätte gewinnen müssen«, wiederholte der Belgier mit etwas zu lauter Stimme.

»Nein, stimmt nicht«, machte sich Andersen bemerkbar, »ich hätte gewinnen müssen.«

Jeder am Tisch schaute jetzt auf den Norweger. Warum sagte er das mit soviel Nachdruck?

Andersen schaute sich in der Runde um, griff sein Glas und prostete ihnen zu. »Prosit.« Es blieb lange still.

»Gibt es noch Champagner?«, fragte Dazan.

Van der Meer winkte den Ober herbei.

Col de la Madeleine

Erik Andersen schaute sich um. Er hatte genug von den Spielereien der anderen. Er misstraute vor allem Van der Meer. Das Gespräch mit dem deutschen Teamchef vor gut einer Stunde hatte er aus der Ferne gesehen und gut im Gedächtnis behalten. Der Holländer galt im Peloton als linker Vogel. Er organisierte und regelte vieles, gewann das eine oder andere Rennen, war auch häufig im Finish bedeutender Wettkämpfe zu finden, aber verkaufte auch schon mal dies oder das, und genau dieses System kannte Andersen noch nicht. Dafür war er zu jung und unerfahren; und die Frage von Van der Meer vor einiger Zeit, ob sein Sponsor denn noch etwas Spielgeld zur Verfügung hätte, hatte ihn deutlich unsicher gemacht. Was wollte der alte Fuchs von ihm?

Deshalb war er erst mal weggefahren, ausgerissen. Nicht um ein idiotisches Solo von gut achtzig Kilometer zu bewältigen, mehr um die sechs anderen zu testen. Würden sie ihm folgen? Und wer wollte das?

In der Ferne sah er White, der kräftig beschleunigte. Die anderen fuhren ruhig Rad an Rad, und Andersen ließ etwas nach. Er wartete auf die sechs, und als die Straße leicht anstieg, schlossen die anderen auf. Genau in diesem Augenblick riss er wieder aus. Innerhalb einer halben Minute hatte er dreißig Meter Vorsprung und schaute sich abermals um. Wer reagierte jetzt? War es wieder nur der unerfahrene Amerikaner? Nein, jetzt war es Dutronc, der die Führung übernommen hatte und sich mit Dazan und Van der Meer am Hinterrad schnell näherte. Die Oldies also. White fuhr zwanzig Meter dahinter und hatte Van Geneugden und Müller bei sich.

»Schön«, dachte der Norweger und schnappte sich seine Flasche. So lagen die Verhältnisse also.

Der Anstieg zum Mont Cenis war auf den ersten Kilometern sehr schwer. Die Temperatur am Fuß des Berges lag bei achtundzwanzig Grad; es war drückend schwül geworden. Van der Meer spürte, wie die Kilometer, die sie bis dahin zurückgelegt hatten, allmählich in seine Beine stiegen. Er zweifelte nicht daran, dass dies auch bei den anderen der Fall war, aber keiner beklagte sich offen darüber.

Wieviel waren sie nun gefahren? Er holte die Karte aus seiner Trikottasche und fühlte dabei die kleinen Pillen, die er am Morgen von José bekommen hatte. Die zwei roten runden waren Muntermacher, die er erst im Finish nehmen sollte; das andere Zeugs durfte er nur nehmen, wenn er Krämpfe spürte. Ganz kurz war er drauf und dran, eine zu nehmen, aber diesen Gedanken schob er schnell beiseite. Dann saß er ohne da, und er wusste ganz sicher, dass Dazan, Van Geneugden, Dutronc und Müller auch noch Sachen bei sich hatten. Sie waren Tour-de-France-Veteranen – man wusste einfach, wie das Spiel funktionierte. Schnell begutachtete er sein Kärtchen. Wo waren sie hier? Am Fuß des vierten Berges ungefähr.

Noch 90 Kilometer also. Und dieser Anstieg würde bestimmt fünfunddreißig Minuten dauern. Kurz schielte er zum Norweger und zum Amerikaner. Beide Kerle sahen noch verdammt gut aus. Würden sie auch …? Van der Meer wusste es nicht. Er kannte den Betreuer des amerikanischen Teams. Ein Mann, der viel mit Ginseng und japanischem Öl arbeitete und die Fahrer mit seinem Spleen für Vitamine verrückt machte. Vor vier Jahren hatte er im Team von Van der Meer gearbeitet. Nur für eine Saison, denn er kannte die harten Sachen nicht und blieb zu sehr in seinen östlichen Weisheiten stecken, gerade im Kontakt zu den Fahrern, die den Nutzen von Ginsengpulver auf ihrem Marmeladenbrot nicht recht einsahen. Dass er jemals mit EPO gearbeitet hatte, bezweifelte Van der Meer. Er hatte zwar schon mal gehört, dass es eine thailändische EPO-Variante geben sollte, aber wahrscheinlich war das ein Märchen. Andererseits hatte er schon mal Gesprächsfetzen von italienischen Fahrern aufgeschnappt, und dabei ging es um dieses geheimnisvolle und effektive exotische Zeugs. Das sei der Grund, so hatte er später gehört, dass eine Anzahl italienischer Teams im europäischen Winter in Kuala Lumpur fuhren.

Und der Norweger? Er fuhr für ein spanisches Team, in dem der im Radsport nicht mehr gern gesehene italienische Arzt Zanzani dieses Jahr im Frühjahr kurze Zeit beschäftigt gewesen war. Das bedeutete, dass die Fahrer in jedem Fall gut vorbereitet außerhalb der großen Radrennen fuhren, denn das beherrschte Zanzani ziemlich gut. Van der Meer hatte sich vor drei Jahren mit dem Arzt verständigt. Er hatte dies auf eigene Veranlassung getan und hatte niemandem aus seiner Mannschaft davon erzählt. Er war nach Mailand geflogen und wurde dort von einem Assistenten von Zanzani abgeholt. In einem kleinen, umgebauten Bauernhof hatte der Arzt ihn untersucht. Es war Blut abgenommen worden, er hatte zwei Töpfe vollpinkeln müssen. Dann hatten sich die beiden mit starkem Kaffee ins mit Radrenntrikots behangene Behandlungszimmer gesetzt. Dottore hatte den Holländer gefragt, ob er selbst marschieren wolle, und Van der Meer hatte gefragt, wo für den Arzt die Grenzen lägen.

»Das«, hatte der eitle Mittfünfziger mit modischem Haarschnitt geantwortet, »ist von Fahrer zu Fahrer verschieden.«

Van der Meer hatte das erst nicht ganz verstanden. Zanzani wurde deutlicher: »Keine zwei Menschen sind gleich. Ich kann mit Ihnen wahrscheinlich zweimal mehr machen als beispielsweise mit Gomez, dem spanischen Bergspezi, aber vielleicht nicht so viel wie mit Konkatov, dem prächtigen Zeitfahrer aus Russland, der schon vier Jahre in italienischen Mannschaften fährt und jeden Monat bei mir reinschaut. Darum muss ich zuerst Ihren Körper kennen lernen. Ich werde ein paar Proben nehmen und die Ergebnisse analysieren.« Und dann hatte der Italiener auch bekräftigt, dass nicht alles, was er tat, sich im grauen Bereich zwischen ›verboten‹ und ›vielleicht nicht ganz erlaubt‹ bewegte. »Ich kann auch sehr gute Vitamin- und Glukose-Präparate verschreiben … Da ist nichts Verbotenes dran. Das darf jeder wissen, das darf man im Fernsehen erzählen.«

Van der Meer hatte gefragt, ob Zanzani ihm eine Defintion von Doping geben könnte, worauf der Arzt kurz nachgedacht hatte: »Alles, was im Untersuchungslaboratorium gefunden wird«, hatte er dann gesagt. Und Van der Meer hatte geantwortet, dass dies wohl eine sehr großzügige und vage Umschreibung wäre. Denn: Was könne man überhaupt noch finden, da die Betreuer in der letzten Zeit über eine umfangreiche Palette von ausgezeichnet funktionierenden Mitteln verfügten, die die Laboranalysen in die Irre leiteten.

»Haben Sie schon mal Kreatin genommen?«, fragte der Arzt. Van der Meer hatte es bestätigt. Ja, sicher, und in größeren Mengen dazu. »Nichts Verbotenes dran.« Zanzani hatte ergänzt: »Und ein schönes Tarnmittel, vergessen Sie das nicht.«

Der Arzt hatte die Blut- und Urin-Ergebnisse später am Nachmittag, nach einem reichhaltigen Mittagessen, mit Van der Meer besprochen und ihn gefragt, ob er bereits von anderen Fahrern wisse, wie er zu arbeiten pflege. Jaja, Van der Meer hatte genickt; er wusste, dass Zanzani nicht billig war, dass er seine Fahrer außergewöhnlich gut begleitete, inklusive eines 24-Stunden-Service. Der Fahrer musste nur eine Telefonnummer in Italien wählen, und entweder der Arzt selbst oder einer seiner persönlichen Assistenten eilte zu Hilfe.

Van der Meer hatte dann direkt gefragt, wie weit Zanzani im Präparieren ging. »In den Ferienmonaten November und Dezember ... Ich nenne das die Erholungsmonate«, hatte der Arzt gesagt. »Aber dann meine ich Muskelpräparate. Wenn man glaubt, unbegrenzt EPO nehmen zu können ... Nein, dann darf man nicht zu mir kommen. Ich will keine Toten in meinem Wartezimmer.«

Van der Meer war später mit dem Arzt zu einem Abschluss gekommen und hatte sich dort zwei Jahre lang behandeln lassen, wie er selbst sagte. Ja, er hatte EPO bekommen und eine ganze Reihe starker Kuren mit Dianabol mitgemacht. Die Blauen, wie Zanzani sie nannte, sorgten für eine stärkere Muskelmasse, etwas, in das Van der Meer Vertrauen setzte. Mehr Muskeln bedeuten mehr Kraft, bedeuten schneller Rad fahren, so hatte er es für sich beschlossen. »Wenn ich bloß nicht zu schnell impotent werde«, hatte er lachend gesagt; die Antwort hörte sich sehr nebulös an, fand Van der Meer, denn Zanzani hatte mit einem ernsten Gesicht geantwortet: »Impotent nicht, aber in der Samenproduktion können Defizite auftauchen. Das kann eine Nebenwirkung sein.«

»Wo liegt der Unterschied?«, hatte Van der Meer gefragt, und der Italiener hatte geschwiegen. Wie viel hatte er doch noch dem Arzt bezahlt? Während er an White und Müller vorbei langsam nach vorn fuhr, erinnerte er sich, dass es 55.000 Gulden pro Jahr gewesen waren, zu überweisen auf ein Schweizer Nummernkonto. Und was hatte es ihm gebracht?

Zanzani war in jeder Hinsicht ein Gentleman gewesen. Er hatte Van der Meer sorgfältig behandelt; nur als er einmal um klassisch wirkende Amphetamine nachgefragt hatte, hatte ihn der Arzt ausgelacht: »Die nehme ich, wenn ich hart durchgearbeitet habe und zu meiner Freundin gehe. Mein Liebesleben bleibt dadurch interessant.«

»Genau, aber ich hab das Zeugs vielleicht mal im Finale eines großen Rennens nötig«, hatte Van der Meer gesagt. Daraufhin hatte Zanzani ihm später ein Päckchen mit grellroten dreieckigen Pillen, gelbschwarzen Kügelchen und grünen, länglichen Pillen gegeben. »Wenn du zur Kontrolle gebeten wirst mit diesen Dingen in deinem Körper, dann bist du dran«, hatte der Doktor gesagt und lachend hinzugefügt: »Aber da kennt ihr Schurken ja alle Tricks.« Van der Meer hatte auch ein erprobtes Mittel mitbekommen, um EPO-Gebrauch schnell und sicher zu verbergen. »Trinken, schnell und viel trinken … wenn es eben geht bis zu eineinhalb Liter … Wasser, Tafelwasser, San Pellegrino, Evian … egal, wenn's nur viel ist. Wenn ein Hämatokrittest angekündigt wird: Sofort zu trinken anfangen. Wenn du mal eine Behandlung während der Saison nimmst und ein Rennen mitmachst: Sorge dafür, dass du immer ausreichend Wasser in der Nähe hast. Einer meiner Klienten hat so schon mal seine Haut retten können.

Er kam knapp unter 50 heraus. Wenn er nicht so schnell getrunken hätte, wäre er aus dem Rennen genommen worden. So gewann er.«

Van der Meer kannte die Geschichte. Es war tatsächlich Dazan gewesen, der Mann, der jetzt drei Positionen vor ihm fuhr. Im Peloton war das kaum bekannt, aber ein paar Topfahrer wussten es. Dazan hatte an diesem Morgen, irgendwo in der Tour de Suisse, den gesamten Wasservorrat um halb sechs Uhr morgens getrunken. Eineinhalb Stunden später kamen Ärzte im Auftrag der UCI zur Blutabnahme – und es wurde nichts gefunden. Dazan hatte an diesem Morgen dann ein paar Mal vom Fahrrad gemusst – im wahren Sinne des Wortes.

Van der Meer schaltete zurück. Die richtige Steigung begann jetzt, und abgesehen von Dutronc mussten sie in der nächsten Kurve schon alle in den Pedalen stehen. Fünf Minuten vorher hatte ein Motorradfahrer beim Passieren der Gruppe gerufen, dass der Abstand auf siebenunddreißig Minuten zurückgegangen war. Van der Meer hatte daraufhin beschlossen, dass es an der Zeit war zu handeln. Er fuhr an Dutronc vorbei, fuhr innen durch die Kurve und startete durch.

»Cochon«, hörte er hinter sich. Er schaute nach hinten und sah, dass Müller heftig zu kämpfen hatte. Der Weg führte langsam weiter steigend nach links. Es standen sehr viele Zuschauer am Rand, und Van der Meer ließ sich etwas zurückfallen, wartete eben, bis der Franzose wieder die Führung übernommen hatte und fuhr dann neben Van Geneugden.

»Geht's noch?«, fragte er. Der Belgier verzog das Gesicht und schnauzte: »Solange du nicht wie ein Verrückter die Berge hochkletterst … Wozu sollte der letzte Antritt gut sein? Es ist noch zu früh, das Rennen freizugeben.«

Van der Meer schaute den Belgier an. Das war eine deutliche Antwort; dieser träge Pappkopf wusste zumindest, worum es ging.

»Gesamtklassement oder Etappe?«, fragte Van der Meer, ohne mit der Wimper zu zucken.

Van Geneugden schwieg und schüttelte sein Haupt; dann, auf einmal: »Nee, du Kaaskop, so einfach wird das nicht gehen, da fühle ich mich jetzt noch in den Beinen zu gut.«

Van der Meer nickte ihm zu zum Zeichen, dass er die Botschaft verstanden hatte. »Ich bleibe interessiert«, sagte er und fiel zurück, bis er neben Dazan war.

Irgendetwas im Fahrstil von Dazan verriet Van der Meer, dass der Italiener nicht um jeden Preis gewinnen wollte. Fuhr er mit offener Börse? Oder hatte er bereits einen Deal gemacht – und wenn ja, mit wem? Er schaute Dazan an und bekam »Moderato« zurück. Van der Meer wusste, dass er aufpassen musste; italienische Veteranen, die in einem Rennen »Moderato« sagen, sind lebensgefährlich. Er drehte sich um und sah das pfingstrosafarbene Haupt von Müller in etwa sechs Meter Abstand. Der Deutsche fuhr in seinem eigenen Tempo an die Gruppe heran. So viel Charakter hatte er doch noch, aber Van der Meer wusste, dass das steile Stück des Anstiegs noch kommen würde. Er streckte seinen Arm hoch und machte mit der rechten Hand ein Zeichen, dass er trinken wolle. Aus der Gruppe der Autos sah er seinen Wagen nach vorn kommen. Der Chefassistent hatte den Tag seines Lebens. Noch niemals hatte er so weit vorn die Tour mitmachen können.

»Macht's Spaß?«, fragte Van der Meer den Mann am Steuer. Der reichte dem Radfahrer mit verwundertem Gesichtsausdruck eine Flasche; welcher Fahrer kam im Anstieg zu einem Berg der ersten Kategorie dazu, solch eine Frage zu stellen?

Van der Meer hielt ganz kurz die Flasche fest und ließ sich für vielleicht drei Sekunden ziehen. »Herrliches Gefühl«, lachte er in den Wagen hinein und fragte, wie groß der Vorsprung jetzt wäre.

»Ungefähr vierzig Minuten«, erhielt er als Antwort. »Das kann nicht wahr sein«, erwiderte er und stieß sich vom Wagen ab zur anderen Seite der Straße, wo er einen Schluck aus der Flasche nahm und zu seiner Freude feststellte, dass es warmer Tee war. Nichts leckerer als warmer Tee, wenn du müde wirst und die Kilometer sich bemerkbar machen.

»Das ist Spezial-Tee«, hörte er es hinter sich aus dem Auto rufen, und überrascht drehte er sich um. Das Gesicht des Chef-Assistenten schaute ihn vergnügt an. Van der Meer wollte erst erbost etwas antworten, hielt sich aber zurück. Anstatt die Flasche schnell leer zu trinken und wegzuwerfen, stopfte er sie in seine rechte Trikottasche. Die könnte noch mal nützlich sein.

Amsterdam

Der Besuch der Heineken-Brauerei war ein Erfolg gewesen. Nach dem späten Frühstück stand ein luxuriöser Kleinbus bereit. Van der Meer hatte zu seinem Erstaunen bemerkt, dass bis jetzt alles klappte, dank Jacqueline. Keiner der Herren hatte auch nur einen Grund zur Klage. Die Zimmer waren gut; das Essen am späten Freitagabend war ausgezeichnet gewesen, und am Morgen hatte jeder eine Zeitung in seiner Muttersprache an der Türklinke gefunden.

In der Brauerei hatten sie interessiert dem Vortrag gelauscht, und die Proben waren natürlich zu einem kleinen Fest geworden. Nichts schmeckt so gut wie ein perfekt gekühltes Bier in einer Brauerei, und sie überhoben sich bereits vor drei Uhr am gelben Gesöff in den kleinen Heineken-Gläsern.

Andersen ließ es nach dem gestrigen Abend ruhig angehen. In der gemütlichen Kneipe kam er neben Van der Meer zu sitzen und hatte ihn gefragt, was er gegenwärtig täte, wenn er ein Festwochenende wie dieses so einfach organisieren und bezahlen könnte.

»Willst du es wirklich wissen?«, fragte Van der Meer.

»Es interessiert mich einfach. Hast du es geschafft? Ich habe von den anderen gehört, dass du finanziell unabhängig bist, aber keiner von uns weiß genau, was du machst.«

»Ich arbeite«, sagte Van der Meer. »Ich arbeite und reise und reise noch mehr, und meine Leute kaufen und verkaufen Anteile und Häuser, Gemälde, Ladungen von Kaffee und Öl, und das alles mache ich in einer Art Handelsorganisation. Im Prinzip kaufe ich etwas und verkaufe es mit ein wenig Gewinn. Wenn man dann viel verkauft, hat man auch mehr Gewinn; und davon kann ich recht gut leben. Wenn ich viele Verluste mache, habe ich schlechte Laune. Aber nicht allzu lange, denn ich mache sie meist mit dem Geld von anderen. Es gibt Menschen, die mich ihr Geld verwalten lassen; und damit habe ich direkt nach dem Radsport begonnen.«

»Aber was kaufst und verkaufst du denn? Und wovon machst du das?«

Van der Meer schaute darauf, dass die anderen sich unterhielten. Wie man hörte, redeten sie – mit Müller als Wortführer – über eine bestimmte Etappe der Vuelta, die mal in heftigem Regenwetter gefahren worden war, wodurch das Peloton in sieben Gruppen förmlich auseinander geweht wurde. Favorit Gomes saß in der sechsten Gruppe, weshalb der Teamchef von Gomes so ziemlich das halbe Peloton hatte bestechen müssen, um seinen Spitzenmann noch als Dreizehnten über den Zielstrich zu bekommen. Die Etappe hatte jahrelang als »teuerste Etappe aller Zeiten« gegolten. Müller wusste das noch sehr gut; er hatte Geld erhalten und auch noch gewonnen.

»Ich arbeite von New York aus und habe hier in Amsterdam ein Büro. Meine Bankgeschäfte laufen über die Antillen«, sagte er gegenüber Andersen, der aufmerksam zuhörte.

»Alles sauber und wasserdicht?«, fragte der Norweger.

Van der Meer war überrascht durch die direkte Art des Fragens. War Andersen als Radfahrer auch so gewesen? Van der Meer bezweifelte das. In der Tour war er, ganz sicher im Anstieg zur Spitze des Cenis, ungemein stark gewesen. Später, in der Vuelta, hatte der Norweger noch mal so einen Tag gehabt. Er war in der Sierra Nevada allein auf und davon gefahren und hatte sieben Minuten Vorsprung herausgeholt. Mit vereinten Kräften hatten drei große Mannschaften eine Woche später den Norweger in die Knie gekriegt – und er war drei Tage vor Madrid chancenlos auf den Gesamtsieg, der ihm eigentlich zustand.

»Alles sauber?«, Van der Meer wiederholte die Frage und schaute Andersen an.

»Ich versuche das schon. Aber manchmal weiß ich nicht, was sauber ist und was nicht. Wenn ich einen Gewinn von 100.000 Dollar für eine Ladung Öl vor der Küste von Trondheim mache ... Ist das sauber? Oder ist das Glück? Oder bin ich gut informiert? Sag es mir. Und wenn ich 50.000 Dollar verliere, innerhalb einer Stunde, bei Anteilen eines dummen IT-Betriebes in Nappa Valley ... Ist das sauber?«

»Wo bezahlst du Steuern?«, fragte der Norweger.

Van der Meer lachte leise vor sich hin. »Hier und da ... Überall etwas, nirgendwo zu viel.«

Andersen lachte ihn an. »Weißt du, dass sie dich in unserer Mannschaft »el comerciante« nannten? Ich weiß noch, wie ich das erste Mal mit dir irgendwo vorn war. Ich glaube, es war in der Romandie, eine Etappe nach Lausanne. Paco Herrera, der Spanier, fuhr neben mir und warnte mich vor dir. Er war sich sicher, dass du das Rennen verkauft hattest. Kannst du dich daran noch erinnern?«

Van der Meer überlegte und sah es dann vor sich. »Stimmt, aber Herrera hat dir niemals erzählt, dass er mich bezahlte, um dich nicht gewinnen zu lassen, denn im Finish riss er aus und wir blieben mit dem Engländer und dem Dänen zurück. Weiß du noch? Ich hielt damals ausdrücklich meine Beine still und wurde dafür gut bezahlt, und du standest im Regen.«

»Ja, bis zu diesem Zeitpunkt war ich noch nie in einer Gruppe gefahren, wo die Dinge auf diese Art und Weise geregelt wurden. Ich wollte damals meinen Augen nicht trauen, und ich muss dir sagen, dass ich immer so meine Probleme hatte mit dem »Regeln« von Rennen ... Ehrlich gesagt, habe ich es nur einmal gemacht: in meinem letzten Jahr. Ich wollte auf jeden Fall in Valencia gewinnen, wurde aber im Sprint durch Saitov geschlagen – auch noch ein Teamgefährte! Ich hatte ihm vorher zugerufen, dass die Prämie für ihn und der Sieg für mich sein sollte, aber er erzählte mir danach, dass er mich nicht verstanden hätte.«

»Tough luck«, hatte Van der Meer darauf reagiert und sich den anderen zugewandt.

»Unterhaltet ihr euch gut?«

Dazan hatte es lachend bestätigt, und in den folgenden Minuten hatten die sieben alle Schelmenstreiche, die jemals im Peloton kursierten, erzählt und auseinander genommen. Ein jeder hatte eine eigene Anekdote, und je mehr Bier gezapft wurde, desto spannender und unglaubwürdiger wurden die Pointen.

Van der Meer hatte sich kurz vor vier beim Gastgeber bedankt, woraufhin alle sieben Radrennfahrer ein Souvenir der Brauerei erhielten. Erstaunt hatten sie die großen Pakete betrachtet, die von zwei Hostessen hineingebracht wurden. »Ein persönliches Erinnerungsstück«, hatte der PR-Mann gesagt und sie gebeten, ihr Päckchen zu öffnen.

Van der Meer wusste davon nichts. Er vermutete, dass es eine Idee von Jacqueline war. Alle sieben rissen das Papier vom Karton. In Plastik verpackt fanden sie ein Glas-Set.

White war der Erste, der ein Glas von der Verpackung befreit hatte und die Aufschrift überrascht entzifferte: sein Name und darunter das Datum. 18. Juli 1993 und 13. Etappe – 254,5 km Saint-Gervais-Mont Blanc-Sestriere.

Glücklich wie Kinder nahmen die Fahrer Glas für Glas und zeigten sich gegenseitig die Aufschriften.

»Zum Bus«, rief Van der Meer nach fünf Minuten und einem letzten Bier für alle.

»Ich muss ganz gewaltig pissen«, rief Müller und kurz danach standen sie alle sieben nebeneinander im WC der Brauerei und pinkelten.

Müller war der Spaßigste der Gesellschaft. »Kuckt mal«, rief er angeheitert und ausgelassen und zielte seinen prallen Strahl ins Urinal.

»Wer kann das genauso gut?«

Keiner nahm die Herausforderung an.

Als alle schon fertig waren, pinkelte Müller immer noch mit vollem Strahl. Van Geneugden betrachtete den Deutschen neben sich und begann zu wiehern. Innerhalb von Sekunden platzten die anderen auch heraus und lachten, vor allem wegen der Reaktion des Belgiers. Müller genoss seinen Erfolg und lachte aus vollem Hals mit. Zielen wurde nun schwierig für ihn, aber der Deutsche hatte noch einen Spezialtrick parat: Plötzlich furzte er laut und knatternd – wodurch sich sein Strahl noch einmal verlängerte.

»Alles Bio!«, rief Dutronc.

Sieben Mann standen da und lachten sich in der Toilette halb kaputt. Van Geneugden spürte, dass die Ampel auf Grün stand, stellte seine Beine etwas auseinander, ließ es laut und vernehmlich knattern und sagte: »Das erleichtert!«

Lanslevillard

Dazan hatte seine Hand gehoben und die Tour-Leitung herangewinkt. Aus dem Hintergrund war der Wagen von Duprez ziemlich schnell neben dem Italiener aufgetaucht, und während die Straße allmählich anstieg und die sieben Männer fast gleichzeitig einen Gang zurückschalteten, beobachtete Van der Meer die Bewegungen von Dazan. Was führte er im Schilde?

Der erste und bis jetzt einzige Versuch des Tour-Direktors, die Fahrer der Spitzengruppe zu bremsen, um die Tour nichts vollends entgleisen zu lassen, war vor knapp zwei Stunden missglückt. Van der Meer war sich sicher, dass es keinen zweiten Versuch mehr geben würde, denn Duprez kannte seine Pappenheimer und wusste, dass so etwas schnell publik werden konnte. Man brauchte sich nur Zeitungsüberschriften wie »Tour-Direktor besticht Fahrer« oder »Tour-Leitung manipuliert Etappe« vorstellen. Van der Meer lachte laut. Voriges Jahr eine Tour mit ständig unzufriedenen Fahrern wegen der Arbeiterdemonstrationen an der Strecke, und jetzt so etwas. Nein, Duprez würde sich nicht mehr hören lassen. Er hatte sich mit der Tatsache abgefunden, dass sieben Mann – ohne einen echten Tour-Favoriten – den Sieg im Gesamtklassement dieser Tour de France unter sich ausmachten.

Van der Meer wusste, dass dies in den sechziger Jahren schon mal geglückt war. Damals hatte der damalige Tour-Direktor dafür gesorgt, dass ein unbekannter Belgier die Tour nicht gewinnen konnte. Der besagte Fahrer hatte ein paar Tage vor Paris noch die Führung im Gesamtklassement gehabt. Man erzählte sich, dass der Tour-Chef bestimmte Fahrer und Mannschaften angespornt hatte, etwas zu unternehmen, aber es gab auch Behauptungen, die besagten, es wären beträchtliche Prämien ausgesetzt worden für Ausreißversuche, um den Belgier damit in die Knie zu zwingen.

In den achtziger Jahren hatte es einen nahezu identischen Fall gegeben. Irgendwo in der Bretagne endete eine Etappe mit einer großen Schleife kurz vor dem Zielort. Ein französischer Fahrer – keine echte Größe und dazu noch aus einem kleinen Team – drohte das gesamte Peloton zu überrunden, aber der Tour-Direktor hatte die Verantwortung für die Tour in die Hände einiger großer Mannschaften gelegt. Er hatte sich kurz und schnell mit den Teamchefs beraten. Der französische Einzelgänger endete nicht im Peloton, aber er behielt nur einen kleinen Vorsprung bis zum Schluss – und die Tour war für die nachfolgenden Wochen gerettet.

Van der Meer konnte sich an den letzten Vorfall noch sehr gut erinnern. Er hatte zu Hause gesessen und mitgerechnet, gleichzeitig zum Fernseher schauend und Radio hörend. Wenn der besagte Fahrer wirklich den Anschluss ans Peloton gefunden hätte, dann hätte er am Ziel einen Vorsprung von siebzehn Minuten gehabt: Genau die Zeit, die das Peloton nötig gehabt hätte, die Schleife zurückzulegen. In diesem Fall wäre der erste Platz im Gesamtklassement für mindestens zehn, wenn nicht sogar vierzehn Tage bekannt gewesen, denn der Franzose hätte sich herrlich mitschleppen lassen können im Schoß des Pelotons und sich lachend jeden Tag das Gelbe Trikot übergezogen, das Geld eingesteckt und Publizität gefordert. Van der Meer hatte fasziniert am Fernseher gesessen und das große Spiel der Radsportchefs damals schon begriffen: Unbedeutende Fahrer durften unbedeutende Etappen gewinnen und manchmal kurz im Scheinwerferlicht fahren, aber die großen Scheinwerfer mussten auf die Top-Leute gerichtet sein; unbedeutende Fahrer mussten ihren Platz akzeptieren. Das war damals so, das war jetzt so und das würde immer so bleiben.

Dazan lenkte sein Fahrrad zu Van der Meer und fuhr neben ihm. »Er ist jetzt davon überzeugt, dass es zwischen uns sieben abgemacht wird«, sagte der Italiener.

»E poi?«, fragte Van der Meer.

Der Italiener zog seine Schultern hoch und sagte: »Er bat noch kurz vorsichtig darum, dass wir nicht ganz voll durchfahren sollten, aber er merkte, dass er damit nicht landen konnte und schwieg dann dazu.«

Van der Meer schaute auf seine Uhr. Es war kurz vor halb drei am Nachmittag. Er schätzte, dass noch knappe 85 Kilometer gefahren werden mussten. Noch zwei Berge; dieser, der nicht so ärgerlich war, sich jetzt aber allmählich bemerkbar machte, und dann der aufreibende Anstieg nach Sestriere. Zwischen beiden Kletterpartien gab es noch eine unangenehme Abfahrt und ein tückisches Stück Ebene auf italienischer Seite. Nur wenn das Tempo bei den sieben Leuten an der Spitze gänzlich zusammenbrach und im Peloton vorn gute Bergfahrer ziehen würden, könnte der große Vorsprung Schaden nehmen, aber nahezu vierzig Minuten Abstand waren nicht zuzufahren; das wusste Duprez, und das wussten die Fahrer in der Spitzengruppe.

»Hat er noch Namen genannt?«, fragte er. »Die zwei besser nicht«, antwortete Dazan und wies mit seinem Kopf zu den zwei Männern, die an der Spitze fuhren: Andersen und White.

Van Geneugden, der kurz vor Dazan die Straße hoch kletterte, drehte sich um und schnauzte nach hinten: »Allez, verdammt noch mal, fahren und schwätzen. Ihr seid wie alte Weiber.«

Van der Meer konnte sich vorstellen, dass der Tour-Direktor in der Klemme saß. Vorn fuhren keine großen Fahrer. Dazan und er selbst waren in die Jahre gekommene Profis, über dem Durchschnitt natürlich, aber keine Etappen-Sieger. Van Geneugden war mehr ein Fahrer für die Klassiker. Müller hatte sich einen Namen als Zeitfahrer gemacht und war bei der Tour de Suisse einmal unter die besten fünf gekommen, konnte aber niemals eine große Tour gewinnen. Dutronc war zu leicht, zwar ein guter Bergfahrer, aber – obwohl Franzose – kein Siegertyp. White war Amerikaner und ziemlich unbekannt. Andersen, der Mann, der die letzten Kilometer fast spielend in die Pedale getreten war und deutlich gemacht hatte, dass er für den Etappensieg in Betracht käme, war ein total Unbekannter, ein Anfänger, ein Neuling.

Die Straße führte schräg nach oben, und Van der Meer fühlte die ersten stechenden Schmerzen in seinem linken Oberschenkel; ein schlechtes Zeichen, aber dagegen ließ sich etwas tun. Er fingerte kurz in seiner Gesäßtasche und fand eine der kleinen Pillen von José. In dem Augenblick, in dem er in der Tasche herumwühlte, fuhr das Motorrad des Französischen Fernsehens neben ihm und das fernsehschauende Europa sah, wie er etwas in den Mund steckte und mit einem Schluck aus seiner Flasche wegspülte. Während der Kameramann nicht von Van der Meers Seite wich, grinste der Niederländer ins Objektiv und rief: »No doping« (was genauso niedlich klang, als ob es ehrlich gewesen wäre). Er hatte gerade eine Antikrampf-Pille genommen, die er meistens während einer Bergetappe zu sich nehmen musste.

»Was hast du gemacht, dass die Kamera so dicht bei dir blieb?«, fragte Dazan kurze Zeit später, als er neben Van der Meer fuhr. »Nichts ... Ich nahm eine Krampfpille, und der Arsch glaubte natürlich, dass ich mich mit schwerem Gift vollstopfte«, grinste Van der Meer.

Dazan lachte zurück: »Du kannst also keine großen Dinge mehr bewegen?«

Van der Meer schüttelte seinen Kopf: »Nein, ich fahre mit, aber ich kämpfe nicht um den Sieg ... du wohl?«

Dazan wackelte nun in den Pedalen, schüttelte nur seinen Kopf und sagte etwas von: »Forse«. Van der Meer glaubte, dass dies »vielleicht« bedeutete, aber sicher war er sich nicht.

Müller fiel nun alle 100 Meter auf dem Anstieg etwas weiter nach hinten. Der Deutsche hatte, ermutigt von Dazan, den Anstieg vorn in der Gruppe begonnen, aber fuhr jetzt an sechster Position. Andersen fuhr locker an der Spitze, hatte seine Hände leicht auf dem Lenker aufgelegt und eine perfekte Übersetzung gefunden. Van der Meer fuhr am Schluss, beschleunigte kurz, um neben dem Deutschen zu fahren.

»Wie lange noch?« hörte er es neben sich. Van der Meer wusste es nicht, er schätze noch sechs Kilometer Anstieg, und wie man sehen konnte, war Müller ganz schön fertig. Würde gleich wieder dessen Teamchef ...?

»Noch drei!«, stieß er hervor. Van der Meer schaute sich um und sah, dass der deutsche Wagen tatsächlich vorn in der langsam folgenden Karawane zu sehen war. Man schien vorbereitet zu sein.

Van der Meer überholte Van Geneugden, der sich ganz kurz verschaltete, und nahm das Hinterrad von White. Der Amerikaner drehte sich und verzog das Gesicht in Richtung Van der Meer: »Mich bist du auch noch nicht los.«

Einen Kilometer weiter löste sich Andersen langsam, aber sicher von den anderen. Dutronc ließ den Norweger als Letzter fahren. Es war kein Ausreißversuch, es war auch keine Temposteigerung; es lag mehr an der Tatsache, dass die anderen dem Tempo des Norwegers nicht folgen konnten. So entstand die Situation, dass drei Kilometer unter der Bergspitze vom Cenis Andersen etwa 200 Meter Vorsprung auf Dutronc hatte und dass White, Van Geneugden und Dazan weitere fünfzig Meter zurücklagen.

Zwanzig Meter hinter diesem Trio wackelte Van der Meer nach oben. Er benutzte noch nicht die letzten Reserven und hatte, als er eine Haarnadelkurve durchfuhr, ein paar Mal schnell nach hinten geschaut. Müller zeigte Charakter und folgte in zweihundert Metern Abstand. Hinter ihm fuhr eine ganze Armada; nahezu die gesamte Straße war voll; so sah es Van der Meer, als er abermals eine Kurve nahm und auf einem Schild las, dass es noch zwei Kilometer waren bis zum Gipfel.

Das war zu schaffen, denn er wusste, dass der schwierigste Teil des Anstiegs bereits hinter ihnen lag.

Wenn nichts Wesentliches passierte, würden die sieben Männer nach fünfundsiebzig Kilometern zusammen auf den letzten Anstieg gehen.

Dieser Gedanke erregte Van der Meer. Sollte er da nicht versuchen anzugreifen? Was sprach dagegen, heute den Etappensieg zu holen? Wollte er nicht eigentlich diese Tour gewinnen? Die Möglichkeit war da, aber wie?

Sein linkes Bein fühlte sich etwas besser an. Er fuhr sogar etwas lockerer nach oben, zwar in einem Gang, den er für sich selbst kaum als möglich erachtet hatte, aber warum sollte er nicht … ?

Vor sich sah er, wie Van Geneugden keuchte. Der fuhr nun sechzig Meter vor ihm, und das bedeutete, dass beim Belgier nicht mehr viel ging. Wer, dachte Van der Meer, war der Fitteste von allen? Ja, der Norweger, aber konnte der sowohl die Etappe wie auch die Tour gewinnen?

Nein. Zwar wusste er nicht, wie gut Andersen bei langen Zeitfahren war, aber unbesehen durfte Van der Meer wohl unterstellen, dass ein Debütant hier nicht ankommen konnte, um die Tour zu gewinnen. Dutronc? Ausgeschlossen, denn der war ein sehr schlechter Zeitfahrer. Van Geneugden also auch nicht, dachte er, als er auf der rechten Seite den Belgier überholte. Er schaute in das Gesicht des fürchterlich schwitzenden Mannes.

»Hast du noch was zu Essen dabei?«, rief Van Geneugden in beinahe untertänigem Tonfall.

Van der Meer dachte schnell nach und schüttelte den Kopf. Zwar spürte er bei jedem Pedaltritt die Flasche mit dem präparierten Tee an seinem Rückgrat, aber warum sollte er diesem Ekelpaket helfen, der wahrscheinlich an der letzten Vorratsstelle zu wenig gegessen hatte? Schließlich und endlich mochte er ihn auch nicht.

Also rief Van der Meer: »Nein, sorry«, aber das letzte Wort kam nicht ganz ehrlich über seine Lippen.

»Shit, du Kaaskop«, rief der Belgier und rotzte auf die Straße.

Amsterdam

Um sechs Uhr waren die Männer wieder auf ein Gläschen zusammengekommen. Ganz kurz hatte Van der Meer, im Kleinbus auf dem Weg zum Hotel, gefürchtet, dass der Aufenthalt in der Brauerei den Tag kaputtgemacht hätte, aber der Schaden hielt sich in Grenzen. Die meisten gaben zu, dass sie kurz geschlafen hätten, und die eine oder andere Aspirin hätte man auch gebraucht. Um Viertel vor sechs standen die sieben wieder glänzend da. Sechs Männer hatten sich in einen anderen Anzug geworfen; nur White hatte dieselben Sachen an wie am Vorabend.

Van der Meer hatte unmittelbar nach dem Betreten der Empfangshalle im Hotel gefragt, ob Jacqueline Dienst hätte. Die Telefonistin hatte dies verneint. Fünf Minuten später hatte das Telefon in seinem Zimmer geklingelt und Van der Meer, während er gerade dabei war, sich umzuziehen, etwas zu scharf und laut »Jaaah« in den Hörer gerufen.

Kurze Zeit war es still, aber dann hatte Jacqueline gesagt: »Guten Tag, ich habe gehört, dass Sie nach mir gefragt haben.«

Er war kurz aus dem Konzept gebracht. »Entschuldigen Sie meine etwas zu begeisterte Art, mich zu melden«, aber sie hatte schnell gekontert: »Ich habe schon gehört, dass der Brauerei-Besuch von heute Mittag ein Erfolg war.«

Er hatte sich auf den Rand seines Bettes gesetzt und hatte mit der freien Hand seine Haare berührt – so als ob er bei irgendetwas erwischt worden wäre.

»Äh, ja, Entschuldigung«, begann er. »Äh, ich wollte mich eigentlich nur bei Ihnen bedankt haben … Ich meine, ich bin angenehm überrascht, dass alles bis jetzt so gut gelaufen ist … und, äh, ich wollte das eben sagen.«

Sie hatte kurz gewartet, um dann bestimmt zu antworten: »Das ist mein Job, aber ich bin froh, dass Sie es zu schätzen wissen.«

»Nun«, hatte er geantwortet, »das genau glaube ich nicht … dass es nur Ihr Job ist… Und darum, weil es auch für Sie etwas Besonderes ist, wollte ich Ihnen dafür ein Kompliment machen. Die Gläser in der Brauerei – das kam sehr gut an.« Sie ging nicht darauf ein und hatte gefragt, ob er noch etwas Besonderes für den Abend wünschte. Er hatte »Nein« gesagt, aber auch, dass er noch etwas los werden wollte.

»Sagen Sie es nur«, hatte sie ihn gebeten, woraufhin Van der Meer noch nicht einmal mit einem passenden Satz beginnen konnte. Er wollte fragen, ob es wohl möglich wäre, sich an diesem Wochenende im Hotel zu treffen, und eigentlich wollte er dies am liebsten an diesem Abend. Aber gleichzeitig spürte er auch, dass er so etwas nicht fragen sollte.

»Äh, ja, heute Mittag war ein enormer Erfolg … Ich denke, dass wir das heute Abend auch hinkriegen. Also … äh, morgen heißt es wohl ausschlafen und viel Aspirin und …«

Sie reagierte herausfordernd: »Und was weiter?«

Er hatte einen trockenen Mund bekommen und wusste nicht mehr so recht, was er sagen sollte. Ziemlich blöde und mit einer etwas zu hohen Stimme druckste er herum und meinte dann:» Nun, vielen Dank noch mal. Sehe ich Sie vielleicht noch?«

Es blieb still am anderen Ende der Leitung. Dann hatte sie mit etwas viel Betonung und ein wenig schnippisch geantwortet: »Wenn alles klappt, Montag, wenn ich wieder im Hotel arbeite.«

»Nun, dann bis Montag«, hatte Van der Meer erwidert, und noch eine Weile gewartet, ehe er den Hörer auflegte. Vielleicht wollte sie noch etwas sagen.

Also nicht.

Er hatte kurz auf den Hörer geschaut, aus dem das Zeichen für »Teilnehmer hat aufgelegt« tutete, und dann – beinahe ohne nachzudenken – die Nummer seiner Ex-Frau gewählt. Nachdem es sechsmal geklingelt hatte, schaltete sich ein Band ein. Er hatte ihre Stimme und ihre Mitteilung gehört, dass Nachrichten welcher Art auch immer auf Band gesprochen werden könnten.

Aber er hatte keine Nachricht für sie.

Daraufhin hatte er an der Rezeption darum gebeten, ihn eine Stunde später zu wecken und dann ein entspannendes Schläfchen gemacht.

Van Geneugden war dabei, Dazan zu erklären, wie es zu beiden Call-Girls und der Badezimmerszene kommen konnte, als Van der Meer ums Wort bat. Die sieben saßen in einem elegant eingerichteten Raum des Hotels. Es stand dort in einer Ecke ein Fernsehgerät inklusive Videorecorder, es gab viele Getränke und Schalen mit Snacks.

»Gentlemen, one moment please«, hatte er gesagt und sich dabei erhoben. Der Ober hatte ihm zugenickt und signalisiert, dass der erwartete Gast eingetroffen sei.

Van der Meer schaute in die Runde und begann: »Vor sieben Jahren schrieben wir Geschichte. Das weiß jeder von uns noch gut genug. Man kann sagen, dass unser Leben durch diesen einen berühmten Tag eine Wende erfuhr. Die gesamte Sportwelt sprach damals darüber und heute gelegentlich auch noch.«

Die Männer sahen ihn aufmerksam an. Worauf wollte er hinaus?

Van der Meer sprach weiter: »Haben wir uns eigentlich schon mal gefragt, wie Außenstehende darauf reagierten? Wie andere nun auf diesen verrückten Tag zurückblicken? Ich habe einen Bekannten eingeladen, einen Fernsehjournalisten, der den bewussten Tag vom Anfang bis zum Ende mitgemacht hat und der noch immer viel in der Radwelt herumkommt. Er hat eine prononcierte eigene Meinung zu dem, was dort so passiert. Die meisten von euch kennen ihn. Ich bitte um eure Aufmerksamkeit für Stijn Miller.«

Die Tür des Saales öffnete sich und mit einem freundlichen zurückhaltenden Lächeln im Gesicht betrat der Veteran der Radsportkommentatoren den Raum. Van der Meer ging auf ihn zu, schüttelte ihm die Hand und geleitete ihn zu den anderen. Andersen war der Letzte, der vorgestellt wurde, und Miller nickte lebhaft, als er dem schick angezogenen Norweger die Hand schüttelte. »Sie habe ich noch nie persönlich gesprochen«, sagte der Fernsehmann, der danach zur Stirnseite des Raumes ging, in die Nähe des Videorecorders, und die Gruppe lächelnd ansah.

»Was für eine Ehre, was für eine große Ehre«, sagte er.

Col du Mont Cenis

Sie hatten noch eineinhalb Kilometer bis zum Gipfel. Van der Meer fuhr an Van Geneugden vorbei und achtete nicht auf sein Gefluche. Warum sollte er auch? Schnell schaute er auf seine Uhr. Es war kurz vor drei. Er saß schon sechs Stunden auf dem Fahrrad und er hatte bestimmt noch zwei Stunden zu kurbeln. Er fluchte laut vor sich hin und beobachtete seinen Herzfrequenzmesser am Lenker: fast maximal. Er musste aufpassen, dass er nicht komplett in den roten Bereich hineinfuhr, jetzt wo der Kampf auf diesem Berg gerade richtig angefangen hatte.

Er sah White hundert Meter vor sich hin und her wippen, und nachdem er die folgende Schleife genommen hatte, bekam er kurzfristig Dazan in sein Blickfeld, der etwas vor dem Amerikaner hoch kletterte, und ganz kurz glaubte er auch Dutronc wiederum davor zu sehen. Wo war dieser gottverdammte Norweger? Warum kletterte der Arsch hier die Sterne vom Himmel? Wer hatte ihm das beigebracht? Was hatte er eingenommen, um hier, verdammt noch mal, die anderen so hinter sich zu lassen? War der Norweger dabei, die ganze Sache für sich nach Hause zu fahren? Das konnte nicht wahr sein.

Van der Meer musste über seine eigene Entschlossenheit lachen. Der Schweiß lief ihm in Strömen über das Gesicht, seine Herzfrequenz schoss dauernd über 190 hinaus – für ihn sehr hoch, vielleicht sogar gefährlich hoch, aber etwas in ihm wusste, dass er jetzt weitermachen musste. Vorwärts ... auf dem Weg zu ewigem Ruhm oder irgendeiner anderen idiotischen Erfahrung. Wer konnte das sagen? Noch niemals war er in der Tour in solch einer Situation gefahren.

Er hatte drei Klassiker gewonnen und Etappen beim Giro, bei der Vuelta und der Tour siegreich beendet, aber dies war plötzlich etwas anderes – zumindest empfand er es so.

Van der Meer versuchte sich zu erinnern, ob er schon mal den Cenis heruntergefahren war, wusste es aber nicht sicher. Er wusste wohl, dass er sich, am Morgen vor dem Start, seine Karte angesehen und dabei eine ziemlich steile Passage entdeckt hatte. Bedeutete das wirklich, dass es eine gefährliche schnelle Abfahrt werden würde, oder hatte der Kartograph der Tour wieder einmal einen Fehler gemacht – so wie es jedes Jahr ein paar Mal passierte? Musste er vorsichtig herunterfahren oder konnten die Abstände auf dem Gipfel dieses Berges ein Sprungbrett sein für den Rest der Etappe? Wer also hier nicht volles Risiko fuhr, würde es unten, in Italien, möglicherweise doppelt und dreifach bezahlen müssen?

Er zog sein Tour-Trikot zurecht, setzte sich kurz aufrecht hin, nahm seine Flasche und trank schnell in großen Schlucken lauwarmen Tee. Er zog den Reißverschluss seines Shirts bis zum Hals und drehte seine klatschnasse Mütze mit einer schnellen Bewegung um. Einen Helm trug er nie bei einer Bergetappe. Er wusste, dass es unklug war, aber das Ding behinderte ihn immer; es klemmte, es schien beinahe seine Gedanken fest zu binden.

Auf die eine oder andere Art und Weise spürte er, dass er nicht auf der allerletzten Reserve nach unten fahren durfte. Die Entscheidung konnte jetzt fallen, und er wollte unter allen Umständen dabei sein. Die merkwürdige Idee einige Minuten zuvor, als der Gedanke ans Gewinnen zum ersten Mal durch seinen Kopf ging, war noch nicht wieder verschwunden.

Von Jurymitgliedern bekam er am höchsten Punkt des Berges im Vorbeifahren zu hören »Une minute trente – eine Minute dreißig Sekunden Rückstand auf den Ersten«. Dreißig Meter weiter hatte er gute Sicht auf die glänzende, aber in der Tat auch steile Abfahrt. Routiniert schaltete er um, setzte sich kurz auf, schüttelte seine Weichteile zurecht und legte die Hände in die Unterlenkerbeuge, die Fingerspitzen an den Bremsgriffen. Das war etwas für echte

Radrennfahrer und er nahm sich vor, diese verdammten eineinhalb Minuten schnell zuzufahren. Zwei Schleifen tiefer sah er das Trikot von Dutronc und dreißig Meter dahinter Dazan mit White. Er war also Fünfter, denn er nahm an, dass Andersen an der Spitze lag, und wusste ganz sicher, dass Müller und Van Geneugden hinter ihm fuhren. Er schaltete einen Gang höher und trat nun voll durch. Er fühlte, wie seine Haare im Nacken sich aufrichteten. Mit einigem Genuss sogar spürte er, wie eine Gänsehaut über seinen Rücken ging. Das war doch, verdammt noch mal, der Gipfel, warum sollte er nicht mit voller Geschwindigkeit herunterfliegen?

Mit einem Male fühlte er pure Lust auf hohe Geschwindigkeit. Er jagte in die nächste Kurve und überholte mühelos eines der TV-Motorräder. Fast schon spielerisch ließ er sich durch die Kurve treiben und hörte hinter sich das schabende Geräusch eines den Boden berührenden Motorrades. Schafskopf, dachte Van der Meer und schaute sich nicht einmal um. »Niemals einem davoneilenden Fahrer folgen wollen, du Arsch«, rief er laut und beschleunigte weiter. Ganz kurz durchzuckte ihn der Gedanke, dass Kameramann und Motorradfahrer hoffentlich unversehrt geblieben waren – aber dann kam schon die nächste Kurve.

Auch diese nahm er mit spielerischer Leichtigkeit. War es das Adrenalin, das ihm Flügel gab? Er nahm es an und schaute auf den weiteren Weg vor sich. Er sah White, den er fünfzehn Sekunden später so überholte, dass es den Anschein hatte, dieser stünde still. Im Vorbeirauschen hörte er: »Fuck you!« Er trat voll durch und hatte zwei Minuten später auch Dutronc überholt. Der Franzose fuhr wie ein Schulmädchen hinunter und bremste kräftig vor jeder Kurve, und als Van der Meer vorbeiraste, tippte Dutronc schnell auf seine Stirn.

Van der Meer lachte in sich hinein und lockerte kurz seine Oberschenkel. Er fuhr nun an der Grenze, und die komplette Abfahrt war immerhin dreißig Kilometer lang. So konnte er nicht durchfahren.

Es dauerte ungefähr fünf Minuten, bevor er Dazan vor sich sah, und noch mal einige Minuten, bis er neben dem Italiener fuhr. »Die Nase« schaute zur Seite und lachte ihn an: »Spericolato.«

Van der Meer nickte. Das war es in der Tat: leichtsinnig, aber doch innerhalb seiner Möglichkeiten, und er fühlte sich sehr gut dabei.

»Andersen … il Norvegese?«, rief er, und Dazan wies mit dem Kopf in die Richtung vor ihnen. »Quanto?«, fragte Van der Meer, als sie Seite an Seite in die nächste Kurve einbogen.

Die Nase zog seine kantigen Schultern hoch: »Due minuti…?« Er wusste es auch nicht.

Fünf Minuten blieben die beiden zusammen. Sie fuhren schnell durch, aber Van der Meer fühlte in seinen Muskeln, dass die Anspannung der ersten Kilometer der Abfahrt weg waren. Was sollte er nun machen? Hinter dem Norweger her und ihn zurückholen, um dann mit zwei oder drei Leuten nach vorn zu kommen?

Dazan konnte, wenn er wollte, gut abfahren, der würde ihm also folgen können. Das Loch zu den Männern hinter ihnen würde größer werden. Minuten vielleicht, und das könnte entscheidend sein für den weiteren Verlauf der Etappe. Und, überlegte Van der Meer auf einmal, wie würde es denn mit Müller ausgehen? Er war der beste Abfahrer von allen und würde natürlich alles versuchen, um in dieser Abfahrt die Fürsten zurückzuholen.

Van Geneugden durfte man auch nicht abschreiben, denn der alte Hase beherrschte sein Fach, und wenn der Deutsche sich voll reinhängen würde, dann wäre der Belgier der Erste an seiner Seite – also dann?

Van der Meer schaltete um und schaute schräg zu Dazan, der sein Gesicht verzog: Musste das nun sein?

Drei Minuten später sah Van der Meer den Norweger zwei Schleifen tiefer runterfahren. Der junge Wikinger war angeschlagen, und er wusste es. Krampfhaft versuchte er seinen durch vorzügliche Arbeit auf dem Berg gewonnenen Vorsprung festzuhalten, aber zwei Minuten später hatten Dazan und Van der Meer ihn eingeholt. Der Norweger schaute zur Seite, und es machte sich ein erleichtertes Lächeln auf seinem Gesicht breit: Er war nicht mehr allein, er musste die Last dieser wundersamen Etappe nicht länger allein tragen.

Die drei stoben durch das Bergdorf Molaretto; sie waren in Italien, und auf einem langen geraden Stück konnten sie rechts über sich fünf oder sieben Kurven einsehen. Van der Meer bemerkte es als Erster: Müller war ihr nächster Verfolger geworden und er fuhr herunter wie ein Wahnsinniger. Dazan sah den Deutschen auch und ahnte die Folgen. Sechs lange Teilstücke, sechs Kurven und die Dorfpassage – das musste für den ungestümen Deutschen zu schaffen sein, eine Frage von Minuten.

Abermals tauschten Dazan und Van der Meer schnelle Blicke aus, so wie sie es schon mehrfach im Laufe des Tages getan hatten. Bescheuert, aber Van der Meer spürte, dass er dem Italiener vertrauen konnte, und irgendwie war er der Meinung, dass dieses Vertrauen gegenseitig war – zwei erfahrene Kämpfer, die sich in einem Rennen gegenseitig halfen.

»Go!«, rief Van der Meer und schaltete die Kette nach rechts. Wenn der Deutsche hier schon all seine Kräfte verspielen wollte, dann sollte er es auch richtig merken. Dazan hängte sich ans Rad von Van der Meer; Andersen hatte ein wenig mehr Mühe.

Nach zwei Kurven spürte Van der Meer den Rhythmus der ersten Viertelstunde Abfahrt zurückkommen. Die geraden Teilstücke waren nun länger und die Kurven nicht so eng und gefährlich wie auf den ersten Kilometern unterhalb der Bergspitze, aber es war sicherlich noch keine Vergnügungsfahrt.

Van der Meer blieb an der Spitze und schaute schräg unter seinem linken Arm hindurch; Dazan folgte mit zehn Metern Abstand, knapp dahinter fuhr Andersen mit verzerrtem Gesicht.

Wie schnell fuhren sie jetzt eigentlich? Van der Meer schätzte: etwas über 80 Kilometer pro Stunde, es fühlte sich zumindest überschallartig an.

Die nächste Kurve führte nach links, und er drehte mit hoher Geschwindigkeit sein Fahrrad auf der äußersten rechten Seite der Straße ein: das bedeutete, »am Rande abfahren«. Die drei Fahrer fuhren höchstes Tempo, hatten die Hände an den Bremsen und standen ein wenig in ihren Pedalen, den Hintern etwas vom Sattel gehoben. Wenn was passieren sollte, konnten sie schneller reagieren, eventuell bei einem Sturz das Fahrrad wegtreten oder zumindest kontrolliert stürzen.

Van der Meer erkannte seinen Fehler sofort und streifte nur mit seinem Vorderrad die kleine Mauer. Er hörte, dass Dazan laut polternd auch auf dem Fahrrad blieb, aber Andersen flog geradeaus über das 50 Zentimeter hohe Hindernis. Van der Meer wollte sich umdrehen, aber er sah die nächste Kurve herannahen und schleuderte von rechts nach links durch sie hindurch. Das war verdammt noch mal Arbeit für Verrückte, aber irgendwo, tief drinnen, spürte er, wie ein großartiges Gefühl in ihm hochstieg. Es war gewaltiger, süßer Schmerz, der schnell durch Muskeln und Adern strömte. Es war ein fantastisches Gefühl.

War es deswegen, weil er den verfluchten Norweger, den besten Bergfahrer der Spitzengruppe, jetzt offensichtlich eliminiert hatte? Weil es jetzt einen Gegner weniger gab? Weil er wagte und konnte, was andere nicht konnten?

Eine Minute später sah er sich um und sah Dazan winken.

Van der Meer hielt mit seinen Beinbewegungen inne und Dazan erreichte ihn und fuhr neben ihm.

»Der Norweger ist verflucht noch mal gestürzt«, rief er.

Van der Meer nickte kurz, rief: »Peccato« und trat voll durch. Der Sturz droht jedem, dachte er und warf sich mit mehr als Tempo 70 in eine ziemlich rechtwinklige Kurve. Der Tee wirkte prima.

Amsterdam

Stijn Miller stand neben dem Fernsehgerät und hatte den Videorecorder angehalten. Die sieben Fahrer ihm gegenüber hatten zum Teil interessiert, zum Teil erstaunt zugehört und zugeschaut.

An sich war es eine ganz nette Idee gewesen. Van der Meer hatte Miller drei Wochen zuvor von New York aus angerufen und ihm ein interessantes Thema für diesen Abend gestellt: Er sollte sein kleines, aber sehr stark involviertes Publikum während einer knappen Stunde beschäftigen. Das könne er mit einem Vortrag über das, was an diesem Tag in der Tour passiert sei, bewerkstelligen, aber auch mit einer Fernsehanalyse, so viele Jahre später, anhand von existierendem Bildmaterial.

Miller, der begeistert auf die Bitte von Van der Meer reagiert hatte, hatte sich einige Arbeit mit seinem kleinen Film gemacht, wie er es selbst ausdrückte. In der ersten Viertelstunde hatte er eine klare Darstellung gegeben, in der er vor allem die Charaktere der sieben Mitglieder der Spitzengruppe förmlich auseinandergenommen hatte – wofür er häufig schallendes Gelächter von den Hauptdarstellern erntete.

Nun hielt er den Film an, sodass die sieben Männer eine Kurve der Straße und ein kleines Mäuerchen in Höhe von ungefähr fünfzig Zentimetern erkennen konnten.

»Hier«, sagte Miller, und er deutete auf das Standbild, »hier wurde die Tour nach Meinung vieler entschieden. Das soll heißen, für den Zuschauer, für den Radsportfan. Unser Gastgeber und Dazan sind gerade durch, und was wir jetzt gleich sehen, treibt mir noch nach vielen Jahren das Entsetzen ins Gesicht.« Er drückte auf den Play-Knopf, und das Bild bewegte sich wieder.

Eines der Fernsehmotorräder hielt an. An der Bewegung der Kamera sah man, dass der Kameramann abstieg und über das Mäuerchen hinwegfilmte. Ganz kurz wurde das Bild undeutlich, bis sich die ultraleichte Kamera focussiert hatte, aber danach sahen sie das Bild, das die meisten Menschen sieben Jahre vorher am Abend der Etappe wohl ein Dutzend Mal über das französische und italienische Fernsehen gesehen hatten.

Hinter dem Mäuerchen war ein kleines, klaffendes Loch, und durch dieses Loch sah man das Trikot von Andersen. Man sah, dass der Radfahrer sich bewegte; wie man erkennen konnte, hing er in den Zweigen eines Baumes. Der Kameramann hatte einen Schritt über die Mauer hinweggetan und das Objektiv auf den Norweger gerichtet, der zwar einen freien Fall von vielleicht zehn Metern gemacht hatte, der sich aber bewegte und, komisch genug, sein Fahrrad mit der rechten Hand festhielt.

Inzwischen waren neben dem Kameramann noch zwei Unbekannte aufgetaucht, Leute, die aus einem Begleitwagen gestiegen waren. Einer von ihnen, ein junger Kerl, ließ sich ziemlich gelenkig entlang der Felswand nach unten gleiten. Das Fernsehbild zeigte weiter Andersen, der etwas Unverständliches nach oben rief, aber am Gesichtsausdruck des Norwegers war zu erkennen, dass er okay war.

Der junge Helfer hielt sich etwa drei Meter von dem noch immer im Baum hängenden Norweger entfernt auf einem Plateau fest und die Kamera zeigte kurz ihn, als er die Hand ausstreckte und dem Norweger zu verstehen gab, sein Fahrrad loszulassen.

Während das Bild wieder die Totale zeigte, sah man Andersen das Fahrrad wegstoßen und danach loslassen. Der Mann auf dem Plateau versuchte, das verbogene Rad zu packen, griff aber um einen halben Meter daneben – und das Fahrrad stürzte scheppernd den Abhang hinunter.

Ein zweiter Mann, ein Motorradpolizist, war inzwischen ebenfalls im Bild zu sehen und ließ sich neben dem jungen Mann auf den einen Meter herausragenden Balkon sacken. Die zwei versuchten ihre Arme auszustrecken und mit Andersens linker Hand Kontakt zu bekommen, aber das gelang nicht; zwischen den ausgestreckten Händen blieb dreißig Zentimeter Luft.

Das nächste Bild kam aus dem Rennen. Der tollkühn abfahrende Müller war den beiden Führenden auf hundert Meter nahe gekommen, und der französische Regisseur hatte, trotz der angespannten Situation um Andersen, doch auch noch das Rennen im Blick.

Im nächsten Bild sah man Andersen, der behutsam auf einen sich leicht biegenden Ast rückte.

Die zwei Männer auf dem Plateau schauten hoch, und jemand neben dem Kameramann warf etwas nach unten, ein Seilknäuel oder ein Abschleppseil aus einem der Autos.

Der Beamte fing das Knäuel, rollte das rote Kabel aus und warf einen Teil Andersen zu, der erst nach fünf Versuchen das Ende des Kabels fing und dieses zu sich zog. Er knüpfte eine Schlinge ans Ende und schob seinen Kopf und Oberkörper durch, sodass er gefangen von einem Lasso schien, ihm über den Kopf geworfen durch die beiden Cowboys in der Nähe.

Wiederum schaltete der Regisseur zum Rennen um, in dem sich Müller lachend zu Dazan und Van der Meer gesellte und sich zum Trinken aufsetzte.

Das nächste Bild zeigte Andersen, der mit Händen und Füßen einen ziemlich großen Zweig über sich erreichen wollte, von dem er einen Sprung aufs Plateau zu machen hoffte.

Das Geklettere dauerte vielleicht eine Minute. Der Norweger hielt kurz den Baumstamm fest, stieß sich ab, sprang geschmeidig, mit angezogenen Knien und landete danach zwischen dem Polizisten und den Tour-Begleitern. Er griff die ausgestreckten Arme der Männer und stand zwanzig Sekunden später neben dem Kameramann.

Die sieben Männer saßen gespannt da. Wie lange hatten sie diese Bilder nicht mehr gesehen? Andersen antwortete, dass er die ganze Geschichte vor ungefähr fünf Jahren in einem norwegischen Fernsehprogramm noch einmal erzählt hatte und dass er damals diesen Todessprung zum letzten Mal gesehen hätte. Van der Meer war sich ganz sicher, dass er nach dem Abend von Sestriere diese das Blut zum Gerinnen bringenden Fernsehbilder nicht mehr gesehen hatte. Van Geneugden meinte, dass er sie wohl einmal wiedergesehen hätte, und auch Dazan und Müller nickten; auch sie hatten wohl schon mal eine Kassette in ihren Videorecorder gesteckt und die schauerlichen Abenteuer der Spitzengruppe ablaufen lassen.

»Jetzt müssen Sie aufpassen«, sagte Miller und zeigte auf das Fernsehbild. Andersen stand gerade auf der anderen Seite des Mäuerchens, und auf einem anderen Bild sah man zehn oder zwölf Menschen umherirren. Man suchte den Tour-Arzt, aber der war noch nicht da.

Andersen lachte laut los, als er sich selbst im Bild des Fernsehgerätes in der Ecke des Raumes sah. Er blutete an seinen Armen, hatte einen Schnitt in der Wange und sein Sturzhelm saß schief auf seinem Kopf. In seinem Trikot war ein großer Riss, beinah senkrecht zur Brust, aber das Beeindruckendste war die Ruhe, die der Norweger in der ganzen Hektik ausstrahlte.

Miller drückte die Stop-Taste und wandte sich an den Norweger: »Ich würde gern wissen, was Sie in diesen Sekunden fühlten.«

Die anderen schauten Andersen an, der mit seinen Augen den Kreis abwanderte und mit fester Stimme sagte: »Ich wollte ein Fahrrad haben, das war eigentlich alles. Wenn man so etwas mitmacht, denkt man nicht ans Aussteigen ... auch wenn man verwundet ist ... man will fahren. Jemand von der Tour-Leitung stand neben mir und rief, ich müsste ins Krankenhaus und dass ein Hubschrauber kommen müsste, aber ich hatte nichts – glaubte ich zumindest. Ich verlangte mein Reserverad von meinem Teamchef. Schauen Sie.«

Miller ließ den Film weiterlaufen, und tatsächlich sah man den Norweger, wie er seinem Teamchef etwas zuschrie.

»Passen Sie gut auf«, sagte Miller und wies auf die obere Hälfte des Bildes. Da sah man den Tour-Arzt ankommen, eine derbe Type, ein Busch-Doktor, wie die Fahrer ihn nannten.

Der Arzt nahm Andersens Handgelenk und legte kurz seine Hand in dessen Nacken. Inzwischen hatte der Mechaniker ein Reservefahrrad vom Dach des Wagens geholt und setzte es, ohne Rahmenschildchen übrigens, gegen das Auto des Arztes. Andersen lief zwei Schritte, noch immer mit dem Arzt an der Hand, zum Fahrrad, aber der Doktor hielt den Norweger doch etwas zurück. Andersen riss sich los und nahm den Lenker.

Einwandfrei registrierte die Kamera diese Aktion. Man sah die Verzweiflung bei einigen Umstehenden. Konnte man einen Fahrer, der gerade so einen sensationellen Sturz überlebt hatte, wieder aufs Fahrrad setzen? Musste der Arzt nicht genau nachsehen, ob er vielleicht etwas gebrochen hatte?

Andersen schüttelte den Franzosen jetzt ab, gab ihm beinahe einen Schubs, aber hielt sich dann doch wieder zurück. Er machte eine Handbewegung im Sinne von »Entschuldigung«, zog seine Schuhe fest, begann zu treten und verschwand hinter der Kurve. Im letzten Bild war genau zu sehen, dass der Sattel dieses Gefährts viel zu niedrig war für den langen Norweger.

Die sieben Männer sahen wie hypnotisiert auf das Bild, das von Miller wieder angehalten worden war. »Sie alle wissen, wie die Situation war: Drei Mann in Führung. Dutronc, White und Van Geneugden mit rund zwei Minuten Rückstand, und ich habe es gestern noch einmal gestoppt: In dem Augenblick, als Andersen wieder aufs Fahrrad stieg, waren die Führenden sieben Minuten durch. Das war also etwas mehr als fünfzig Kilometer vor dem Ziel.« Er drückte die Play-Taste wieder, und daraufhin sahen die sieben die drei an der Spitze liegenden Fahrer in den Ort Souza fahren. »Auch das fand ich nicht unwichtig«, sagte Miller.

Müller nickte und brummte laut: »Scheiß Fernsehen …« Die anderen lachten.

Souza

Van der Meer hatte sich als Erster aufgerichtet. Die schnelle Abfahrt vom Berg herunter ging langsam zu Ende. Er drehte sich um und sah hinter sich fünf, sechs Wagen plus eine Anzahl von Motorrädern. Er hob seinen Arm und verlangte nach der Tour-Direktion. »Neuigkeiten über den Norweger?«, hatte er gefragt, und Duprez hatte zurückgeschrien: »Der sitzt wieder auf dem Rad … Hat Glück gehabt, war in einem Baum hängen geblieben.« Van der Meer hatte genickt und es an seine Mitstreiter weiter gegeben. Beide hatten ihn ziemlich neutral angesehen, und alle drei hatten danach um Getränke gebeten.

Die Straße hier war schlecht, mit Löchern und viel Staub, und bemerkenswert viele Fans standen an der Seite im Graben. Dazan wurde laut angefeuert, vor allem am Ende des Städtchens, wo Hunderte von Tifosi zusammenstanden. Es entstand ein enormer Jubel in der kleinen Menge, und Dazan winkte seinen Landsleuten kurz. Abermals hatte Van der Meer den Tour-Leiter gerufen, und elegant hatte der Fahrer des Wagens mit der Nummer eins sein Auto neben den Niederländer gebracht. »Wie viele Kilometer noch bis zum Ziel?«, hatte er gefragt – die Antwort hatte ihn zum Schmunzeln gebracht: »Encore cinquante trois kilomètres – noch dreiundfünfzig Kilometer.« Schön, hatte Van der Meer gedacht, und er hatte sich gleichzeitig zum tausendsten Mal gefragt, ob er einen sechsten Sinn für diese Art von Dingen hatte.

Er war verrückt nach Primzahlen, er achtete wahrscheinlich auch zu viel auf sie bei allem, was er tat. Aber wie konnte es sein, dass er in diesem Augenblick des Tages schon wieder mit einer Zahl konfrontiert wurde, die ihm sympathisch war? War das purer Zufall oder gab es da noch mehr?

»Et la situation?«, hatte er gerufen – so laut, dass Müller und Dazan es auch hören konnten. Der Deutsche und der Italiener hatten schnell ihre Räder in Richtung Rennleitungswagen gelenkt, und zu dritt hörten sie den Zwischenstand: Die drei Verfolger kamen etwas näher, fuhren nun mit einer Minute Abstand, während Andersen noch auf der Abfahrt war, den Tour-Arzt neben sich. Er ließ sich an seinem Arm behandeln und hatte sieben Minuten und zwanzig Sekunden Rückstand. Die erste Hauptgruppe war zwei Kilometer von der Spitze des Mont Cenis entfernt – und das Peloton fuhr in einem Abstand von mehr als einer Stunde. Würde die Situation so bleiben, würden mehr als 50 Fahrer heute nach Hause fahren müssen, denn das Feld käme dann wohl erst nach dem Zeitlimit ins Parkhaus …

Van der Meer hatte über dieses Bild lachen müssen und Duprez zugenickt: »Das kannst du wohl gut ab, nicht wahr?«, und der Rennleiter hatte beißend reagiert: »Und es sitzen drei Mannschaftskollegen von dir in dieser Gruppe.«

Die letzten Worte waren doch ein Weilchen bei Van der Meer hängen geblieben. Sollte er sich heute unsterblich machen bei seinen Teamkameraden? Sollte er noch einmal Gas geben und mit dafür sorgen, dass die Säcke morgen früh alle über Turin nach Amsterdam oder Brüssel fliegen konnten? Wenn sieben Mann, so wie es heute passiert war, vorne abhauen konnten und er nicht zufällig selbst dabei gewesen wäre, dann würde er höchstwahrscheinlich selbst im Hauptfeld fahren, realisierte er. Dann könnte er auch morgen nach Hause fahren, und sein Startgeld für die Kriteriumsrennen wäre sofort auf achthundert runter, höchstens tausend wären vielleicht noch drin.

Er erinnerte sich an sein Gespräch vom Morgen mit Rolf Wagen, dem jungen Journalisten. Hatte der nicht gesagt, dass man eine schwere Etappe am besten im Bus beendete? Dreimal war er bei der Tour auf einen Top-Platz im Klassement gefahren; er war siebzehnter, neunzehnter und dreiundzwanzigster in diesen Jahren geworden, und das andere Mal hatte er sich, gegen den erklärten Willen seines Teamchefs und der Sponsoren, mit einem Platz irgendwo zwischen dreißig und sechzig begnügt. Er hatte, jedenfalls erklärte er es allen Leuten so, überhaupt keinen Bock mehr, sich für einen prächtigen sechzehnten oder siebzehnten Platz komplett kaputt zu fahren. Gegenüber Den Daas, der selbst einmal unter die ersten zwanzig gekommen und danach ausgestiegen war, weil er so oft im roten Bereich fuhr, dass seine Maschine ausgebrannt schien, hatte er noch vor dem Prolog in San Sebastian gesagt, dass er nicht auf eine Top-Platzierung bauen sollte. Den Daas hatte ihn damals noch wegen unprofessionellen Betragens gescholten, und Van der Meer hatte ihn höflich gebeten, ihn doch am Arsch zu lecken.

Urplötzlich setzte er sich aufrecht. »Verdammt«, sagte er sich selbst, »wenn drei Mann nach Hause gehen, sind wir nur noch zu dritt. … schön für die kommenden Tage. Zwar ist es ruhiger am Tisch, und vielleicht ist das gut für die Prämien, aber was, wenn ich oben in der Gesamtwertung drin hänge? Wer fährt dann für mich auf den flachen Strecken auf dem Weg nach Paris? Wer wird das Rennen kontrollieren?« Van der Meer schüttelte seinen Kopf, das war gerade zu viel für ihn. Wie sollte das gehen?

Die drei rollten hintereinander über die heiße Straße, das Tempo war jetzt draußen, weil gegessen und getrunken wurde, und Dazan zog seine Karte aus der hinteren Tasche. Van der Meer lenkte sein Rad neben das des Italieners und guckte mit.

»Bist du noch gut dabei oder vielleicht sogar super?«, fragte er zynisch.

Die Nase hielt sein Gesicht auf die Karte gerichtet und brummte zurück: »Gut und müde. Ich empfehle mich.«

Van der Meer nickte und ließ sich zurückfallen auf die dritte Position. Er eigentlich auch. Er schaute zu Müller, und es durchzuckte ihn auf einmal ein grausamer Gedanke: Der Hammel aus dem Osten Deutschlands wird doch die Tour nicht gewinnen? Wieder schüttelte er sein Haupt, aber gleichzeitig dachte er weiter nach. Was, wenn die anderen den Anschluss wieder fänden? Dutronc würde der beste Bergfahrer sein, denn Andersen könnte das Loch nicht mehr zufahren … Sollte der häßliche Franzose dann wirklich gewinnen? Und was hatte er selbst dann da wohl für übrig?

Van der Meer verwarf unmittelbar den Gedanken an Dutronc, denn er wusste auch, dass der Franzose kein Zeitfahrer war. Vielleicht die Etappe, aber nicht bis Paris. Dazan dann? Nicht ausgeschlossen. Van Geneugden. Das könnte möglich sein. Angesichts der Siegerlisten, in denen der Flame aufgeführt war, wäre es denkbar – aber würde er durch die Kontrolle kommen? Nicht allein heute, sondern während der gesamten letzten Woche. Und vor allen Dingen nach dem Zeitfahren? Van der Meer war sich absolut sicher, dass dies ganz unwahrscheinlich war. White? Nein, der Amerikaner wusste nicht, wie dieses Spiel hier funktionierte, aber hatte natürlich einen reichen Sponsor im Rücken. Der letzte Gedanke brachte Van der Meer zum Schmunzeln. Der Deal lag hier auf der Straße. Aber White war natürlich zu unerfahren, um einzusehen, wie hier gleich geklettert werden musste.

»Warum nicht du selbst, Nichtsnutz?«, rief er aus, aber gleichzeitig verspürte er wieder einen leichten Krampf in seinem Oberschenkel. Es würde gleich ein wilder Anstieg von vierundzwanzig Kilometern folgen. Das war mörderisch, ganz sicher am Ende eines solchen Tages wie heute. Nur Dutronc schien ihm in der Lage, diesen Berg noch schnell zu bezwingen. Wieder fragte er sich, ob er nicht um den Sieg kämpfen sollte, und wieder sagte sein zweites Ich ihm, dass er dafür nicht gut genug wäre. »Bullshit«, rief er laut, sodass Müller, der gerade an ihm vorbeirollte, lachen musste.

»Du sprichst mit dir selbst?!«, zischte der Deutsche bissig, und Van der Meer antwortete schnell: »Nein, mit dir natürlich.«

So gingen zwei Minuten vorüber. Die Straße führte nun tückisch langsam bergauf, was so auch auf der Karte vermerkt war. Alle drei schalteten zurück, und kurz vor einer Kurve nach links suchte Van der Meer die Straße hinter sich ab. Er sah drei Fahrer, zwar in großem Abstand, aber sie sahen die Spitzengruppe natürlich auch, und ohne sich umdrehen zu müssen. Sie rochen ihre Beute, aber die Frage war, ob sie Kraft genug hätten, um den Anschluss zu finden, bevor der wirkliche Anstieg zum italienischen Wintersportort beginnen würde. Van der Meer schätzte den Rückstand auf sechs- bis siebenhundert Meter, war sich aber nicht sicher.

Müller sah den Holländer, wie er sich umdrehte, und hielt inne. »Die Arschlöcher kommen zurück«, rief er. Dazan meinte nur: »Merda – Scheiße« und übernahm die Führung.

Andersens Rückstand war inzwischen auf sechs Minuten und zehn Sekunden gefallen. Der Norweger nahm die Beine in die Hand.

Amsterdam

Stijn Miller schaute sich in der Runde um. Das Video stand wieder, und das eingefrorene Bild der drei Führenden lachte die Männer an. Es war gerade ein Ober hereingekommen, der Kaffee und Tee serviert und zwei Schalen mit frischen Tapas hingestellt hatte. Miller fuhr fort und fragte in die Runde, ob jeder von ihnen sich noch daran erinnern könnte, wem sie den Etappensieg und wem sie den Toursieg zugetraut hätten. Miller fragte sie der Reihe nach. White war der Erste. Der Amerikaner zog die Schultern nach oben, wartete etwas und sprach mit Bedacht die Namen aus: »Dutronc die Etappe, ich selbst den Gesamtsieg, weil ich der bessere Zeitfahrer war …« Der Franzose schaute den Amerikaner amüsiert an: »Glaubtest du das damals wirklich?« White nickte: »Auch jetzt noch.«

»Ich glaubte selbst von mir, dass ich die Etappe gewinnen könnte, zumal wir damals auf diesem fast flachen Teilstück zu den Führenden aufschließen konnten«, sagte der Franzose, »aber ich habe nie geglaubt, dass ich die gesamte Tour mit dieser Etappe gewinnen würde. Alles hing davon ab, was Müller machen würde.«

Der Deutsche lachte und nickte: »Ich war den ganzen Tag lang, solange es den Berg hinauf ging, der Schwächste – das wisst ihr doch noch, oder? Ich hatte Glück, belassen wir es mal dabei. Für mich war Van Geneugden der Favorit. Der machte nirgendwo einen Handschlag zu viel. Ich habe niemals ans Gewinnen gedacht. Na ja, ganz kurz mal, als wir vor dem letzten Anstieg waren, als ich wusste, dass Andersen nicht mehr den Anschluss schaffen würde.«

Dazan schüttelte seinen Kopf. »Ich will ganz ehrlich sein, aber ich wusste es wirklich nicht. Ich selbst fuhr die letzten zwei Kilometer nicht mehr gut. In der Abfahrt konnte ich mich behaupten, vor allem deshalb, weil Van der Meer so gut fuhr. Und für den Gesamtsieg … ich sah es kommen, aber es erstaunte mich schon. Zuerst dachte ich, dass White gut dabei war, dann später wieder Müller.«

Miller schaute Van Geneugden an und der Belgier räusperte sich: »Um euch die Wahrheit zu sagen: Ich wollte wohl gewinnen, aber ich hatte ein gewaltiges Problem. Ich hätte die Messgeräte bei der Kontrolle genau ins Rot gepinkelt, denn ich war ziemlich geladen … schon am Anfang der Etappe. Ich hatte mich drei Tage vorher erkältet und fühlte, dass ich schwächer wurde.

Aber ich wollte auf jeden Fall Paris schaffen, wegen der Kriterien, und ging das Risiko ein. Unterwegs habe ich wohl darüber nachgedacht, was ich denn tun sollte. Bis zum Fuß des letzten Anstiegs fühlte ich mich als Stärkster von allen, aber ich traute Van der Meer schon den ganzen Tag über nicht und vor allem nicht in der letzten Stunde des Rennens.«

Alle schauten jetzt den Gastgeber an. Was würde er dazu sagen? »Äh, ich traute dir auch nicht«, sagte er und schaute Van Geneugden an.

»Warum nicht?« fragte der Flame. »Weil ich dachte, dass du schauspielerst. Ich war mir sehr sicher, dass du voll warst, aber womit? Vielleicht konntest du es auch vertuschen. Jedenfalls fand ich, dass du das gesamte Rennen den Eindruck vermitteltest, zurückhaltend zu fahren.«

White, mit seinem Glas in der Hand, ergriff das Wort: »Ich war in den letzten zwei Stunden zurückhaltend gefahren. Habt ihr das nicht gemerkt? Ich begann wie ein Verrückter, aber ich fuhr schon viele Tage gut, so als ob ich noch Kraft genug hätte. Beim Anstieg zum Cenis habe ich wenig Führungsarbeit geleistet. Ich war mir nahezu sicher, dass ich mit Andersen und Dutronc ausreißen konnte.«

Der Norweger war der Einzige, der noch nichts gesagt hatte. »Nun, dann also ich«, sagte er ein bisschen tölpelhaft. »Äh, ich kletterte sehr gut, aber ich hatte Schiss in den Abfahrten. Ich hatte mir vorgenommen, bis zur italienischen Grenze bei den Ersten zu bleiben und fünfzehn Kilometer vor dem Ziel auszureißen. Ich hatte mich wohl als Etappensieger gesehen, aber an den Gesamtsieg hatte ich noch nicht gedacht ... Ich fand irgendwann, dass Van der Meer sehr stark fuhr. Ich wusste, dass er ein besserer Zeitfahrer war als ich, und ich zweifelte an Dazan. Ich fand, dass er« – er schaute den Italiener geradewegs an – »auf die eine oder andere Weise ein linker Vogel war. Hinter Van der Meer fahren in der Abfahrt, nachdem er sich erst von ihm gelöst hatte; das kam mir suspekt vor.«

Dazan ergriff jetzt das Wort. »Jeder fuhr das Rennen auf seine Art. Du« – er schaute in Richtung Van Geneugden – »du machtest keinen Handschlag zu viel; du hast dich dauernd zurückgehalten und dich darauf konzentriert, wen du im letzten Anstieg abhängen konntest. Oder sehe ich das falsch?«

Der Belgier lachte laut und streckte seine Arme nach oben: »Ich und reinlegen, jetzt ist es aber gut! Wenn ich jemanden hereingelegt habe, dann doch mich selbst. Ich durfte nie unter die ersten drei kommen, weil ich dann ganz sicher hätte pinkeln müssen. Das wusste ich und ich hatte überhaupt keine Vorstellung davon, wie ausgelost werden würde. Vielleicht hatten die Jurymitglieder die Anweisung erhalten, die anderen aus der Spitzengruppe mehr oder weniger zufällig für die Kontrolle zu bestimmen. Wirklich, ich war damit mehr als mit allem anderen beschäftigt.«

Miller schaute sich im Kreis um. Es war kaum möglich, Gemeinsamkeiten in den Antworten auf die beiden Fragen von vorhin zu finden. Er versuchte es noch einmal: »Wer war an diesem Tag der Stärkste?«

Plötzlich wurde es ganz still. Dann zeigte Müller auf Andersen, und die anderen – bis auf Van Geneugden – nickten zustimmend. Da stimmten sie mit dem Deutschen überein. Van Geneugden sagte: »Nein, unser Gastgeber hätte gewinnen können und gewinnen müssen. Wer das nicht sah, war blind.«

Van der Meer lachte laut los und nahm sich ein Glas Mineralwasser: »Was gibt dir diese Sicherheit? Wusstest du von den Krämpfen in meinen Oberschenkeln? Nein, oder? Ich fuhr eine starke Abfahrt, aber da wurde die Etappe nicht entschieden. Da wurden wir den besten Mann los …«

»Also doch …«, sagte Andersen bedächtig.

Van der Meer sah den Norweger an. Da hatte er Recht. Verflixt, der Sturz … Wie war der denn überhaupt passiert?

»Hast du mir jemals meine Art herunterzufahren übel genommen?« fragte Van der Meer Andersen.

Der Norweger schüttelte den Kopf: »Nein, ich kann mir selbst einige Dinge übel nehmen, wie du dich ausdrückst. Ich glaubte, genauso gut abfahren zu können wie ihr, aber da verkalkulierte ich mich. Ich war im Anstieg zum Iseran übermütig geworden, nachdem ich dort stärkere Beine hatte als beinahe jeder andere. Mein Teamchef kam angefahren und teilte mir mit, dass ich eine Prämie von einer Million Norwegischen Kronen, also mehr als Hunderttausend Dollar, erhalten sollte, gewänne ich die Tour; das hatte der große Sponsor aus Spanien durchtelefoniert, der irgendwo auf einer Terrasse lag und die Fernseh-Übertragung sah. Eine Million Kronen … Das war ziemlich viel.«

Miller ergriff nun wieder das Wort und gab nette Anekdoten von diesem Tag zum Besten. Wie die TV-Kommentatoren aus verschiedenen Ländern sich mit Fragezeichen in den Augen angeschaut hätten, wie analysiert wurde, ohne dass man auf dieser kleinen Tribüne auf der italienischen Skipiste auch nur einen Schimmer davon hatte, was in der Spitzengruppe passierte. Dass dies bei Radrennen eigentlich immer so war: Die Kommentatoren sahen genauso viel wie der Zuschauer zu Hause, oft dazu noch auf einem kleinen und schlecht funktionierenden Monitor, in den man kaum Farbe bekommen konnte.

»Unsere Geschichten«, sagte Miller den sieben Mann, die ihm gegenüber saßen und ihn dabei amüsiert anschauten, »unsere Geschichten stimmten mal und oft nicht. Wir sahen, was ihr wolltet, dass wir sehen, aber euren Gesprächen zu folgen war nicht möglich. Euch in den Kopf oder in den Körper zu schauen ging nicht, sodass wir uns auf unsere Erfahrung, ein bisschen Menschenkenntnis, das Interpretieren der Körpersprache oder die Intuition verlassen mussten. In dieser Etappe war das außergewöhnlich schwierig, aber sehr fesselnd.«

»Wie, wenn ich fragen darf, sind Sie überhaupt dazu gekommen, über Radrennen zu berichten?«, fragte White.

Miller antwortete: »Weil ich, trotz der vielen Mogeleien und Ungereimtheiten, den Radsport immer als harten und ehrlichen Sport gesehen habe. Ich weiß, dass ihr die Leute manchmal beschummeln könnt, aber die sportliche Spitzenleistung zählt doch immer mehr. Ich genieße Bergetappen, in denen Sportler ihr ganzes Können und ihre ganze Leidenschaft aufbringen müssen. Ich habe früher Bilder von Rennfahrern gemacht, die komplett fertig und kaputt im Ziel ankamen, mit Urin und Scheiße am Bein, mit verdrehten Augen und einem Puls von 200. Eine Stunde später sah man diese Fahrer gewaschen und massiert quietschfidel wieder. Dann saßen sie in ihrem Trainingsanzug in einem kleinen Hotel und tranken ihre Tasse Tee, lasen in ihrer Zeitung oder schwatzten mit Fans.

Das habe ich immer spannend gefunden, und ich muss zugeben, dass ich genau dieses Heroische immer attraktiv finden werde. Man sieht mich nicht bei einem Kirmesrennen in Belgien, und nur ganz selten habe ich bei kleineren Rennen gearbeitet. Die große Maloche hat mich immer angesprochen ... Giro, Tour; die Vuelta vielleicht etwas weniger, aber das resultierte mehr vom Unwissen meinerseits. Einige Klassiker waren großartig: Flandern, Paris–Roubaix, Lombardei. Ich fand Paris–Tours nicht prickelnd, das Amstel Gold Race in unserem Land auch nicht, Lüttich–Bastogne–Lüttich haarscharf an der Grenze. Ich habe mich immer wohl gefühlt in der Nähe der richtigen Heroen der Landstraße; den Wagemutigen, den Beinharten, den Waghalsigen. Schön-Wetter-Fahrer haben mich nie beeindruckt. Ich habe immer an die alte Regel geglaubt: Wer gegen den Wind fahren kann, der ist gut.«

»Das konnte ich nie, das Fahren gegen den verdammten Mistwind«, sagte White mit einem Lachen in der Stimme.

Alle anderen lachten mit.

White rutschte auf seinem Stuhl nach vorn, hob seinen Finger und die anderen lauschten.

»Ich fuhr mein erstes Rennen Gent-Wevelgem … Ich glaube, dass du« – er schaute Van Geneugden an – »damals gewannst. Ich begann vorn in der ersten Gruppe; das war, als wir die Küste verließen und Richtung Kemmel fuhren. Ich verlor den Kontakt mit den Ersten, wehte in no time zur zweiten Gruppe, wurde da weitergereicht und kam schließlich in der siebten Gruppe an. Zusammen mit Spaniern, die schon im Urlaub zu sein schienen, ein paar Franzosen und verzogenen Kirmesjungs aus Belgien sowie einem Kolumbianer habe ich damals das Ziel erreicht. 23 Minuten Rückstand auf den Sieger. Ich werde das niemals vergessen, denn mein Mannschaftsführer sagte nach Ablauf des Rennens, dass er mich nie wieder in Belgien oder den Niederlanden nominieren würde, wenn ich mich wie eine alte Frau aus der Gruppe wehen lassen würde.«

Wieder lachten die anderen.

Miller bat ums Wort und sagte: »Lassen Sie uns zur Etappe zurückgehen. Wir fahren also auf italienischem Hoheitsgebiet und haben drei Führende.« Er drehte sich in Richtung Videorecorder und wollte die Play-Taste drücken. »Einen kleinen Augenblick, bitte«, rief Van Geneugden und stand auf. »Pinkelpause, bitte.« Der Belgier lief zur Tür und Van der Meer rief ihm nach: »Das hast du vor sieben Jahren nicht so schnell gemacht.« Der Belgier stoppte seinen Schritt und drehte sich langsam um. Er schaute Van der Meer gerade in die Augen: »Da hatten wir vor sieben Jahren jemanden, der das für uns regelte, nicht wahr?«

Dazan hüstelte betont laut, und Van der Meer nickte bedächtig. Eine kurze lastende Stille machte sich beinahe ohrenbetäubend im Raum breit.

»Allez, geh pinkeln«, sagte Van der Meer und machte eine Armbewegung in Richtung des Flamen.

»Eins zu null«, sagte Müller etwas zu laut, während er sich ein Bier einschenkte.

»Geheimnisse bleiben eben nie Geheimnisse«, sagte Van der Meer zu Miller, in dem Versuch, die Stille zu durchbrechen.

»Die Erfahrung habe ich auch gemacht«, sagte der Fernsehmann. Er wartete, bis Van Geneugden zurück war, und drückte dann die Play-Taste.

»Ich bin neugierig, wie es jetzt weitergeht«, sagte White.

»In jedem Fall anders, als du damals zu wissen glaubtest«, antwortete Van der Meer.

Chiomonte

Van der Meer saß aufrecht und dachte nach, während er ein beinahe platt gedrücktes Kuchenteilchen aus dem Papier fummelte. Wenn er es jetzt mit den Leuten vorn ruhig angehen ließ, würden Van Geneugden, White und Dutronc den Anschluss schaffen, und dann war sogar das Risiko groß, dass Andersen in Reichweite kommen könnte. Wenn sie voll durchfuhren, würden mehr als dreißig Leute hinten nach Hause fahren müssen – und das würde ihn auf die eine oder andere Art auch schmerzen.

Er rief nach Dazan und fragte den Italiener, wie viele Teamkollegen er im letzten Bus zu haben glaubte. Der Italiener zuckte mit seinen Schultern. Das war ihm spontan völlig egal, aber auf einmal begriff er den Hintergrund der Frage.

»Un problema«, sagte er und schaute Van der Meer an. Die zwei winkten Müller herbei und fragten ihn, ob er irgendeine Vorstellung davon hätte, wie viele aus seiner Mannschaft ganz hinten führen. Der Deutsche sagte, dass er das nicht als Problem sähe; nach Hause oder gerade eben in der Wertung bleiben – das wäre ihm völlig gleichgültig.

In seiner Mannschaft gäbe es so oder so nur Gesindel; niemand fuhr für einen anderen, insofern: Wenn er ein paar Leuten ein frühes Ausscheiden besorgen konnte, umso besser.

Van der Meer guckte den Deutschen an. War der wirklich noch ganz klar im Kopf?

Ein Motorradfahrer der Tour-Organisation näherte sich vorsichtig den drei Fahrern und rief: »Trente secondes pour les trois – dreißig Sekunden für die drei Ersten«. Van der Meer nickte dem Mann zu zum Zeichen, dass er es gehört hatte, aber er war viel interessierter am Rückstand von Andersen.

»Et Andersen – und Andersen?«, rief er in Richtung des Mannes.

Der Motorradfahrer zog seine Schultern hoch; die Zahlen hatte er noch nicht gehört. Er gab Gas und schoss davon.

»Kerl, mach deinen Job richtig«, rief Van der Meer hinterher.

Die drei an der Spitze hatten jetzt gegessen und getrunken und schalteten vorsichtig herauf. Es waren noch dreiundvierzig Kilometer bis zum Ziel – noch eineinhalb Stunden.

Die Straße führte wieder etwas nach unten und Van der Meer schaute sich um. Er sah nur eine leere Straße. Der Abstand mochte dreißig Sekunden betragen, aber wie so häufig am Ende einer Etappe schienen dies schwerwiegende dreißig Sekunden zu sein. Der Lack war ab, und das war schließlich auch nicht unnormal. Sie fuhren nun mehr als sechs Stunden bergauf und bergab, und obwohl das natürlich ihr Job war, hatten auch sie ihre Grenzen. So eine Etappe wie heute war außergewöhnlich, sowohl von der Distanz als auch vom Schwierigkeitsgrad her. Van der Meer konnte sich nicht erinnern, jemals so lange so schnell gefahren zu sein.

Der Wind kam jetzt von schräg rechts vorn, und Van der Meer fand das nicht lustig. Er schaute auf seinen Tacho und sah, dass er das Fünfzehnerritzel jetzt doch nur mit Mühe rund bekam. Wind und Müdigkeit und vielleicht ein langsam ansteigender Weg. Er guckte kurz nach den Gängen, die die anderen beiden fuhren und stellte fest, dass Müller mit einer kleineren Übersetzung fuhr und Dazan auch die 15 beharkte. Bei allen dreien war in der Tat der Saft draußen. Dass sie hier an der Spitze des Rennens fuhren, war einzig und allein ihren Abfahrtskünsten zu verdanken und auch der Tatsache, dass der verflixte Norweger dabei eine Flugrolle gemacht hatte. Andersen wäre ansonsten längst weg gewesen, dass wusste Van der Meer, der jetzt seine Hand hob. Er wollte doch noch mal reden. Jetzt ging es noch. Demnächst, wenn sie in der Nähe von Oulx wären, würde die erneute Plackerei beginnen und dann war jeder Atemzug für den Anstieg nötig.

Aus dem Hintergrund hörte er Hupen, und zu seinem Erstaunen sah er, dass der Wagen von Den Daas, seinem Teamchef, nach vorn schoss.

»Das hast du schnell hingekriegt«, rief Van der Meer und der Altprofi am Steuerrad des großen Fiat lachte ihn an: »So oft habe ich keinen Fahrer in einer Bergetappe auf dem vordersten Platz. Ich habe wie ein Verrückter fahren müssen, um die vierzig Minuten zu überbrücken.«

»Und es ist natürlich schön, deine Visage ins Fernsehen halten zu können«, lachte Van der Meer, der sah, dass der Kameramann, der schräg hinter ihm fuhr, nun den holländischen Teamchef groß ins Bild nahm. Den Daas sah es auch und reagierte perfekt. Er hängte sich etwas aus dem Fenster und machte mit seiner linken Hand eine Bewegung im Sinne von »allez, allez«. So als ob er wüsste, was alles in den vergangenen Stunden passiert war.

Van der Meer steuerte sein Rad neben das Auto und bat um zwei volle Flaschen, die er direkt angereicht bekam.

»Noch etwas anderes?«, fragte der Teamchef.

Van der Meer betrachtete ihn kurz und dachte schnell nach. »Nein«, schüttelte er den Kopf, »ich habe alles, noch eine Krampftablette, einen Muntermacher für den Endspurt und eine Pinkelpille.«

Den Daas lenkte in die Kurve. »Hast du das Gefühl, dass du gewinnen könntest?«, fragte er.

Van der Meer starrte kurz vor sich hin und schüttelte dann den Kopf. »Zu viele Probleme mit meinem linken Oberschenkel. Bergauf kann ich nicht hundert Prozent fahren, wenn der Weg wirklich steil ist.«

»Dann nimm eine Extraportion«, rief Den Daas und wandte sich dem Mannschaftsarzt rechts hinten im Wagen zu.

Van der Meer lenkte sein Rad wieder an den Wagen heran und schaute dem jungen Arzt geradewegs in die Augen: »Du hast doch keinen Zaubertrank bei dir? Man kann vielleicht eine Hockeymannschaft schneller laufen lassen, aber das hier ist eine ganze andere Sache«, warnte er bissig und drehte zur linken Seite der Straße ab.

»He, Tim«, rief Den Daas.

Van der Meer schaute noch einmal nach rechts, aber Gehupe hinter ihm ließ ihn zusammenfahren. Er drehte sich um und sah White in zwanzig Meter Abstand näher kommen.

Allein.

»Gott verdammt, was macht der Scheiß-Yankee hier?«, rief Van der Meer und schaltete um. Dann eben kaputtgehen oder siegen, dachte er, und startete auf der linken Seite der Straße einen Ausreißversuch, mit der Nase voll in den Wind. Dazan schaute ihm erstaunt hinterher, als er bei ihm vorbeirollte, während Müller direkt passte.

White landete erst beim Deutschen und eine Minute später erreichte das Duo Dazan. Die drei durchfuhren eine breite Kurve und sahen dort das kleine Schild »Salbertrand« stehen. Zehn Meter weiter stand Van der Meer mit seinem Vorderrad in der Hand. Platt.

»Asshole – Arschloch!«, rief White im Vorbeifahren. Müller spuckte auf den Boden.

Van der Meer geriet nicht in Panik, bekam sein Reserverad gereicht und war eine Minute später an den dreien dran. Von Van Geneugden und Dutronc keine Spur. Der Weg war hier allerdings kurvig und eng; es konnte gut sein, dass sie dicht hinter der kleinen Spitzengruppe fuhren.

Amsterdam

Stijn Miller lachte über die Bemerkung von Dazan. Der Italiener, gemütlich im Ledersessel ausgestreckt, hatte auf das Bild gezeigt und gerufen, dass den Mann, der dort sein Rad platt gefahren hatte, die Strafe Gottes ereilt hätte.

»Ein normaler Radrennfahrer wäre in diesem Augenblick nicht ausgerissen«, worauf Van der Meer gefragt hatte, wer das meinte. Dazan hatte postwendend geantwortet: »Was hatte das für einen Sinn? Was wolltest du damit erreichen?«

Van der Meer hatte kurz gezögert und dann gesagt: »Ich wollte nicht, dass Van Geneugden und Dutronc dichter herankommen«, worauf Dazan erwiderte: »Dann war Ausreißen wahrscheinlich das Dümmste, was man tun konnte. Wir hätten da doch auch zusammen auf Tempo fahren können.«

Miller nickte und sagte: »Das scheint mir auch so, aber warten Sie. Schauen Sie, was danach passierte.« Er ließ den Videorecorder weiterlaufen, und die acht Männer starrten auf den Bildschirm.

Sie sahen zuerst die Führenden, mit Van der Meer, der den Anschluss gefunden hatte und grimmige Blicke in Richtung Dazan und White warf. Danach kamen der angestrengt führende Dutronc und der ruhig mitfahrende Van Geneugden ins Bild.

Miller sagte: »Der Rückstand dieser beiden beträgt hier noch nicht einmal eine halbe Minute. Aber was niemand wusste war, dass Andersen schon eine weitere Minute seines Rückstandes gut gemacht hatte.«

Der Norweger nickte zustimmend in seinem Sessel und rief, dass er von dem Augenblick an, wo der Tour-Arzt fertig war, der auf seine

Bitte hin seine kaputten Arme mit Jod eingeschmiert hatte, ein angenehmes Prickeln durch seinen Körper ziehen fühlte. »Wisst ihr eigentlich, dass ich ab diesem Moment wieder richtig gut gefahren bin?«, fragte Andersen. Niemand sagte etwas.

Die anderen schauten wieder auf die vier an der Spitze. Man konnte sehen, dass die Straße anstieg. Dazan fuhr vorn, White folgte ihm ganz locker und Van der Meer war ein wenig mit seiner Gangschaltung beschäftigt, so als ob er die richtige Übersetzung nicht finden konnte. Die Kamera zeigte das Zahnrad des Niederländers in Großaufnahme – und verpasste dadurch den Augenblick, in dem Müller die drei ziehen lassen musste.

Kurz danach machte die Kamera einen Schwenk, und man sah den Deutschen in zehn Metern Abstand kämpfen. Er machte eine Handbewegung. Miller hielt das Bild kurz an und fragte, was Müller damit bezweckte.

Der Deutsche schaute sich um und lachte, beinahe dämlich: »Das weiß ich nicht mehr genau. Ich fühlte, dass mein Akku allmählich leer lief, und ich glaube, dass ich ihnen zum Abschied winkte. Es ging wieder bergauf, also ...«

Van der Meer unterbrach den Mann, der neben ihm saß: »Ich habe das an jenem Tag nie gut erkennen können, aber lag es an deiner Gangschaltung oder hattest du ganz einfach keine guten Beine mehr? Du bist als der Beste heruntergefahren, und auf den Flachstücken ging es doch auch ganz normal?« Müller nickte: »Ich fuhr ziemlich gut, aber ich bekam die kleinen Gänge nie ganz rund. Das habe ich während meiner gesamten Laufbahn nie richtig hingekriegt, das war schon in meiner Jugendzeit so. Vergesst nicht, dass wir in der DDR mit den großen Übersetzungen groß geworden sind. Als ich siebzehn war, fuhr ich meine Wettkämpfe schon mit dem 12er- und 13er-Ritzel. Nach Auffassung meiner Trainer war das die einzige Art und Weise, um überhaupt fürs Vaterland zu gewinnen. Wir wurden ausgebildet, um während der WM die 100 Kilometer auf der Straße zu gewinnen. Ich weiß noch genau, dass unsere Trainer allesamt darauf hinarbeiteten. Das war gut für den Sport, für die

DDR und für uns selbst ... So konnten wir beweisen, dass wir es als Vier-Mann-Team mit der Welt aufnehmen konnten. Wenn man in so eine Auswahlmannschaft kam, hatte man es geschafft. Trainingscamps in Russland und Bulgarien, und ich bin wohl sechsmal nach Kuba gefahren, um dort zu überwintern und gut in Form zu kommen für die europäische Saison. Ich habe es nie gelernt, mit einer kleinen Übersetzung zu fahren. Ich habe es mir später selbst beigebracht, aber ich konnte es einfach nicht gut genug. Ich weiß wohl, dass es eine besondere Auswahl in der DDR gab mit Fahrern, die Bergfahrer-Qualitäten hatten. Diese Jungs fuhren die Rennen in Jugoslawien, Italien, manchmal in der Schweiz, und sie trainierten irgendwo in einem Camp in den Karpaten. Diese Fahrer sahen wir nie. Es war fast so, als ob sie von einem anderen Stern waren.«

Die anderen hatten dem Deutschen interessiert zugehört. Van Geneugden fragte: »Wurdet ihr in den Trainingslagern tatsächlich voll gestopft mit Muskelaufbaupräparaten, wie man immer im Westen behauptete?«

Müller zuckte mit seinen Schultern: »Ach, voll gestopft. Was heißt das? Wir bekamen Spritzen ... oft und viel, und es wurde gesagt, dass es sich um Zucker, Glukose, Vitamine und Eisen handele – Substanzen, die unsere Körper nötig hätten. In Leipzig trainierten wir wohl in Hochdruckkammern, vor allem dann, wenn Olympische Spiele oder Weltmeisterschaften anstanden. Ich muss euch ehrlich sagen, dass ich nie richtig aufgepasst habe, was diese Ärzte mit uns alles gemacht haben. Irgendwann einmal kam ein Mann vom Radsportbund, der erklärte, dass wir große Radrennfahrer werden könnten und dass wir die Stärke des Sportsystems der DDR in die Welt hinaustragen könnten. Dass sogar die Parteiführer unsere Ergebnisse genau verfolgten und dass wir uns keine Sorgen machen müssten, was da alles mit uns passierte. Es wurde behauptet, dass unsere Ärzte die besten der Welt wären, und wir glaubten das alles. Und ehrlich gesagt, machte es mir auch nicht so viel aus, was man uns verabreichte – wenn ich nur Rennen fahren und gewinnen konnte. Vergesst nicht, dass ich als Zwanzigjähriger in Erfurt schon einen Mercedes fuhr – wer konnte mir das nachmachen? Wenn ich nur für drei Monate nach Kuba durfte, wenn ich nur die Regio-Tour fahren konnte oder die Woche in der Bretagne. Ich hasste Warschau-Berlin-Prag, die sogenannte Tour de France für Staatsamateure. Das war für uns das schlimmste Rennen. Für jeden einzelnen Tag wurde bestimmt, wer ausreißen durfte und wer gewinnen sollte. Wenn die Russen angriffen, musste ich jedes Mal mit. Wenn die Polen antraten, mussten Hauptmann und Klier mit, so war es von oben bestimmt und so lief es beinahe immer. Ich erinnere mich noch an eine Weltmeisterschaft ... Ich weiß, dass du« – er zeigte auf Dazan – »da in Chambéry nach vorn kamst. Du warst ein schöner, junger Fahrer aus dem aus unserer Sicht reichen und mächtigen Italien. Wir schickten dir damals Huppner hinterher, kannst du dich daran noch erinnern?«

Dazan runzelte die Stirn, versuchte sich an das Rennen zu erinnern: »Ich weiß nur, dass da ein graues Trikot mit mir mit kam. Was war da Besonderes?«

Müller lachte: »Unsere Organisation ging so weit, dass Huppner nichts anderes tun musste, als dir zu folgen und dich kaputt zu kriegen. Du hattest damals einen Namen, und unsere Chefs hatten uns alle mit dieser Art von Aufträgen an den Start gebracht. Manchmal wurde man verrückt davon, aber häufig ging so was auch gut.«

»Diese Art zu fahren hattest du aber in dieser Tour schon hinter dir gelassen?« fragte White, und der Deutsche nickte. »Sicher. Ich lernte schnell eure Tricks.« Die anderen nickten dazu; das hatten sie gemerkt.

Kurze Zeit blieb es still im Raum. Miller bat danach wieder um ihre Aufmerksamkeit und berichtete, dass er etwa zehn Minuten des Rennens herausgeschnitten hätte und nun weitermachte ab dem Moment, in dem der Gastgeber dieses Wochenendes Probleme bekommen hätte. Er drückte auf den Startknopf, und der Bildschirm zeigte Van der Meer, der langsam zurückblieb. Die Kamera schwenkte nach vorn, wo sich Dazan an White festklammerte. Der Amerikaner fuhr mit den Händen locker auf dem Oberlenker,

Dazan wackelte hin und her. Es gab einen Kamerawechsel, und man sah, dass Dutronc allein den stark schwitzenden Müller überholte. Die Kamera folgte dem Franzosen, der in rundem Tritt die Steigung anging.

Miller fragte: »Warum lief es bei Ihnen auf einmal so gut?«, und Dutronc antwortete nach einer kurzen Pause: »Ich hatte gut gegessen und getrunken und war nicht nervös geworden. Meine Einschätzung war immer die gewesen, dass Dazan, Müller und Van der Meer schwächere Bergfahrer waren – und darauf spekulierte ich.«

Die acht Männer sahen wieder auf den Bildschirm, wo Dutronc beinahe schon das Hinterrad von Van der Meer hatte und ihn dann, vielleicht nach zwanzig an seinem Hinterrad gefahrenen Sekunden, überholte. Van der Meer musste lachen, weil es so aussah, als ob er – im Vergleich zum Franzosen – stehen blieb.

»Was hast du da nachgelegt? Das ist doch nicht das Fahren nach beinahe sieben Stunden Rennen?«

Dutronc verzog das Gesicht und schaute sich in der Runde um: »Etwas für den Endspurt, mehr nicht. Ich bin damit immer sehr vorsichtig gewesen. Mein Teamchef hatte es mir angeboten, außerhalb der Kameras natürlich. Ich hatte schon mal so eins während des Giro genommen, und das hatte mir damals sehr gut getan. Nein, im Übrigen schaffte ich Berge auch ohne, vergesst nicht …« Er hielt kurz inne. Er war nie ein Angeber gewesen und eigentlich wollte er nur sagen, dass er immer ein guter Bergfahrer gewesen war. »Vergesst nicht, dass ich immer ganz gut in den Anstiegen war«, sagte er.

»Ca se voit – da sieht man«, sagte Miller, der wieder auf das Fernsehgerät zeigte.

In diesem Augenblick erreichte Dutronc das Hinterrad von White, während Dazan zurückfiel.

»Das war der Augenblick, in dem ich dachte, die Tour gewinnen zu können«, sagte der Amerikaner, und Andersen fragte: »Was war die Grundlage dafür?«

Der Amerikaner sah den Norweger an und wartete kurz: »Weiß ich eigentlich nicht. Ich wollte nur von Van der Meer erlöst sein. Alle anderen konnten mir nichts anhaben, so hatte ich es mir ausgerechnet. Ich war sowieso ein besserer Zeitfahrer als Dutronc und auch als Andersen, wenn der noch zurückkommen sollte. Und die anderen waren schlechter am Berg … Müller würde sogar noch verlieren. So that's why.«

Miller fragte alle: »Hat jemand in dieser Situation des Rennens noch mit Andersen gerechnet?«

Es folgte eine sekundenlange Stille. Dann sagte der Norweger: »Ja, ich selbst, aber dann fühlte ich allmählich, dass das Rad, mit dem ich fuhr, nicht gut eingestellt war, und ich begann zu zweifeln. Man hat dann ein zweites Reserverad für mich im Wagen vorbereitet, aber ich habe wahrscheinlich gerade ein wenig zu viel rauslassen müssen in den ersten Kilometern des Anstiegs. Ich weiß wohl noch, dass ich dann stehen geblieben bin, mein Sattel war einfach zu niedrig, um gut den Berg hinauffahren zu können. Das habe ich gemacht, bis sie mein Fahrrad klar hatten.«

Das Bild war jetzt zu sehen, aus der Luft per Hubschrauber-Kamera, denn der Norweger hatte kein Motorrad mit Kamera in seiner Nähe. Die Zuschauer konnten sehen, wie Andersen wieder vom Fahrrad musste und eine Karre erhielt, mit der er besser zurecht kommen sollte. Sein Rückstand zu den beiden Führenden war auf drei Minuten vierzig Sekunden geschmolzen, sagte Miller.

»Unglaublich«, rief der Norweger in seinem Sessel und fügte dann wie selbstverständlich hinzu: »Und das absolut sauber!«

»Ja, und du glaubst das«, polterte Van Geneugden zurück.

Der Norweger nickte voller Überzeugung: »Ich glaube das tatsächlich. Ich konnte das. Besser als irgendjemand sonst wusste ich, dass sauberes Fahren ganz gut möglich ist. Nicht immer, nicht in jedem Rennen, aber ich fuhr bei diesem Rennen sauber. Darauf verwette ich alles … Ich habe natürlich keinen Beweis, aber nehmt mein Ehrenwort.«

»Hmmm«, sagte Dazan, und Van der Meer zog kurz seine Schultern hoch. Wenn er es selbst sagte … und dann auch noch mit so viel Überzeugung.

Miller schaute die Männer an: »Kurze Pinkelpause, schlage ich vor, bevor wir auf die Schlusskilometer gehen.«

Vier Mann verließen das Zimmer. Van der Meer blieb in seinem Sessel sitzen. Trotz der beeindruckenden Arbeit des TV-Mannes dachte er schon an den weiteren Verlauf des Abends. Wie würde es mit den Damen laufen? Würde das gut ankommen?

Oulx

Van der Meer hörte Gehupe hinter sich und schaute über seine linke Schulter zurück. Er fand, dass sie ihn in Ruhe lassen sollten. Er war dabei fürchterlich zurückzufallen, und er wusste, dass er die Etappe ganz bestimmt nicht mehr gewinnen konnte und dass er im Hinblick auf den Gesamtsieg in dieser Tour wahrscheinlich zwei oder drei Minuten zu viel bei diesem Anstieg verlieren würde. Hinzu kam, dass die Krampfschmerzen zurückgekehrt waren, vor allem auf der Rückseite seines linken Oberschenkels; das war in seiner gesamten Laufbahn immer seine Schwachstelle bei Bergetappen gewesen.

Zu seinem Erstaunen war es nicht der Wagen von Den Daas, der sich ihm langsam näherte, sondern das Auto des Teamchefs Schulz. Was wollte der hier? War Müller denn schon so dicht hinter ihm? Fuhr er nun so erbärmlich, dass der blöde Deutsche näher kam?

Sehr schnell, präzise ausgesprochen und deshalb deutlich hörte Van der Meer die Worte aus dem Mund von Schulz kommen: »Wenn du ihm jetzt noch helfen kannst ... bitte schön. Fünfzig Prozent der Siegprämie in Paris.« Mehr nicht. Der Teamchef gab Gas und fuhr fünfzig Meter weiter in die Böschung.

Der deutsche Ex-Radrennfahrer stieg aus und pinkelte gegen einen Baum. Auf diese Weise schien seine Aktion völlig normal. Er war, so wie es viele Teamchefs bei Bedarf machten, ganz kurz für einen sanitären Zwischenstopp seinen Fahrern vorausgeeilt, sodass er sich danach wieder hinten anschließen konnte. Niemand der Nachfolgenden hatte bemerkt, dass Schulz kurz eingehalten hatte. Niemand, außer dem Mechaniker auf dem Rücksitz und einem unbekannten Mann – wahrscheinlich jemand vom Unternehmen – vorn.

Van der Meer versuchte klar zu denken. Was hatte dieser Deutsche nun genau gerufen? Fünfzig Prozent der Siegprämie? Er spürte seinen Herzschlag steigen und schaute auf sein Messgerät. Er fuhr schon in Richtung 190; er musste also aufpassen. Das bedeutete … Van der Meer setzte sich kurz aufrecht und zischte … Das bedeutet ungefähr vierhunderttausend. Jesus!

Van der Meer schaute sich um und sah nichts. Eine schöne leere Straße, aber er konnte auch nur siebzig Meter überblicken. Wie standen die Dinge denn zur Zeit?

Er versuchte einen Überblick zu bekommen und holte sein Kärtchen aus der Gesäßtasche. Im Fahren versuchte er einzuschätzen, wie weit Oulx vom Ziel entfernt war. Er tippte auf zwanzig Kilometer. Vor ihm fuhren Dutronc, White und Dazan. Van Geneugden hatte er schon eine ganze Weile nicht mehr gesehen; der Belgier hatte sicher einfach nur Angst, unter die ersten drei bei dieser Etappe zu fahren. Wieder drehte er sich um und wieder sah er nichts; dabei war er sich doch sicher, dass Müller hinter ihm fuhr, und vor dem Hintergrund der Aktion von Schulz konnte er nicht allzu weit hinter ihm sein. Von Andersen wusste er gar nichts und das irritierte ihn.

»Okay«, sagte er zu sich selbst, »du fährst auf dem vierten Platz, aber Gewinnen liegt vorläufig nicht mehr drin.« Und kurz danach, beinahe lächelnd: Dann versuch doch etwas zu verdienen, Kerl. Nützt es nichts, dann schadet es auf den letzten dreckigen zwanzig Kilometern auch nicht mehr.

Fünf Minuten später hörte er wieder Gehupe und sah über seine Schulter hinweg, wie der Deutsche sich langsam an sein Hinterrad heranarbeitete. Van der Meer machte Tempo, hatte einen großen Gang aufgelegt und zischelte Müller zu: »Leg verdammt noch mal endlich einen größeren Gang auf … sonst kannst du nicht fahren. So kommst du niemals nach oben!«

Müller schaltete vorsichtig höher und hielt sich am Hinterrad von Van der Meer. Ohne irgendetwas zu sagen, strampelte er ein anständiges Tempo mit. Der Holländer schaute sich nicht um, gab aber nach ungefähr zwei Minuten mit einer Bewegung seines linken Ellbogens zu verstehen, dass der Deutsche nun übernehmen sollte.

Müller schnappte laut nach Atem, als er neben Van der Meer fuhr. Ganz kurz hatten sie Augenkontakt. Van der Meer fragte sich, ob Müller durch seinen Teamchef eingeweiht worden war. Kannte er das Angebot? Und hatte er die Kraft, dieses Tempo noch zwanzig Kilometer durchzuhalten? Van der Meer wusste, dass jeder Profi-Fahrer gut am Hinterrad eines anderen fahren konnte, aber bergauf galt diese Regel nicht. Da fuhr jeder für sich, und die kleinste Temposteigerung des einen war manchmal schon tödlich für den anderen. Wie weit durfte er mit diesem Mof hinter sich gehen? Van der Meer trat weiter, passierte den Deutschen abermals und fragte schnell: »Wie geht's?« Er schaute zur Seite und sah das fürchterlich schwitzende Haupt nicken.

Müller wusste also, was die Stunde geschlagen hatte. Er musste dieses Hinterrad halten und hundert Tode sterben und dann gucken, wie groß sein Rückstand im Ziel war.

Van der Meer suchte die Straße vor sich ab und sah die Konturen eines Teamautos. Das musste das von Den Daas sein. Er wollte trinken und hörte von seinem Teamchef, dass über das Tour-Radio gerade bekannt gegeben worden war, dass immer noch von den Wagen aus verpflegt werden durfte. Die Jury wollte menschlich sein; angesichts der Länge der Etappe und der Hitze auf den zwei letzten Bergen hatte man diesen Beschluss gefasst.

»Herzlichen Dank, Jury«, rief er ins Auto hinein und packte zwei volle Dosen. »Wasser?« fragte er. Den Daas nickte: »Eine mit Wasser, die andere mit Cola-plus.« »Was habt ihr in Gottes Namen mit mir vor?«

Den Daas blieb noch kurz neben dem Fahrer: »Weißt du eigentlich, in welcher Position du liegst? Du kannst immer noch die Tour de France gewinnen, aber das scheinst du nicht zu realisieren. Du fährst hier nett an der Spitze mit dem Deutschen im Schlepptau, aber du musst einfach mal gut nachdenken. Es kommen noch vier Mann für den Gesamtsieg in Frage, habe ich gerade ausgerechnet. Du bist, Gott verdammt noch mal, einer davon … Du musst jetzt wirklich etwas bringen, sonst sind die Leute vorn definitiv weg und du kannst den Zeitunterschied in der nächsten Woche niemals wiedergutmachen. Deshalb die kleine Cola. Begreifst du es jetzt? Kerl, du kannst das wichtigste Radrennen der Welt gewinnen. Jetzt musst du dich trauen, auf Risiko zu fahren. Du kannst doch als Vierter durchs Ziel gehen, aber bis kurz unterhalb des höchsten Punktes Tempo machen!«

»Oh, ja? Fühlst du meine Beine?«, erwiderte Van der Meer giftig.

Den Daas ließ den Wagen langsam zurückrollen. Schließlich rief er: »Wenn du dich weiter zurückfallen lässt, begegnest du dem Norweger. Der klettert allerdings, um die Tour zu gewinnen.«

Der Nachdruck, mit dem sein Teamchef das Wort »der« aussprach, veranlasste Van der Meer sich umzudrehen.

»Flegel«, zischte er durch seine Zähne.

Die ganze Zeit hatte Müller am Hinterrad von Van der Meer gehangen.

»Alles verstanden?«, fragte Van der Meer.

Der Deutsche hatte nur genickt. Er sackte zusammen wie ein sterbender Bär.

Auf der rechten Seite überholte ein Wagen von der Organisation. Der Fahrer hing halb aus dem Fenster: »Encore dix-sept kilomètres. Allez, allez – noch siebzehn Kilometer, auf geht's!«, sagte er mit freundlicher Stimme und fuhr langsam weiter. Nach hundert Metern wiederholte er das. Jetzt neben Dazan.

Die Führenden fuhren durch das winzige Dörfchen Solomiac. Es war immer noch heiß auf dem immer staubiger werdenden Weg.

Amsterdam

Stijn Miller hatte den Nerv seiner Zuschauer gut getroffen. Mit Sorgfalt hatte er das Video zusammenschneiden lassen. Er wusste, dass die spannendsten Momente jetzt folgen würden. »Achtung«, sagte er und wies auf den Bildschirm. White und Dutronc fuhren Seite an Seite, und über die Kamera im Hubschrauber wurde der Abstand zu den nachfolgenden Fahrern gezeigt. Dazan fuhr allein auf der dritten Position, mit einem Abstand von fünf- bis sechshundert Metern, dahinter fing die Kamera Van der Meer und Müller ein; danach wiederum kam ein ordentliches Stück leerer Straße, und es wurde deutlich, dass Van Geneugden beängstigend allein fuhr, nur gefolgt von seinem eigenen Teamchef. Der Hubschrauberpilot flog wunderschön am Bergrand links von ihm entlang, sodass die S 24 andauernd unter ihm blieb. Der Norweger hatte nur noch ein paar hundert Meter Rückstand auf Van Geneugden. Hinter Andersen fuhren ungefähr zehn Autos und ein Pulk von Motorrädern. Lag der Höhepunkt der Etappe hier, bei diesem tapferen Norweger, der über alle Schmerzgrenzen hinweg kurbelte und einen Rückstand von mehr als sechs Minuten in heldenhafter Manier zusammenfuhr ?

Miller schaute auf sein kleines Publikum, ließ das Video weiterlaufen und sagte: »Das nächste Bild ist am Fuß des echten Anstiegs aufgenommen worden.«

Der Kameramann holte das Schild »Casena Torinese« deutlich ins Bild, und danach sah man die sich unruhig hin- und herbewegenden Gestalten von Dutronc und White. »Hier habt ihr fast eine Minute vor den dreien hinter euch.«

Dazan zeigte aufs Bild: »Schaut euch all die Menschen an. Was für ein unwahrscheinlicher Enthusiasmus. Es ist zwar nicht der Giro, aber meine Landsleute wissen auf jeden Fall, was Anfeuern bedeutet.«

Die Kamera blieb auf die beiden Führenden gerichtet. Dutronc hatte zumeist die Führung und fuhr in rhythmischen Bewegungen hoch. White klammerte sich mehr oder weniger an ihn, stellte sich in die Pedale und setzte sich wieder und bekam keinen Rhythmus mehr in seinen Fahrstil.

»Fuhrst du mit oder ohne?«, wollte Dutronc wissen.

Der Amerikaner musste wegen der Betonung des Franzosen lachen. »Nein, ich hatte wohl etwas dabei. Nach hundert Kilometern ungefähr, ein östliches Produkt, das mein Helfer mir mitgegeben hatte. Es wirkt so wie die früheren Amphetamine, hatte er gesagt: schnell und gut. Ich hatte drei dieser Kapseln dabei. Ich wusste wohl, dass bei den Benutzern Unsicherheit darüber bestand, ob es nachzuweisen war. So wie viele dieser Produkte aus Asien war es erst seit kurzem auf dem Markt. Wir nahmen es in der Mannschaft, und es gab noch einen französischen Arzt, der darauf schwor, aber die Unwägbarkeit lag in der Nachweisbarkeit. Mein Betreuer sagte immer, dass es aus den gemahlenen Hoden eines Waschbären bestehe, gemischt mit Pollen und etwas Synthetischem, wovon ich den Namen nicht kannte. Es wirkte viel stärker als eine tüchtige Dosis Stimul, sagte derselbe Betreuer.«

Miller zeigte zum Bildschirm, wo Dazan gerade bis zum Duo Van der Meer-Müller zurückgefallen war, und wo Andersen, von oben gesehen, beinahe Van Geneugden eingeholt hatte. Miller ergänzte, dass vor sieben Jahren das Tour-Radio in genau diesem Moment bekannt machte, dass die letzten Fahrer die Abfahrt vom Cenis begonnen hatten.

»Was für ein Schlachtfeld«, sagte Van der Meer.

Er wusste nur allzu gut um die Ausmaße des Schlachtfeldes, weil er später, nach der Etappe, als er schon in seinem Hotel war, begriff, dass die letzten drei Fahrer mit mehr als einer Stunde Abstand auf die

Siegerzeit endeten. Zwei von ihnen waren seine Mannschaftsgefährten gewesen. Sie hatten am Abend die Koffer gepackt und, ohne etwas zu sagen, in aller Stille mitgegessen. Keiner von ihnen hatte ein Wort mit Van der Meer gewechselt.

Miller bat nochmals um Aufmerksamkeit. White hatte alle Mühe, das Hinterrad von Dutronc zu halten. Der Amerikaner hatte schon mehrfach probiert, zurückzuschalten, fand aber immer noch nicht den runden Tritt und suchte deshalb nach seinem alten Gang, mit dem er den ganzen Tag die steilsten Anstiege geschafft hatte.

»Hier bin ich nicht mehr allzu gut drauf«, sagte er, während er mit großen Augen auf den Bildschirm starrte.

Dutronc saß mit zusammengekniffenen Augen und schaute ebenfalls fasziniert zu. »Ich im Prinzip auch nicht mehr, aber der Gedanke, dass ich diese große, vielleicht sogar historische Etappe gewinnen konnte, gab mir die Extra-Kraft, die ich nötig hatte.«

»Niemals an den Gesamtsieg gedacht?«, fragte Miller. Alle anderen blickten nun auf den Franzosen. Er schaute sich um in der Runde und schüttelte den Kopf: »Nein, vielleicht ziemlich naiv, aber ich war so guter Dinge mit diesem Etappensieg, dass ich nicht viel weiter dachte. Ganz kurz, mitten während der Etappe, hatte ich mich gefragt, ob wir wohl alle im Gesamtklassement dicht beieinander lagen. Ich hatte etwas Zeit auf dem Weg nach Valkenburg verloren, und es war mir so, als ob auch Andersen damals mit mir fuhr. Das war die Etappe, die in Brüssel gestartet worden war.«

Andersen nickte und sagte: »Stimmt, ich hatte dabei auch eine Minute oder so verloren. In Saint-Servais hatte ich wohl wieder etwas davon gutgemacht, aber ich lag hinten. Ich stand auch erst an fünfundzwanzigster Stelle im Klassement an diesem Morgen. »Und Sie?«, fragte Miller höflich mit Blick auf White.

Der Amerikaner zog seine Schultern nach oben: »Ich hatte etwa drei Minuten Rückstand auf das Gelbe Trikot mit Josselin, das wusste ich sicher, und ich vermutete, dass Van der Meer der am höchsten platzierte Fahrer von uns allen war.« Dutronc bestätigte dies: »Da war ich auch von überzeugt. Dazan konnte und durfte vielleicht zurückkommen und mitarbeiten, aber Van der Meer wollten wir vorn loswerden, und wir wollten ihn am liebsten gar nicht mehr wiedersehen, zumal er gehörig schnell im Sprint sein konnte, sogar bei Bergetappen.«

Van der Meer lachte laut und sagte: »Ich habe während der Etappe nicht einen Augenblick darüber nachgedacht, dass ich der am besten platzierte Fahrer war. Ich bin nur mit dem Gedanken gefahren, dass die Tour im Zeitfahren nach Blois gewonnen werden würde und dass man hier also dicht beim Sieger bleiben müsste ... wer das auch sein würde.«

Miller sagte: »Also zum Finale«, und unter den Anwesenden machte sich eine knisternde Spannung breit.

White hatte den Startschuss zum Endspurt gegeben. In einem Alles-oder-nichts-Versuch war er angetreten, aber mehr als fünfzehn Meter hatte er nicht geschafft. White fuhr an der Innenseite der Steigung, dicht an der Felswand entlang. Dutronc folgte auf der anderen Seite der Straße, dicht an den Absperrungen. Minutenlang blieb der Franzose hinter dem Amerikaner, und danach sah man aus der Luft Andersen, der Van Geneugden locker überholt hatte und nun zur Gruppe Van der Meer-Dazan-Müller aufschloss.

Am Schild »Sestriere – Chamolass-du-Col« lag White immer noch leicht vorn, aber Dutronc begann seine starken Beine wieder zu finden. Ab diesem Dorf lag die Schwerstarbeit hinter ihnen. Bis zum Ziel waren es noch dreieinhalb Kilometer, und man konnte volle Pulle fahren. Dutronc ließ kurz danach White ganz locker stehen.

»Schauen Sie, das fällt auf«, sagte Miller, und er zeigte auf ein Bild in Zeitlupe. Das Trio hinter den Führenden schien noch immer zusammen zu sein. Van der Meer fuhr an der Spitze, Müller an seinem Hinterrad, und dahinter quälte sich Dazan ab. Die Zeit unten am Bildschirm zeigte die Differenz: eine Minute und zwanzig Sekunden.

Dazan verzog das Gesicht: »Jesus, Van der Meer, wie lange hast du bloß Führungsarbeit geleistet? Wenn man noch so gut fährt, so wie du das hier hast sehen lassen, warum bist du dann nicht eher mit White und Dutronc mitgefahren? Mann, guck doch mal, was du hier an Tempo vorlegst. Selbst in Zeitlupe ist das viel zu schnell für uns.«

Van der Meer lachte. Als er es jetzt selbst wiedersah, bekam er ein komisches Gefühl in seiner Magengegend. Hätte er tatsächlich selbst siegen können?

Miller schien seine Gedanken zu erahnen: »Hast du da noch ans Gewinnen gedacht?«

Van der Meer schüttelte seinen Kopf: »Damals nicht. Aber wenn ich das jetzt alles so sehe, zweifle ich.«

Dazan unterbrach: »Andere Interessen wahrscheinlich?«

Niemand im Raum sagte etwas. Alle schauten auf Van der Meer.

Müller tat so, als ob er das Zeitlupenbild der drei vorauseilenden Fahrer studierte und sagte nichts. Er schaute nicht einmal in Richtung des Gastgebers.

Er betrachtete die Bilder, als ob sie neu für ihn wären.

Sestriere

Van der Meer spürte, dass seine Lungen zu platzen drohten. Er hatte die vergangenen zehn Minuten voll vorn gefahren und einen fluchenden Deutschen und einen erstaunten Italiener hinter sich gefühlt. Auf einem kleinen flachen Teilstück hielt er kurz inne und machte deutlich, dass ein anderer Führungsarbeit übernehmen sollte. Dazan tat das, und Van der Meer rief nach einem Auto.

»Wie viel haben wir Vorsprung vor Andersen?«, rief er Den Daas zu, der hinter ihm auftauchte.

Sein Teamchef zuckte mit den Schultern: »Warum willst du das wissen? Frag mich doch mal, wie viel du hinter den Führenden zurückliegst, verdammt. Und ich weiß es übrigens auch nicht!«

»Dann frag' doch einen Motorradfahrer«, blaffte Van der Meer zurück.

Den Daas wurde langsamer und hielt mit seinem Wagen kurz an der Seite der Straße. Eine halbe Minute später war er bereits zurück. »Nur noch dreißig Sekunden hinter euch«, rief er mit sich überschlagender Stimme.

Van der Meer rechnete schnell nach. Müller musste diesen Vorsprung sicher halten, denn vielleicht würde Andersen in den nächsten Tagen in den Bergen noch einmal zum Angriff blasen. Er wusste, dass der Norweger in der Gesamtwertung tatsächlich nur einen kleinen Rückstand hatte, und schätzte, dass der Deutsche beim Zeitfahren nach Blois wahrscheinlich knappe vier Minuten schneller sein könnte als Andersen, zwei Minuten besser als White und sechs Minuten schneller als Dutronc. Ganz kurz schoss es ihm durch den Kopf, dass er, wenn es darauf ankommen würde, nur ziemlich wenig für den Deutschen tun musste, aber dieser salbungsvolle Gedanke machte jetzt überhaupt keinen Sinn mehr. Jetzt musste nur noch schnell durchgefahren werden. Der Deal lag auf dem heißen Asphalt vor ihm.

Dutronc hatte nun ungefähr sechzig Meter Vorsprung vor White. Der Amerikaner fuhr vollkommen unkontrolliert, rollte achselzuckend über die Straße und konnte nicht mehr gewinnen. Er war so ziemlich über den gesamten Anstieg hinweg im roten Bereich gefahren – und das spürte er nun. Seine Beine blockierten, und ganz schnell hatte er zurückgeschaltet, um mit einem kinderleichten Gang auf den letzten Kilometer zu gehen.

Dutronc dagegen hatte noch etwas in den Beinen und vergrößerte seinen Vorsprung: siebzig, achtzig, hundertundzehn Meter.

Tour-Chef Duprez schaute aus dem Dach seines Wagens hervor und sah sich den prächtigen Etappensieg seines Landsmannes an. Was hinter dem Franzosen passierte, wusste auch er nicht. Einerseits hatte er nur ein Auge für seinen siegreichen Landsmann, andererseits gab es kaum noch Radioverbindung mit den anderen Wagen.

So entging es allen, dass Andersen schon auf zehn Sekunden Abstand an die drei Verfolger herangekommen war und in einem langen Rutsch an ihnen vorbeizusprinten schien, als ein Reifenschaden ihn zum Stehen brachte.

Amsterdam

Die acht Männer sogen die Bilder in sich auf. Obwohl die meisten von ihnen diese Aufnahmen in den vergangenen Jahren mehrere Male wiedergesehen hatten und alle den Ausgang kannten, schauten sie gebannt auf das Gerät.

Der französische Regisseur hatte sich entscheiden müssen. Rasend schnell hatte er zweimal zwischen dem Spitzenreiter und dem total durchhängenden White hin- und hergeschaltet. Aber als auf einmal Andersen dicht hinter den drei Verfolgern auftauchte, wechselte er auch zu diesem Bild. Er hatte das Glück auf seiner Seite, denn genau in dem Augenblick, in dem Andersen den Anschluss bekam, machte er einen heftigen Schwenk an Van der Meer vorbei an die Spitze der kleinen Gruppe, und man konnte sehen, dass der Norweger sein Rad platt gefahren hatte. Andersen setzte sich aufrecht, hob seine Hand, schrie etwas, aber der Regisseur entschied sich kurzfristig für den allein vorn fahrenden Dutronc und kehrte erst dann mit Bildern vom Norweger zurück. Die Dramatik war riesig. Andersen schmiss sein Fahrrad weg, und das gelbe Gefährt rasselte fünf Meter über die Straße.

Die Männer im Raum sahen den Norweger an, der ganz in seinem Sessel versunken war. Wie war das möglich?

Andersen nickte langsam den anderen zu, während Miller das Videoband kurz anhielt und sagte dann: »Es gibt eben echtes Pech. Mein Sturz war kein Pech, muss man sagen. Aber das hier war Pech, und es brach mir das Genick. Ich hatte natürlich vorher den Gedanken, mit einem lang gezogenen Spurt doch noch zu den Ersten aufzuschließen. Ich fühlte in diesem Augenblick meine Beine überhaupt nicht mehr, ich fuhr niemals in meinem Leben besser. Bis zu diesem Platten …«

Miller ließ das Videoband weiterlaufen. Dutronc näherte sich dem Ziel und drehte sich dabei um. Miller konnte es sich nicht verkneifen zu sagen: »Vielleicht hätten Sie das besser nicht machen sollen: Es war doch nur noch eine Sache von Sekunden und …«

Dutronc antwortete schnell: »Ich war nur glücklich über meinen Etappensieg. Ich dachte damals nicht an weitergehende Dinge. Das sieht man doch.«

Das Fernsehbild zeigte einen freudestrahlenden Franzosen, der sich aufrecht in den Sattel setzte und sein Trikot zurechtzupfte.

Unten im Bild erschienen Ziffern. Die gefahrene Zeit: 7.44.51 und darunter die Durchschnittsgeschwindigkeit des Siegers: 32 Kilometer und 849 Meter pro Stunde. Van der Meer zählte, so wie er es häufig tat, ganz schnell die Ziffern zusammen. Es hatte als Gag angefangen, aber inzwischen war es eine Macke von ihm. »Zusammen siebenundvierzig«, sagte er sich selbst: »Das konnte ja auch beinahe nicht anders sein. Eine glänzende Zahl.«

Dutronc rollte aus und ließ sich glücklich in die Arme seines französischen Betreuers und von drei übereifrigen Tour-Helfern fallen. Die sollten den Etappensieger sicher abfangen und vor aufdringlichen Journalisten schützen, die wie immer direkt ihre dummen Fragen auf den Sportler loslassen wollten. »Was fühlten Sie, als Sie durchs Ziel rollten?« Oder: »Waren Sie nicht erstaunt, als Sie allein die Führung übernahmen?« Oder, noch besser: »Sind Sie glücklich?« Die drei Tour-Helfer mussten den Etappensieger zum Treppchen lotsen und machten das mit so viel Engagement, dass Dutronc beinahe platt gedrückt wurde, böse um sich schlug und deutlich hörbar schrie: »Merde alors!«

Die Kamera nahm den kaputten White auf, der beinahe in Schrittgeschwindigkeit mit einem Rückstand von 29 Sekunden über den Zielstrich kam und unmittelbar nach rechts auf die Seite gegen eine Absperrung fiel. Polizeibeamte eilten zu Hilfe. Das Bild wurde ganz kurz chaotisch und schlecht. Es folgte eine Störung und danach ein Kameraschwenk, und dann schaltete man um auf das Menschenknäuel um Dutronc: Der Regisseur hatte nun den Faden verloren. Sollte er sich für das Rennen oder für die große französische Jubelarie entscheiden?

Wieder gab es ein grässliches Störungsbild, wonach dann die Totale des Ziels gewählt wurde. In der Ferne wurde ein Fahrer sichtbar, die Nummer 4 dieser Etappe. Der Regisseur fand wieder zu sich zurück, obwohl er die Ankunft der Nummer 3 verpasst hatte. Der Norweger war eine Minute und siebzehn Sekunden langsamer als Dutronc und war schon durchs Ziel gefahren. Er stand vornübergebeugt über dem Lenker seines dritten Rades an diesem Tag. Er rotzte eine braungelbe Flüssigkeit auf den heißen Asphalt und schrie: »Utrolig … utrolig!« Sein spanischer Betreuer stand verzweifelt daneben. Was meinte Andersen? Was sollte er jetzt tun? Er versuchte ihm eine Flasche in die Hand zu drücken, aber Andersen warf das Ding mit voller Kraft weg. Der Helfer trat einen Schritt zurück. »Placido«, sagte er und legte einen nassen Lappen in den Nacken des brüllenden Norwegers, der nun wieder auf den Boden kotzte.

Der vierte Fahrer war Dazan, der unter großem Jubel des hauptsächlich italienischen Publikums über den Zielstrich fuhr. Unten im Bild erschien sein Rückstand auf den Sieger: eine Minute und vierzig Sekunden. Neun Sekunden später kam Müller ins Ziel, und der Deutsche fiel, so wie White, buchstäblich vom Fahrrad. Eine der am Ziel postierten Kameras war nicht weit entfernt, und man sah den Deutschen mit einer Art grünem Speichel um seinen Mund herum auf dem Boden liegen. Es schien so, als ob er sich ganz langsam übergab.

Wie es häufiger geschah, brach bei den Männern auf der Straße in der Nähe des Zielstrichs kurzzeitig Panik aus. Der Betreuer der deutschen Mannschaft hockte auf seinen Knien neben Müller und versuchte mit einem nassen Handtuch den grünen Schleim von dessen Gesicht zu wischen. Fotografen knipsten, Polizeibeamte bliesen fürchterlich auf ihren Trillerpfeifen, und der französische Regisseur verpasste die Zielankunft von Van der Meer.

Miller betätigte die Stop-Taste. »Welch ein Finale, was für ein unvorstellbares Finale«, sagte er, und die Fahrer nickten. Van Geneugden pfiff durch seine Zähne, und Dutronc meinte mit leiser Stimme: »Ich habe wirklich eine Gänsehaut bekommen.« Van der Meer stand auf und schaute nach hinten zum immer noch in seinem Sessel versunkenen Andersen. »Woher hattest du in Gottes Namen diese Kraft? Auf dem letzten Kilometer hast du mir fast vierzig Sekunden abgenommen.«

»Aber du bist doch gar nicht mehr richtig gefahren?«, rief Van Geneugden. »Du hattest Erfolg beim Rechnen!«

»Ja, aber er legte einen wilden Sprint ab … Schade, dass wir das niemals im Bild gehabt haben«, sagte Miller.

Andersen schaute die anderen mit leichter Wehmut in seinem Blick an. Erst der Sturz, später der Fahrradwechsel, der nur wenig Zeit kostete, aber immerhin. Schließlich der kaputte Reifen – und trotzdem kam er mit weniger als zwei Minuten Rückstand ins Ziel.

»Ja, ich hätte gewinnen können, aber es geschah nicht«, sagte er auf einmal schnell. Er stand auf und verließ mit schnellen Schritten den Raum.

Die anderen sahen zur ins Schloss fallenden Tür. Andersen hätte gewinnen müssen. Das war die einzig richtige Schlussfolgerung.

»Jetzt mal ehrlich: Habt ihr ihn fliegen lassen?«, fragte Miller, während er Van der Meer und Dazan ansah.

Beide zuckten mit den Schultern, beinahe gleichzeitig.

»Fliegen lassen … das kann man nicht sagen. Er wollte uns hinterher in einer schwierigen Abfahrt und das war sein Schicksal«, formulierte Dazan leise.

Van der Meer nickte bedächtig: »Ich muss zugeben, dass ich es schön fand, dass er vorn nicht mehr mit dabei war. So ehrlich bin ich schon. Er war der Beste den Berg hoch … ganz einfach. Je weniger Konkurrenten, desto besser.«

Miller sagte: »Entschuldigt, dass ich noch einmal nachhake, aber jetzt werde ich es anders formulieren: Seid ihr so viel Risiko eingegangen mit dem Ziel, ihn auszuspielen?«

Dazan schwieg und schaute zu Van der Meer. Die Tür ging auf, und Andersen betrat wieder den Raum.

»Ja«, sagte Van der Meer, und er wiederholte seine Antwort mit deutlicher Stimme: »Ja.«

Miller blickte den Gastgeber an, steckte seine Hände in die Hosentasche und sagte: »Verrückt, aber das habe ich auch die ganze Zeit angenommen.«

»Was genau?«, fragte Andersen interessiert.

»Nun, dass Tim van der Meer einer der Rücksichtslosesten war, die ich je in der Tour miterlebt habe.«

»Weil er mich so weit bekam, ihm bei dieser heißen Abfahrt zu folgen?«, fragte der Norweger.

»Es gibt einen Unterschied zwischen herausfordern und in die Schlucht fahren lassen«, sagte Miller.

»Nein«, erwiderte der Norweger, »da bin ich nicht Ihrer Meinung. Sie nähern sich dem Ganzen ethisch, von einem Standpunkt außerhalb des Spielfeldes. Im Topsport zählt aber keine Wohnzimmerethik, ganz sicher nicht in der Tour de France. Im Rennen ist alles erlaubt. Ich bin nicht so erzogen, aber ich habe die Regeln und Gesetze gelernt … sehr schnell übrigens. Das Komische ist, dass ich jetzt wieder ganz anders lebe, aber darum geht es nicht.«

Miller nickte. Er hatte die Botschaft begriffen.

Irgendwann einmal, während der Spanienrundfahrt, hatte Van der Meer, der mit siebzehn Minuten Rückstand durchs Ziel kam, ihn am Fernsehpodium abgepasst und gewarnt, dass er sich in Acht nehmen müsste mit den Formulierungen seiner teilweise giftigen und oft nicht immer genau zutreffenden Analysen. Van der Meer hatte ihn mit seinen blauen Augen direkt angesehen und gesagt: »Nicht alles, was du denkst und meinst, ist heute auch so passiert.«

»Wieso weißt du, was ich heute gesagt habe?«, hatte Miller einigermaßen erschrocken gesagt und Van der Meer hatte geantwortet: »Ich habe während der Etappe eine Zeitlang über dich und die anderen Herren Kommentatoren nachgedacht … ich hatte doch Zeit genug dazu. Ich glaube, dass du manchmal genau da Gespenster siehst, wo in Wirklichkeit ehrliche, hart schuftende Radrennfahrer am Werk sind.«

»Bist du sauer auf mich oder so?«, hatte Miller ausgerufen.

Van der Meer hatte seinen Kopf geschüttelt. »Nein, sauer oder ungehalten ist nicht der richtige Ausdruck. Ich hörte gestern von meiner Frau, dass du über mich gesagt hast, ich führe berechnender als dass ich voll durchziehe. Das ist nicht wahr, und ich finde, dass du so etwas nicht unterstellen kannst.«

»Also doch böse?«, hatte Miller daraus geschlossen, und Van der Meer hatte, während er schon halb im Gehen war, über die Schulter gesagt: »Nein, das sagte ich doch gerade. Ich kann dummen Menschen außerdem nicht böse sein.« Unmittelbar danach hatte er sich umgedreht: »Entschuldigung, das Letzte war nicht so gemeint.«

Dieser Vorfall lag nun sechs Jahre zurück. Seit dieser Zeit hatten sich die beiden noch mehrfach gesprochen. Miller hielt Van der Meer für eine starke Persönlichkeit, aber er wusste nicht genau, was er von ihm zu halten hatte.

Als Van der Meer ihn vor drei Wochen angerufen und ihn eingeladen hatte, einen Vortrag über die Spitzengruppe und die berühmte Etappe zu halten, hatte er kurz einen trockenen Mund bekommen. Was wollte der Ex-Profi von ihm? Die Wahrheit? Und wessen Wahrheit dann? Und was sollte er von dem Honorar halten? Fünfzehntausend Gulden, exklusive der Videoaufbereitung. Er sollte die Rechnung dem Hoteldirektor übergeben, dann würde alles geregelt werden.

Sestriere

Van Geneugden rollte beinahe im Schritttempo über den Zielstrich. Sein Rückstand auf Dutronc betrug fast fünf Minuten. Einer der Betreuer des belgischen Teams fing den Fahrer auf, gab ihm ein Tuch, um das Gesicht abzuwischen und fragte direkt: »Sag' mal, hättest du nicht mit den Leuten vorn mitfahren können?«

Van Geneugden stieg von seinem Fahrrad und schüttelte den Kopf. Nachdem er zwei Flaschen lauwarmen Tees getrunken hatte, winkte er einen anderen Betreuer herbei. »Weißt du, welche Startnummern zum Pinkeln müssen?«, fragte er, und der Mann zog seine Schultern hoch: »Nein.«

»Dann geh' nach hinten, aber schnell«, fauchte Van Geneugden und stellte sein Fahrrad gegen die Absperrung, genau unter der Tribüne, wo die TV-Kommentatoren noch vollauf beschäftigt waren. Er schaute hoch und zwinkerte seinen Landsleuten zu. Einer von ihnen winkte herunter. Ob er mal schnell für ein Interview nach oben kommen könnte? Van Geneugden kletterte die Tribüne hoch und ließ sich fügsam interviewen. Ob er nicht schneller hätte treten können? Warum er beim letzten Berg überhaupt nicht im Bild gewesen war?

Nach fünf Minuten stand der Belgier wieder neben seinem Rad, aber er wusste noch immer nicht, ob er zur Kontrolle musste oder nicht. Er sah seinen Helfer ankommen: »Du nicht«, rief der Mann beinahe jubilierend aus der kurzen Entfernung, und Van Geneugden lachte befreit auf.

»Wo ist das Hotel?« fragte er.

Der Helfer zeigte auf ein Hochhaus, zweihundert Meter links

hinter dem Ziel. »Fünfte Etage, da sind wir alle«, sagte der Mann, und er schob Van Geneugden an, der sich wieder auf sein Fahrrad gesetzt hatte.

Der Belgier verschwand zwischen Betriebsamkeit demonstrierenden Polizisten, Journalisten und Helfern und fuhr nach oben Richtung Dusche und Massage. Er war Siebter geworden und brauchte nicht zur Kontrolle. Das war für ihn das Allerwichtigste des Tages.

Im Vorbeifahren schaute der Flame Richtung Siegerpodest. Er sah Dutronc dort stehen mit Blumen in der Hand. Die anderen erkannte er nicht. Wer würde morgen das Gelbe Trikot überziehen? Wenn es bloß nicht dieser arrogante Kaaskop wäre, überlegte er sich und verließ den Zielbereich. Er war Teil der historischen Spitzengruppe gewesen, wollte nun aber in die Abgeschiedenheit des Fahrerzimmers. Er hatte ein gespaltenes Gefühl. Einerseits hätte er gern bei den Führenden mitgemischt, aber die drohende Dopingkontrolle hatte ihn im Finale zum radelnden Zuschauer gemacht.

Eigentlich nahm er es sich selbst übel, dass er nicht mehr Mut gezeigt hatte. Während er sein Rad beim Mechaniker auf dem Parkplatz abgab und vorsichtig, mit fast steifen Beinen, die steinerne Treppe des Hotels hinaufging, verwünschte er sich selbst. Warum die anderen? Er war sich nahezu sicher, dass zumindest die alten Hasen aus der Spitzengruppe auch etwas zu sich genommen hatten auf dieser Etappe.

Bevor er den Aufzug betrat, hatte er sich selbst bereits eine Antwort gegeben: Weil die anderen wahrscheinlich bessere Verschleierungsmittel zur Verfügung hatten.

Im Flur der fünften Etage angekommen, ließ er einen langen, brummenden Furz.

Sein Masseur, mit kurzer Hose und Hemd bekleidet, hörte das Geräusch durch die offene Tür eines Zimmers und rief: »Willkommen im Himmel.«

Van Geneugden betrat sein Zimmer, zog die Rennkleidung aus und pinkelte laut hörbar ins kleine Klosett. »Auf jeden Fall keine

Kontrolle hier«, sagte er mehr zu sich selbst und schaute sich dabei im Spiegel an.

»Ein Arschgesicht, ein riesengroßes, fantastisch ängstliches Arschgesicht bist du«, sagte er in Richtung Spiegel und trat unter die Dusche.

Amsterdam

Stijn Miller schaute sich in der Gruppe um. »Ich bin mir heute Abend einmal mehr der Einzigartigkeit des damaligen Tages bewusst geworden«, sagte er.

Dazan hatte ihn angelacht und gefragt. »Welcher Meinung waren Sie an dem Tag selbst? Wissen Sie das noch?«

Miller hatte kurz nachgedacht und geantwortet, dass er eine prächtige Etappe von sieben Fahrern gesehen hatte.

Dazan hatte nachgehakt: »Aber wussten Sie, wie das alles an diesem Tag gelaufen war?«

Miller hatte seine Schultern hoch gezogen und gesagt: »Nein, wie hätte das gehen sollen? Ich war doch auch abhängig von den Bildern, die ich an meinem Kommentatorenplatz erhielt. Ich erinnere mich, dass mein erstes Zwischenresümee, gegen ein oder zwei Uhr, darin bestand zu sagen, dass die ganze Tour de France auf den Kopf gestellt worden war. Der Gesamtsieger würde aus der Spitzengruppe kommen, und die anderen Fahrer mussten sich in ihr Schicksal fügen, inklusive aller großen Tour-Fahrer. Letzteres war bemerkenswert. Ich erinnere mich, dass mir irgendwann im Verlauf der Etappe ein Gedanke durch den Kopf schoss. Ich weiß nicht mehr, ob ich den jemals geäußert habe, ich glaube kaum, aber ich fragte mich ernsthaft, ob Ihr den Kuchen unterwegs verteilt hattet. Denn dass Dutronc die Etappe gewinnen würde, war nicht so ganz unwahrscheinlich, jeder Experte wusste genau, dass er der beste Bergfahrer war.

Ab etwa halb vier habe ich versucht, an den Bildern zu erkennen, wer auf den Gesamtsieg fahren würde. Ich muss ehrlich sagen, dass mir dies damals nicht geglückt ist, umso mehr, da wir Andersen so lange nicht im Bild hatten.

Van der Meer war aufgestanden und hatte dem TV-Mann freundschaftlich auf die Schulter geklopft: »Es ist in eurem Fach nicht immer gut zu wissen, wie es wirklich abgelaufen ist«, hatte er gesagt, und die anderen hatten genickt.

Miller hatte sich beeilt zu sagen, dass er den Eindruck gehabt hätte, dass da gedreht wurde, aber dass er das Risiko Namen zu nennen doch als zu groß empfunden hatte. White hatte ergänzt, dass er, ein halbes Jahr nach der Tour, von einem Journalisten von Sports Illustrated das Angebot erhielt, die gesamte Etappe zu analysieren und darüber eine große Geschichte zu schreiben. Es sollte nicht nur ein Heldenepos werden, sondern gleichzeitig auch eine Anklage gegen das Falschspielen. White hatte gelacht: »Ich hätte anständiges Geld verdienen können, aber ich habe es nicht getan.«

Die anderen hatten schweigend zum Amerikaner gesehen. »Warum nicht?«, hatte Dutronc gefragt.

Kurz war es still geblieben, und White hatte leise, aber sehr deutlich zurückgefragt: »Musst ausgerechnet du das fragen?«

Dutronc hatte geschwiegen, und in die Ruhe hinein, die darauf folgte, hatte Van der Meer neben Miller stehend um das Wort gebeten.

»Wir haben heute Abend eine schöne Rekonstruktion gesehen, an der wir alle unsere Freude hatten, und dafür sind wir sehr dankbar«, hatte er gesagt, und er war zur Tür gelaufen, durch die Eric Katzman, der Hoteldirektor gerade mit einer großen Plastiktasche in der Hand hineingekommen war.

Van der Meer hatte das Gelbe Trikot vorsichtig ausgepackt und auf dem Tisch ausgebreitet. Dann hatte er den großen schwarzen Filzstift genommen, das Trikot glatt gestrichen und Dutronc gebeten, als Erster seine Unterschrift darauf zu setzen. »Erst der Gewinner des Tages«, hatte er gesagt.

Während die anderen Fahrer darauf warteten dranzukommen, hatte Van der Meer Katzman angesprochen: »Verdammt gut gemacht. Ich muss euch sagen, dass ihr tatsächlich alles organisieren könnt. Wer hat sich das mit dem Gelben Trikot ausgedacht?«

Katzman hörte die Komplimente sichtlich gern. Er sagte: »Wer glaubst du?«, und Van der Meer wartete nur ganz kurz, ehe er sagte: »Jacqueline.«

Katzman nickte, und danach nahm Van der Meer sich den Filzstift, um als Letzter mit beherzten Buchstaben seinen Namen auf die rechte Schulter des Original-Trikots zu setzen.

Van der Meer nahm das Hemd mit den sieben Namen vom Tisch und stellte sich zwei Meter vor Miller hin. »Noch einmal unsere Hochachtung ... Vielen Dank für die spannende Aufbereitung; und ich dachte, es würde ein wertvolles Andenken sein, an heute vor sieben Jahren. Mach etwas Schönes damit. Rahm es ein, häng es auf oder stifte es einem guten Zweck.«

Van der Meer schüttelte seine Hand und überreichte das von allen unterzeichnete Trikot.

Miller wusste nicht so recht, was er sagen sollte, kratzte sich am Kopf und räusperte sich: »Äh, das ist ein sehr schönes Andenken an einen ganz besonderen Tag. Ich danke euch sehr.«

Es folgte eine kurze Stille, die durch Müller unterbrochen wurde: »Und doch weiß ich sicher, dass Sie und Ihre Kollegen auf der Pressetribüne nicht die Bohne von dem kapiert haben, was bei uns so alles passiert ist.«

»Ist es nicht eure Etappe gewesen? Muss vor uns nicht das große Geheimnis gewahrt bleiben? Manchmal ist es besser, bestimmte Dinge nicht zu wissen«, sagte Miller, gerade zur rechten Zeit.

Van der Meer hob die folgende Stille auf: »Ja, ich teile den Gedankengang. Äh, nochmals danke und bis bald.«

Miller nahm sich das Gelbe Trikot und gab jedem die Hand. Die Herren der Spitzengruppe standen im Kreis um den Berichterstatter. Kurz bevor er ging, sagte Andersen: »Und wenn Ihr es alle wissen würdet, Ihr würdet es doch nicht begreifen. Glauben Sie mir.«

Miller wartete einen Moment und wandte sich an den Gastgeber: »Vielen Dank für die ehrenvolle Aufgabe, und vielleicht gelingt es mir ja doch noch mal, dass ich eure große Wahrheit herausfinden kann.«

Van der Meer begleitete ihn zur Tür und sagte: »Vielleicht. Aber ich glaube folgendes: Du und deine Kollegen, diese hochbezahlten, alles wissenden Männer auf der Pressetribüne, werden es nie begreifen, auch wenn es jemand wissen würde. Zwischen Wissen und Begreifen liegen Welten.«

Die Tür fiel hinter Miller ins Schloss. Van der Meer drehte sich um, und Katzman bat die Männer, sich in fünf Minuten in der Hotelhalle bereitzuhalten. Für diejenigen, die noch einen sanitären Zwischenstopp zu machen wünschten, wäre es genau der richtige Augenblick. Der Abend würde jetzt richtig anfangen.

White hielt Van der Meer im Vorbeigehen fest: »Weiß der Blödmann vom Fernsehen wirklich gar nichts?« Van der Meer legte den Arm auf die Schulter des Amerikaners: »Nein, aber wer weiß hier wohl alles?«

White schaute den Gastgeber an: »Ich in jedem Fall nicht, aber du wohl; da bin ich mir sicher.«

»Ich hoffe, dass du gutes Essen magst«, sagte Van der Meer, und er lief mit dem Amerikaner nach draußen.

Sestriere

Van der Meer hatte sein Gesicht von José abtrocknen lassen und zu schnell zwei Dosen Cola leer getrunken. Die kühle Flüssigkeit tat seinem schon einige Zeit aufstoßenden Magen gut. Er rülpste ein paar Mal und sah, wie der Journalist Wagen neben ihm auftauchte.

Der junge Journalist begann ziemlich triumphierend: »Was habe ich heute Morgen über White gesagt?«

»Hausaufgaben gut erledigt, aber er wird die Tour doch nicht gewinnen«, hatte Van der Meer mit Bedacht gesagt.

Wagen hatte ihn nach dem Zustandekommen der Spitzengruppe gefragt und war dann zum Sturz von Andersen übergegangen. »Ich habe nichts gesehen. Nach einer kurzen Weile merkte ich, dass wir ihn verloren hatten«, hatte Van der Meer wahrheitsgemäß gesagt.

Bestimmt fünf oder sechs niederländische Journalisten hörten fleißig auf ihren Blöcken mitschreibend mit. Es stand noch ein ziemlich hektischer Kerl vom Radio dabei, der nervös in sein Mikrofon sprach, und Van der Meer sah, dass zwei Kameras auf ihn gerichtet waren. Er sollte also auf seine Worte achten.

»Je daran gedacht, selbst zu gewinnen?«, rief einer der Fernsehjournalisten laut, und Van der Meer schüttelte seinen Kopf: »Da besitze ich doch viel zu wenig Kletterqualitäten für«, sagte er, und in der Gruppe blieb es kurz still, bis der Radiofritze in sein Mikrofon rief: »Verdammt, Jungs, lasst mich mal jemanden belauschen. Ich stehe neben Van der Meer, passt doch einmal auf.« Die anderen lachten. Van der Meer spuckte auf den Boden, und der Radiotyp sagte: »Sorry.«

Van der Meer sah gerade noch, dass der Chefassistent der Mannschaft von White ihm zuwinkte. Er kannte den Mann noch als ziemlich ernsthaften britischen Fahrer, der wegen eines kaputten Knies auf einmal aus dem Radsport-Zirkus ausgestiegen und jetzt ein kleiner Helfer war in einer Mannschaft voller Tölpel, deformierter Baseballer und Glücksritter. Er schien Van der Meer dringend sprechen zu wollen.

»Keine Fragen mehr?«, rief Van der Meer nach zwei Minuten, worauf es still blieb. Einigermaßen steif in den Hüften stieg er auf sein Fahrrad und entfernte sich langsam rollend von der Journalistengruppe. Der Radiomann lief noch etwas neben ihm her und sagte, dass er ihn am Abend noch in seinem Hotel aufsuchen würde. Van der Meer nickte: »Okay, ich sehe' dich dann.«

Vierzig Meter weiter wartete der Engländer. Van der Meer hielt an, streckte seine Hand aus, um ihn zu begrüßen, und sagte: »Was ist los?« Der Mannschaftsführer-Assi machte eine Kopfbewegung und bedeutete, dass Van der Meer folgen sollte.

Sie passierten eine Absperrung der italienischen Polizisten und kamen neben einem der Busse der Tour-Organisation heraus. Hier konnte sie nichts und niemand sehen.

»Und?« fragte Van der Meer. Der Ex-Radrennfahrer schaute ihn an. »Hör zu ... White muss pinkeln, das weißt du ... und er ...«

Van der Meer nutzte behände die eintretende Stille: »Und was habe ich damit zu tun? Ich brauche doch nicht dahin.«

Der Brite fuhr fort: »Du kannst einen lohnenden Betrag erhalten, wenn du ihm hilfst. Begreifst du, was ich meine?« Van der Meer stellte sich dumm und tat so, als ob er wieder aufs Fahrrad steigen wollte, aber der ehemalige Radrennfahrer hielt ihn an seinem Arm fest und sagte: »Ich kann im Namen meines Sponsors einen richtigen Betrag bieten. Hör zu. Wenn du ihm in der Kabine bei dem holländischen Doktor ein bisschen helfen kannst, kann unsere Mannschaft dir was Gutes tun. Begreifst du?«

Van der Meer verstand die Botschaft, aber wie, in Gottes Namen, sollte er dieses Kunststückchen fabrizieren?

»Irgendeine Idee?« fragte er.

Der Ex-Fahrer hatte schnell eine Antwort parat: »Ja, natürlich. Der Pinkeldoktor muss abgelenkt werden. Dann geht alles seinen Gang.«

»Kondom oder Fläschchen mit Urin?« fragte Van der Meer.

»Musst du wissen, du kennst die Tricks doch«, lautete die Antwort.

Van der Meer tat erschrocken und sagte: »Ho, ho, wenn du so anfängst . . Ich meine … Wie hoch ist hier überhaupt der Einsatz? Euer Mann ist Zweiter geworden und glaubt nun wahrscheinlich, dass er die Tour gewinnen könnte. Das ist es doch?«

Der Ex-Fahrer nickte: »Was schlägst du vor? Sag was und ich werde sagen, ob es geht oder nicht?«

Van der Meer schaute sich um. Die zwei standen immer noch allein, aber er sah ein Kamerateam des niederländischen Fernsehens auf sich zukommen. Die Leute passten ihm ins Konzept wie Zahnschmerzen. Ganz schnell sagt er: »Hunderttausend, in Gulden … wenn es mir gelingt«, und der Ex-Fahrer nickte noch schneller.

Van der Meer wusste im selben Augenblick, dass er zu wenig gefordert hatte.

»Tim, siehst du dich selbst noch als Mitfavoriten für den Gesamtsieg?«, fragte ein Mann mit Mikrofon in der Hand. Van der Meer antwortete: »Schnell, Jungs, ich will mich nicht erkälten. Das ging heute ziemlich an die Substanz.«

Amsterdam

Die sieben Männer standen nun zusammen in der großen Halle des Hotels. »Wie geht's weiter?«, hatte Van Geneugden gefragt. »Rotlichtviertel-Tour?«, hatte White lachend gerufen. »Die Damen also«, hatte Van Geneugden direkt geantwortet, und Van der Meer hatte beobachtet, dass die anderen geradezu begierig darauf reagierten. Also doch, dachte Van der Meer, der im selben Moment Katzman mit schnellen Schritten auf die Gruppe zukommen sah.

Der Hoteldirektor zog Van der Meer sachte, aber bestimmt aus der Gruppe und drehte ihn beiseite. »Hör mal, wir haben noch etwa zehn bis fünfzehn Minuten nötig. Es ist was auf dem Boot dazwischengekommen und es muss kurz improvisiert werden. Weißt du irgendwas?«

Van der Meer sah den Direktor an und meinte unsicher: »Sie wollen das Hurenviertel sehen, aber das dauert wieder zu lange.«

Katzman schüttelte den Kopf: »Nein, erstklassige Idee. Hier hinter dem Haus, wenn man das Hotel nach links verlässt und dann die zweite Gasse hinter dem Singel nimmt, gibt es ein kleines Rotlichtviertel. Wenn du nun die Männer zu Fuß hindurchführst, dann sorge ich dafür, dass jemand euch danach auf dem Singel entgegenkommt; und dann liegt das Schiff hinter der Kuppelkirche. Lauf nicht zu schnell, mach eine schöne Führung, und dann wird es wohl gut gehen.«

Van der Meer war seinen Kameraden in den warmen Samstagabend vorausgegangen. Draußen war es gerade etwas über zwanzig Grad, und die herrliche Amsterdamer Stadtluft umfing sie. »Nach links«, hatte Van der Meer gerufen, und die sieben Kerle schlenderten bald zwischen Touristen, Junkies und Bordellbesuchern entlang.

Aus den Kneipen erklang Musik, auf den Straßen herrschte reger Betrieb, und die sieben hatten wie die Schuljungen ihren Spaß, als sie vor einem großen Schaufenster standen, hinter dem ein prächtiges, schwarzes Weib, gekleidet in einen Hauch von nichts, ihnen zuzwinkerte.

»Was kostet es denn?« fragte Dutronc, und Müller hatte die Tür schon geöffnet.

»What is the price?«, fragte er mit starkem deutschen Akzent.

Die Prostituierte kannte diese Späße, ihre Antwort kam wie aus der Pistole geschossen: »Wenn einer es macht und der Rest schaut nur zu ... Tausend Gulden, weil es Samstag ist. Sonderpreis.«

Kreischend vor Lachen waren sie weiter gelaufen. Müller hatte gerufen: »Wer will, Jungs? Ich weiß, wie es ist: Auf Schwarz geht es doppelt so schnell.«

Am Singel hatte Van der Meer Jacqueline aus einer kleinen Entfernung ankommen sehen. Sie winkte, nicht unbedingt begeistert, mehr zum Zeichen von »hier bin ich«. Van der Meer hatte sich gefragt, warum sie dort ging.

»Hallo, Entschuldigung wegen der Verspätung«, hatte sie gesagt, und sie hatte die anderen mit einem Kopfnicken gegrüßt. »Will you follow me, please?«

Die Männer waren ihr zu einem Bootsanleger gefolgt, wo ein Rundfahrtboot angelegt hatte.

Van der Meer hatte von weitem schon zu diesem Boot hinübergesehen und noch mehr zu der kleinen Gruppe von Frauen, die wartend in der Mitte des Schiffsdecks mit einem Glas in der Hand zusammenstanden.

Während Van der Meer den kleinen Laufsteg hinunterging, schoss ihm durch den Kopf, ob dieser Programmpunkt vielleicht etwas zu viel des Guten sein würde, aber er hatte diese Idee vor drei Wochen geäußert, und auch dieser Teil der Organisation schien gut zu klappen.

»Männer«, sagte er, »wir werden uns einen gemütlichen Abend machen und beginnen mit einer Stadtrundfahrt. Meistens geschieht dies durch einen Stadtführer, der den Touristen hier über ein Mikrofon alles Mögliche erzählt, aber ich dachte mir, es wäre netter, wenn jeder seinen persönlichen Guide hätte.« Er drehte sich zur Gruppe der sechs Frauen und ging auf sie zu: »Hallo, ich bin Tim. Ich bin der Gastgeber des Wochenendes, und ich stelle Sie gern meinen Freunden vor.«

Während der Schiffsführer das Boot langsam in Fahrt setzte und Richtung Schleuse fuhr, standen sieben Männer und sieben Frauen in der Mitte des Schiffes und stellten sich gegenseitig vor. Van der Meer hatte Katzman gebeten, dafür zu sorgen, dass für jeden Fahrer eine Begleiterin dabei sein würde, die seine Muttersprache beherrschte. Er schaute zu den jungen Frauen hinüber und sah, dass kleine Flaggen der betreffenden Länder ihre Oberbekleidung zierten.

»Sehr gut gemacht«, sagte Dazan, der ein Auge für solche Dinge hatte und natürlich auch sofort gesehen hatte, dass die Dame mit der italienischen Flagge eine rasante Schönheit war.

Während das Boot langsam das Amsterdamer IJ hoch fuhr und die Konturen des Hauptbahnhofs auf der rechten Seite sichtbar wurden, registrierte Van der Meer, dass jeder seine Partnerin gefunden hatte und dass durch zwei Ober aus dem hinteren Teil des Schiffes Gläser mit Champagner gebracht wurden. Mit einem Male begriff er, dass Jacqueline mit einer kleinen niederländischen Flagge in der Hand neben ihm stand.

»Pardon«, sagte er ungläubig, und sie zuckte schnell mit den Schultern: »Ich werde das noch mal irgendwann erklären. Tun Sie so, als ob es so richtig ist.« Er nippte von seinem Glas und setzte sich neben sie. »Wieso, als ob es so richtig ist?«, sagte er.

Sie schaute ihn einigermaßen ironisch an und stieß mit ihm an: »Prost, und auf dass es ein gemütlicher Abend wird.«

Van der Meer kannte sich selbst gut genug, um zu wissen, dass er selten um eine Antwort verlegen war. Mehr noch, er war schlagfertig und hatte in seiner Umgebung meist das letzte Wort, aber in diesem Augenblick wusste er nichts zu sagen. »Ich begreife es nicht«, war das Einzige, was er herausbringen konnte, und die Frau ihm gegenüber lachte ihn an: »Das kann ich mir vorstellen.«

Van der Meer schaute sich auf dem luxuriösen Deck um. Seine Kameraden saßen alle da und schwatzten mit ihren Gastgeberinnen; die Atmosphäre schien gut. Er sah Dazan mit der betörenden Frau.

White hatte eine schöne Blondine neben sich. Müller ein kräftiges, knapp gekleidetes Weib von Mitte dreißig. Dutronc war gerade dabei, mit großen Gesten einer kleinen, stark zurechtgemachten Französin etwas zu erklären. Andersen hörte einem dunkelhaarigen, sportlich gekleideten jungen Mädchen zu, und Van Geneugden prostete bereits mit seinem zweiten Glas Champagner seiner beeindruckenden Begleiterin zu.

Van der Meer musste innerlich lachen. Es machte den Eindruck einer Kuppelparty, dachte er und schaute zu Jacqueline, die neben ihm saß. Sie hatte ebenso interessiert im Auge, was die anderen auf dem Schiff machten. Wie kam sie in diesen Kreis? Und welche Rolle spielte sie? Was war passiert, dass ausgerechnet sie hier mit der kleinen rot-weiß-blauen Flagge stand?

Sestriere

Van der Meer war hinter Dutronc in den Raum hineingekommen, wo ein Judo-Lehrer mit gelber Jacke der Ordner war. Dies war Tabu-Zone für so gut wie jeden in der Tour. Sogar Tour-Chef Duprez war einmal durch so eine Gelbjacke schroff nach draußen gesetzt worden. Die Fahrer, die sich zur Kontrolle meldeten, wurden durchgelassen, und wenn ein Helfer der Mannschaft mitkam, dann konnte der außerhalb des Wohnwagens auf das Rad des Fahrers aufpassen. Für Besucher gab es eine Bank draußen.

Der Franzose betrat als Erster den halb dunklen Raum. Es roch muffig. Van der Meer folgte Dutronc und hörte, dass White sich ihm anschloss.

Der Dienst habende Pinkeldoktor – ein allgemein anerkannter Begriff bei großen Etappenrennen und bestimmt kein Job, um den sich die Jury-Mitglieder rissen – kam hinter einem Verschlag hervor und sagte: »Guten Tag.«

Van der Meer kannte den Mann bereits. Er kam aus Limburg, den südlichen Niederlanden, und hatte einen guten Namen als Kommissär. Dieses Jahr hatte er Pech, denn es war schon sein zweites Auftreten als Pinkeldoktor, wahrscheinlich deshalb, weil er viele Sprachen beherrschte und auf eine lockere Art und Weise mit den Fahrern umging.

Van der Meer schaute sich schnell um. Er hatte während dieser Tour erst einmal pinkeln müssen; das war in Pau gewesen. Damals war er in den Wohnwagen gekommen, hatte dem Limburger die Hand gegeben, mühelos zwei Fläschchen voll gepinkelt, sie zurückgestellt und eine Dose Bier vom Tisch mitgenommen. Für diejenigen, die gerade nicht oder schwer konnten, stand ein kleiner Getränkevorrat parat: Flaschen mit Wasser, verschiedene Biersorten und ein Fruchtsaft, den er nicht kannte.

Heute hatte Van der Meer für diese Dinge kein Auge. Er schätzte die Situation ein und sah, dass sein Landsmann hinter einem der Verschläge stehen blieb, während White eine Flasche Wasser öffnete und begierig zu trinken begann.

»Hallo Tim, gut gefahren«, hörte er. Er sah den Mann, der zufällig Dokter hieß, Wim Dokter, ein Verzeichnis in die Hand nehmen, das auf dem kleinen Tisch zwischen den Dosen und Flaschen lag.

»Ich kann nicht klagen. Es lief nicht schlecht, aber ich habe abgebaut wie ein Verrückter«, erwiderte Van der Meer, und er sah, dass Dokter die Rückennummern der Fahrer überprüfte, die jetzt mit ihm zusammen in der Kabine waren.

Dutronc stand mit dem Rücken zum Limburger und bat um ein Bier. Er hatte zwar das Gefühl, pinkeln zu können, aber es fühlte sich an, als ob der Urin nicht durch die Blase hindurch könne, meinte er. Als ob er durch einen unsichtbaren Damm zurückgehalten würde.

»Allez, pissez«, sagte Dokter, aber Dutronc setzte sich erst kurz auf einen kleinen Schemel und trank gemächlich sein Bier leer. Er spielte mit seinem Glied und seinen Hoden, als ob er sein ganzes Gemächt abnehmen wollte.

Die Tür öffnete sich, und Andersen stand in vollem Tageslicht.

»Willkommen«, rief Dokter. Der Norweger kam herein und schloss die Tür hinter sich.

Van der Meer entschied, dass dies der richtige Moment war und machte einen Schritt in dessen Richtung. »Entschuldigung wegen der Bewegung, als du überholen wolltest«, sagte er und hielt vorsichtig den linken Arm von Andersen fest. »Jesus, sind das Schürfwunden«, sagte er und bezog Dokter damit unmittelbar ins Gespräch ein. »He, Willem, das musst du mal sehen. Er ist in den Abgrund gestürzt und hat danach eine gewaltige Aufholjagd betrieben.«

Gleichzeitig schob er den Norweger in die Richtung der kleinen Tür und sagte: »Willem, hier, du musst dir das mal bei Tageslicht ansehen, du wirst deinen Augen nicht trauen.« Dem Norweger sagte er: »I'll translate for you later, but I want to show him your wounds.«

Ganz kurz war sich Willem Dokter der Situation bewusst. Regel eins in seiner Funktion als Pinkeldoktor war: Zu jeder Zeit im Wohnwagen bleiben, wenn die Fahrer damit beschäftigt sind, ihre Fläschchen zu füllen. Aber Van der Meer schien richtig besorgt dabei, und dem Norweger war entsetzlich mitgespielt worden. Er konnte doch wohl ganz kurz auf die Verletzungen sehen? Er verließ zusammen mit dem Norweger und dem niederländischen Fahrer den Wohnwagen und ließ automatisch die Tür hinter sich ins Schloss fallen.

Van der Meer dachte und handelte jetzt mit Höchstgeschwindigkeit. Wie lange brauchte White? Und musste dieser Dutronc auch noch etwas deichseln? Es schien ihm so.

»Schau«, sagte er und zeigte auf die langen, tiefen Schürfwunden auf beiden Armen, die von einer Kruste Blut und Jod überzogen waren.

»Does it hurt?«, fragte Dokter den Norweger besorgt. Andersen zog seine Schultern hoch. Van der Meer zeigte auch noch auf eine lange Schramme am rechten Oberschenkel des Norwegers, und Dokter ging kurz in die Knie, um sich die Wunde genau ansehen zu können. Nicht dass er etwas daran tun konnte. Mehr noch, er verstand nichts davon, aber er hatte mit dem Norweger zu tun, und weil Van der Meer sich von seiner menschlichen Seite zeigte, dachte der Limburger, dass es angebracht wäre, in jedem Fall etwas Mitgefühl für den Fahrer zu zeigen.

»Das sieht man nicht häufig, nicht wahr?«, sagte Van der Meer. Andersen griff an die Türklinke des Wohnwagens, und Van der Meer legte seine Hand freundlich auf die Schulter von Dokter: »Es ist niemand hineingegangen, während wir hier standen. Ich habe darauf geachtet, und du hast ja auch hingesehen.«

Van der Meer zog die Tür hinter sich zu, ließ seine Augen sich kurz an das Halbdunkel gewöhnen und sah, dass Andersen schon pinkelte. Der Norweger machte das mitten im Wohnwagen, stehend, zwanglos, mit einem vollen breiten Strahl. Hinter einem der Verschläge sah Van der Meer Dutronc beschäftigt, und gerade, als er sich fragen wollte, wo der faule Amerikaner wäre, trat White hinter dem zweiten Verschlag hervor und setzte die beiden Töpfchen auf den Tisch neben Dokter. Er wischte seine Hände an seiner Hose ab und zeigte dem Kampfrichter seine Rückennummer. Dutronc machte kurz danach dasselbe. Andersen war der nächste, ehe das Trio den Wohnwagen verließ.

Dokter sagte: »Das ist ja schnell gegangen. Meistens dauert es nach einer Bergetappe länger«, und Van der Meer ergänzte: »Weißt du noch, letztes Jahr bei der Vuelta, als Rodriguez Garcia, dieser spanische Bergfahrer überhaupt nicht konnte und alle auf der Bergspitze warten mussten, wo es bei Minus zwei Grad schneite?«

Dokter nickte; das war eine bekannte Anekdote aus der Pinkelkontrollwelt.

Der Kampfrichter nahm wieder seine Liste und schaute auf Van der Meers Rückennummer. Nachdem er die Liste noch einmal studiert hatte, sagte er: »Weißt du, dass du gar nicht musst?«

Van der Meer machte das Spiel mit. Er hatte seine Hose schon zur Hälfte nach unten gezogen und stand halbnackt vor dem Kontrolleur. »Was sagst du da? Am Ziel erzählte man mir, ich müsste. Bist du sicher?«

Dokter schaute noch einmal auf die Liste und dann wieder zu Van der Meer. »Nein, du brauchst nicht.«

»Auch nicht als Reserve?«, fragte Van der Meer. Der Schweiß brach ihm langsam aus; wenn er jetzt nun wirklich pinkeln müsste? Er würde ordentlich durch die Kontrolle fallen, dachte er. Er war entsetzt darüber, dass er so gut schauspielern konnte, aber irgendwie spürte er, dass er Dokter in eine Ecke drängelte, die gefährlich wurde. Und doch gab es ihm ein tolles Gefühl. Das war Tricksen auf hohem Niveau; das hätte er sich nie träumen lassen.

Ganz kurz war es ganz still. Van der Meer zog seine Hose wieder hoch und sagte: »Dann eben nicht«, nahm sich ein Bier vom Tisch und fragte, ob Dokter ein kleines Pils mittrinken würde. Ging er jetzt nicht zu weit?

Dokter dankte, schaute noch mal auf seine Liste und zählte die Töpfchen, die auf dem kleinen Tisch standen. Sechs. Die würden bald versiegelt und mit einem speziellen Kurierdienst versandt werden. Noch zwei Fahrer mussten zum Pinkeln kommen, das war sicher; aber das waren Fahrer aus dem Peloton, und bevor die Gruppe im Ziel war ... Dokter schaute Van der Meer scharf an. »Das habe ich noch nie erlebt: Ein Fahrer, der sich zur Kontrolle anmeldet, aber gar nicht kommen muss ... Tim van der Meer, du bist ein ganz besonderer Kerl.«

»Erzähle es aber keinem weiter ... dass ich ein besonderer Typ bin«, sagte Van der Meer. Er trank den Rest der Bierdose leer, ließ einen schnellen Rülpser und schlug dem Kontrolleur freundschaftlich auf die Schulter: »Vielen Dank dann fürs Pils. Wenn ich die Gelegenheit habe, werde ich mich revanchieren«, sagte er und öffnete die Tür des Wohnwagens.

»Ich empfehle mich«, sagte er zu Dokter, der hinter ihm ging. Van der Meer schnappte sich sein Fahrrad und lachte seinen Landsmann an.

»Haben sie dich schon mal positiv getestet?«, fragte Dokter.

Van der Meer spielte die Unschuld vom Lande und zeigte mit seinem rechten Zeigefinger auf seine Brust. »Mich? Nein, natürlich nicht, niemals. Du weißt doch, dass wir Fahrer nie etwas nehmen? Wir kriegen wohl manchmal was ... Guten Tag.«

Durch die Pforte in der Absperrung und mit einem Gruß in Richtung des Mannes in der gelben Jacke fuhr Van der Meer weg.

Willem Dokter schaute dem niederländischen Fahrer einige Zeit hinterher. Er hatte im Urin, dass da etwas nicht in Ordnung war. Aber was? »Ach«, sagte er zu sich selbst und ging zurück zum Wohnwagen. Sollte er als kleiner Pinkeldoktor hier auf diesem Berg in Italien die Welt verbessern?

Er schloss die Tür hinter sich und öffnete eine Dose Bier. Es würde noch eine Zeit lang dauern, ehe die nächsten Fahrer zu ihm kamen. Er hoffte, dass er an diesem Abend in einem ordentlichen Hotel übernachten würde. Diese Tour rieb ihn auf. Jeden Tag den dunklen Wohnwagen, jeden Tag auf die Jungs aufpassen, die zu ihm zum Pinkeln kommen mussten. Nein, er war lieber Kampfrichter in einem Auto. Da konnte man auf den letzten hundert Metern aus dem Autodach gucken. Dann sah man zu Hause im Fernsehen zumindest, dass er auch bei der Tour dabei war. Dass er etwas tat.

Amsterdam

Es war Dutronc gewesen, der in einem bestimmten Augenblick auf dem Schiff auf Van der Meer zugekommen war. Mit einer kurzen Kopfbewegung hatte er deutlich gemacht, dass er den Gastgeber etwas Privates fragen wollte, und die zwei waren drei Meter Richtung Kapitän gegangen. Der Franzose hatte sich mit seinem Kopf dem linken Ohr von Van der Meer genähert und gefragt, ob dies ein Scherz wäre – und wenn nicht, welche Rolle die Damen spielten.

»Gesellschaft, nur Gesellschaft«, hatte Van der Meer gesagt. »Ich will, dass es euch heute Abend gut geht.«

Dutronc hatte kurz gewartet und dann, mit Unschuldsmiene und ermutigt durch den Alkohol in den vergangenen Stunden, angemerkt: »Aber wie weit und wie spät geht diese Gesellschaft?«

Van der Meer hatte den französischen Bergfahrer amüsiert angeschaut: »Es ist genauso wie mit dem Fahren einer bleischweren Etappe. Man geht so weit, wie man kann.«

»Um ans Ziel zu kommen!«, hatte der Franzose lachend gesagt, zum Zeichen, dass er noch nicht ganz neben sich stand.

Das Schiff tuckerte gemächlich durch die Grachten, und die Atmosphäre an Bord schien ausgezeichnet. Es wurde gelacht und getrunken, und nach einem etwas steifen Beginn, bei dem sich die Fahrer nahezu ausschließlich um die Gesellschaftsdame an ihrer Seite gekümmert hatten, war die Gesprächsrunde inzwischen größer geworden.

Van der Meer beobachtete seine Kameraden und konnte sich ein Lächeln nicht verkneifen. Da saßen sie nun, sieben Jahre später. Helden waren sie damals gewesen, im Juli 1992, in vielen Geschichten beschrieben als die Radrennfahrer, die das größte Radrennen der Welt in einem einzigen Vorstoß auf den Kopf gestellt hatten. Sieben nicht einmal ganz große Fahrer, die tage-, nein, wochenlang die Zeitungsseiten in Europa beherrscht hatten. Als Helden waren sie später empfangen worden – nach der Tour, bei den Kirmes-Rennen, bei denen sie alle für gewaltige Beträge mitgefahren waren. In Chaam in Noord-Brabant hatten sie vor dem Start alle nebeneinander gestanden. Mehr als hunderttausend Menschen waren an einem Werktag zum Rennen gekommen, und als Van der Meer in der ersten Runde nur aus Spaß wegfuhr und die anderen sechs ganz kurz in seinem Gefolge hatte, bevor der Rest reagieren konnte, war dies der Grund für das total begeisterte Publikum, das Dorf ein wenig abzubrechen. Die Bande der Sieben war wieder in Fahrt gekommen.

Van der Meer hatte sich nun gegenüber Jacqueline hingesetzt. Mit ihr ließ es sich gut reden.

»Wie haben Sie das bloß alles organisiert?«

Sie nahm einen Schluck Champagner und sagte: »Dafür gibt es heute eigene Büros. In unserem Hotel arbeiten wir für unsere Gäste auch mit den Callgirl-Diensten zusammen, also wusste ich ein wenig, in welche Richtung ich mich orientieren musste. Es hat drei Tage gedauert, bis ich die Mädchen zusammen hatte. Es war nicht so schwierig, Englisch sprechende zu finden; Deutsch und Französisch ging auch noch gut, aber Italienisch und Norwegisch war ein Problem. Das Mädchen, das perfekt Norwegisch spricht, kommt von einer Organisation aus Den Haag; die anderen Mädchen sind alle von Amsterdamer Organisationen.

»«Wie haben Sie das gemacht? Ich meine, was haben Sie ihnen erzählt, um was haben Sie sie gebeten?«

»Oh, das läuft ganz professionell. Dass Sie das nicht wissen … Man ruft an und man legt seine Anforderungen demjenigen dar, der in diesem Büro den Kontakt zu den Kunden hält. Es ähnelt ein wenig einem Sklavenmarkt: groß, klein, blond oder mit Sommersprossen, die Sprache, in der man sich unterhält, oder ob es noch

Extrawünsche für die Nacht gibt … ob es nur um ein Essen geht, einen Museumsbesuch, ob es darum geht, zusammen etwas trinken zu gehen, aber auch SM und den härtesten Sex, den man sich vorstellen kann. Alles hat seinen Preis. Ich nehme an, es ist genauso wie im Radsport.«

Van der Meer fragte: »Was haben Sie über die Männer in dieser Runde erzählt?«

Sie schaute ihn starr an: »Die Damen wussten, mit wem sie es zu tun bekommen sollten. Katzman hatte eine DIN-A-4-Seite über euch, wer ihr wart und wer ihr seid, geschrieben. Ich habe den Damen vorhin noch kurz gesagt, was sie erwarten würde: Gesellschaft, Trinken, Dinieren und danach alles, was gewünscht wird. Ihre Freunde müssen selbst bestimmen, was sie wollen, und das mit ihrer Begleitung regeln. Das Hotel rechnet mit den Büros ab, wenn die Berichte nach dem Wochenende einlaufen. Den Grundbetrag bis einschließlich des Abendessens habe ich auf zweitausend Gulden pro Dame verabredet; was darüber hinaus berechnet wird, sehe ich wohl am Montag.«

Van der Meer schaute sein Gegenüber beinahe verträumt an. Er fand sie interessant, aber spürte, dass er mit ihr nichts anfangen durfte. Sie sah stark und gut aus, hatte gute Manieren, war sehr gut angezogen und machte deutlich, dass sie dies alles als Arbeit, als ihren Job ansah. Sie hatte bis dahin nicht ein Zeichen von Annäherung gegeben.

»Bleibt dann nur noch die Frage, warum Sie mir hier gegenüber sitzen«, sagte er.

Sie nickte: »Ich habe vorhin gesagt, dass ich es bei Gelegenheit erklären würde. Wenn Sie so neugierig sind, will ich es jetzt erzählen. Zur verabredeten Zeit hatten sich sechs Mädchen am Bootsanlegeplatz gemeldet. Das soll heißen, es gab zwar eine Siebente, aber die musste plötzlich absagen; sie fühlte sich nicht wohl … Da haben sie mich übers Hotel angerufen und ich bin eilends zum Singel gekommen.«

Van der Meer schwieg.

»Wenn wir uns zugute halten, Maßgeschneidertes für unsere Top-Kundschaft zu liefern, dann gehört dies natürlich dazu«, sagte sie betont und mit einem Hauch von Ironie in ihrer Stimme.

»Sie brauchten doch nicht zu kommen? Es hätte doch jemand anderes gefunden werden können?«, sagte Van der Meer, während das Schiff sich langsam der Brücke unter der Münze von Amsterdam näherte.

»Wie ich gerade sagte: Wir machen unsere Hotelgeschäfte gern perfekt. Ich mag meinen Job, und ich konnte vor einer Stunde keine schnellere Lösung finden.«

Die Gesellschaft stieg an einem Anleger an der Amstel aus dem Boot, wo der Restaurantbesitzer auf sie wartete.

»Hier lässt es sich gut speisen«, rief Van der Meer. Er schaute Dazan und dessen Begleiterin an. »Die Nase« hatte es geschafft. Die junge Frau war eingenommen von seinem Charme. Während er mit Händen und Füßen gestikulierte, erzählte er alles über den Radrennsport, das reiche italienische Leben und das Spezielle dieses Wochenendes. Van der Meer beobachtete, ob die anderen Paare auch guten Kontakt untereinander hatten, und kurz bevor er das Restaurant betrat, sah er, dass Jacqueline mit denselben Beobachtungen beschäftigt war. Auch sie schaute, ob alles klappte. Sie machte es mit einem kühlen, professionellen Blick. Van der Meer nahm sich vor, sie später zu fragen, ob sie nicht etwas auftauen wollte.

Die Gesellschaft hatte einen großen Tisch in der Ecke zugewiesen bekommen. Auf der prächtig gedeckten Tafel standen kleine Radfahrer-Skulpturen. Die Herren erkannten sich nach einigem Suchen wieder, worauf eine kleine Welle von Begeisterung die Runde machte. Van der Meer sah zu Jacqueline herüber und nickte ihr zu: Sehr gut gemacht.

»Ein Freund von mir ... Bildhauer und am Radsport interessiert ... es schien mir eine nette Idee«, sagte sie und lachte ihn eher schüchtern an.

Der Chef erschien und begrüßte die Gruppe in verschiedenen Sprachen. Wie geehrt er sich fühlte, diese einzigartige Gruppe von

Radsportlern in seiner einfachen Hütte begrüßen zu dürfen. Er hatte ein Dinner zusammengestellt, bei dem alle Nationalitäten mit einer kleinen Spezialität vertreten waren.

Die Stimmung stieg mit jedem Gang und, nicht zu vergessen, mit jedem Glas Wein.

Um elf Uhr wusste Van der Meer von der Norwegisch-Studentin, dass ihr Vater ein bekannter Eisschnellläufer gewesen war und dass sie Andersen nett, aber langweilig fand. Danach hatte er (Van der Meer) ein tiefschürfendes Gespräch mit der Frau mit der kleinen deutschen Flagge an der Bluse gehabt; er verstand so viel, dass sie Müller ziemlich verrückt fand: komisch, spontan und sehr charmant. Van der Meer hatte sie gefragt, was sie tagsüber machte. »Ich studiere Deutsch und bin fast fertig … dann werde ich in Oxford unterrichten«, hatte sie gesagt.

Sestriere

Van der Meer war in seinem Hotelzimmer angekommen und hatte direkt den Fernseher angestellt. Während er sich auskleidete, sah er Bilder der zweiten Gruppe, die nun auf dem letzten Anstieg war. Er erkannte einen Mannschaftskameraden; der Rest viele Franzosen und Italiener, ein einzelner Spanier und loses Kleinzeugs. Der erste echte Bus musste noch kommen, überlegte er, während er unter die Dusche ging und das warme Wasser über seinen ermüdeten Körper strömen ließ.

Er hatte sein Haar gewaschen, hatte sich etwa fünf Minuten auf den Boden der Dusche gesetzt, hatte danach in die Dusche gepinkelt, dabei auf seine Füße gezielt, während er »Gut gegen den Schimmel« gerufen hatte, hatte sich abgetrocknet und war mit einem Handtuch um seine Hüfte zum Zimmer von Ricardo gelaufen.

Ricardo war der Mann mit den magischen Händen, ein Super-Masseur, ein Typ, der schon mit den Fußballern von Juventus und niederländischen Läufern und Volleyballern gearbeitet hatte. »Leg dich hin, Champ«, sagte der Masseur und schlug dabei Van der Meer klatschend auf den Hintern.

»... was für ein Tag«, sagte der Radfahrer, als Ricardo mit langen streichenden Bewegungen über seinen Rücken fuhr.

»Ich habe eine ganze Zeit gedacht, dass du gewinnen würdest«, hatte der Masseur gesagt. Van der Meer hatte geschwiegen.

»Umdrehen«, hatte Ricardo nach einer Weile gerufen, und Van der Meer hatte zugesehen, wie seine Waden geknetet wurden. »Ich glaubte, dass du vielleicht gewinnen könntest«, hatte der Masseur nach fünf Minuten harter Arbeit einfach so hören lassen, und Van der Meer hatte etwas mürrisch zurückgebrummelt: »Das sagtest du vorhin schon.«

Ricardo kniff ihn schnell in die Wade und sagte: »Und danach gabst du mir auch keine Antwort.«

»Was soll ich sagen?«, sagte Van der Meer. »Dass ich nicht gut genug war? Wartest du darauf? Du hast doch schon mehr Sportler auf deiner Bank gehabt? Und du weißt doch, dass ich kein großer Kletterer bin?«

»Mag sein«, nickte der Masseur, der jetzt die Füße des Radrennfahrers massierte.

»Wie meinst du das … mag sein?«, wiederholte Van der Meer.

Ricardo wartete etwas, als ob er einen guten Einstieg suchte.

»José war heute Nachmittag bei mir im Zimmer und schaute sich den letzten Anstieg an – und der sagte auf einmal, dass du am Zug warst. Das sähe er an deiner Fahrweise«, sagte der Masseur.

Es blieb bestimmt zehn Sekunden still.

»José faselt dummes Zeug und wird alt«, sagte Van der Meer und drehte sich plötzlich von der Massagebank. Ohne etwas zu sagen, wickelte er sich das Handtuch um die Hüfte und verließ das Zimmer. Nach drei Schritten drehte er sich um, lief zurück und sagte: »Sorry, Ricardo, sorry, aber ich kann nicht gut verlieren.«

In seinem Zimmer zog er sich an: Boxershort, T-Shirt, Socken, Sportschuhe, Trainingshose. Er blickte auf den Bildschirm und sah gerade noch, wie die letzte Gruppe über den Zielstrich fuhr. Er erkannte drei Mannschaftskameraden und sah an der Zeit unten im Bild, dass für sie die Tour beendet war. »Schade, Jungs, aber dann hättet ihr durchfahren müssen«, murmelte er und hörte dabei das schrille Geräusch des Telefons.

»Hallo, Tim hier«, sprach er in den Hörer.

»Du bist gut gefahren«, hörte er sie sagen.

»Ja, ich hatte Glück«, sagte er ziemlich lebhaft: »Hast du es gesehen?«

Sie erzählte, dass sie gerade nach Hause gekommen war, dass sie den ganzen Tag am Strand gewesen war, dass aber der Nachbar begeistert erzählt hatte, wie gut er gefahren wäre und dass er gar noch die Chance hätte, in Paris ganz vorn zu sein und vielleicht die Tour noch zu gewinnen. Van der Meer hatte versucht, etwas von der Begeisterung zu dämpfen: »Ich war in einer Gruppe vor dem Sturz; so heldenhaft war das Ganze eigentlich nicht, wir haben nur einen gewaltigen Vorsprung herausfahren können. Wir zu siebt und der Achte kam mit einem Rückstand von ungefähr achtunddreißig Minuten ins Ziel.«

»Aber hast du gute Aussichten?«, fragte seine Frau.

Er dachte kurz nach und meinte: »Ja, in Paris werden wir wohl etwas zu feiern haben.«

Sie erzählte, dass sie an diesem Abend mit zwei Freundinnen ausginge, und sagte, bevor sie auflegte, dass sie an ihn denken würde.

Mit den Worten »See you in Paris« beendete er das Gespräch. Er legte auf und blieb kurz neben dem Telefon stehen. Ja, er war verrückt nach ihr, aber die wilde Verliebtheit war doch nicht mehr da. Er kümmerte sich um sie, interessierte sich für ihr Tun und Lassen, aber es gab etwas, was er nicht definieren, erklären konnte. Sie schien etwas abwesend, war auch nicht richtig interessiert an dem, was er tat. Und warum ging sie so viel aus? Zuerst den ganzen Tag am Strand, jetzt heute Abend wieder in die Stadt hinein. War das die Antwort aufs Alleinsein, wenn er Radrennen fuhr?

Er lief den Gang herunter, hob seine Schultern und sah zwei Journalisten auf sich zukommen. »Auch das noch«, seufzte er auf.

Amsterdam

Das Abendessen näherte sich dem letzten Gang: dem siebten natürlich. Es war gegen ein Uhr, und die Atmosphäre war fantastisch. Besser hätte es sich Van der Meer nicht wünschen können. Der Ober hatte die Dinge sehr gut im Blick und schüttete gekonnt seine herrlichen Weine nach. Genau zur rechten Zeit, so dass es kein Saufgelage wurde.

Van der Meer fühlte sich wahnsinnig gut. Er hatte mit allen Frauen kurz reden können und hatte gesehen, dass die Herren dasselbe taten; dauernd wurden Plätze gewechselt, genau so, wie es Jacqueline vor dem Dinner vorgeschlagen hatte.

Jetzt sah er, dass sie in ein ernsthaftes Gespräch mit Andersen vertieft war. Der Norweger zeigte auf seine Arme, und Van der Meer konnte sich leicht denken, worum es ging.

Müller und seine Begleitung schienen füreinander geschaffen. Der Frauenheld, wie er früher im Peloton schon genannt wurde, machte seinem Namen alle Ehre. Noch nicht einmal unangenehm, empfand Van der Meer, der sich mit seinem Glas in der Hand neben Van Geneugden niederließ.

»Vergnügst du dich?«, fragte er den Flamen.

»Ich muss dir eins lassen, Kaaskop: Organisieren kannst du wie kein anderer«, war das Erste, was der einigermaßen benebelte Belgier sagte.

»Das haben alles andere getan«, erklärte Van der Meer und zeigte auf Jacqueline, die fünf Plätze weiter immer noch intensiv plauderte.

»Wirst du mir ihr heute Nacht etwas machen?«, fragte Van Geneugden mit einem schrägen Augenzwinkern.

»Nein, ganz bestimmt nicht«, lachte Van der Meer.

»Sie ist doch eine Schönheit«, sagte Van Geneugden mit lustvollem Blick.

»Das streite ich nicht ab, aber es gibt noch andere Werte ... glaube ich zumindest.«

Der Belgier nahm einen Schluck und sagte: »Stimmt wahrscheinlich, aber ich weiß trotzdem von mir selbst, dass ich zu oft ... Ich stolpere zu oft über die kleinen Sünden des Lebens.«

»Was machst du sonst noch, hast du einen Job?«, fragte Van der Meer, der sich die Antwort eigentlich schon denken konnte.

Van Geneugden schüttelte seinen Kopf: »Seit ich mit dem Radrennsport aufgehört habe, tu ich nichts. Und es gefällt mir eigentlich gut. Ich habe immer noch meine Anhänger und ...«

Van der Meer unterbrach ihn: »Ich habe irgendwo gehört, dass du zwischendurch in finanzielle Probleme gekommen bist?«

Der Belgier nickte: »Das ist wahr, aber ich hatte auch nicht so einen Batzen Geld wie du, als ich aufgehört hatte.«

»Aber du hattest doch wohl was übrig behalten?«, fragte Van der Meer.

»Ja, ich habe aber die letzten vier Jahre tüchtig gelebt, und seit Madame die Hälfte mitgenommen hat, als sie auszog ...«

Van der Meer schaute den Belgier an. Sieben Jahre früher hatte er die gesamte Etappe über geglaubt, dass der Belgier ihm nicht trauen würde. War jetzt der Zeitpunkt gekommen, ihn danach zu fragen? Er war sich nicht sicher.

Der Belgier schwieg kurz und versuchte es vorsichtig mit: »Ich habe immer das Gefühl gehabt, dass du mich nicht mochtest, im Peloton nicht und auch sonst nicht.«

Van der Meer lachte und sagte: »Ich wollte dich dasselbe fragen.«

Van Geneugden hielt den Arm seines Nachbarn fest und kam mit seinem Kopf etwas näher: »Es war keine Frage des Mögens ... du warst immer etwas Besonderes im Feld. Lass es mich so sagen ... so, wie du uns jetzt eingeladen hast, erstaunt es mich nicht. Diese Lebensart hattest du auch als Radrennfahrer schon. Du bist eigentlich nie Radrennfahrer gewesen, du warst ein Geschäftsmann auf dem Rad. Du hast nie ein Radfahrerherz gehabt. Das habe ich immer behauptet und ich glaube das immer noch ... Und doch fuhrst du schneller als manch anderer. Das hat mich immer so erstaunt. Warum hast du vor sieben Jahren diese Scheiß-Tour nicht gewonnen? In allen Kommentaren danach wurde Andersen als der Stärkste angesehen, aber meiner Meinung nach warst du das. Du musst einen tollen Deal im Laufe dieses Tages abgeschlossen haben.«

Van der Meer fühlte, wie die Worte des Belgiers wie Nadelstiche seine Seele trafen. Er wusste, dass jedes Wort wahr war.

»Warte bis morgen«, lächelte er dem Belgier fade zu.

Sestriere

Van der Meer war morgens um zehn Uhr an den Start gefahren. Die 148 übrig gebliebenen Fahrer würden zusammen den Berg herunterfahren und erst in Casena Torinese, am Fuß des Berges, sollte der offizielle Start der Etappe nach Alpe d'Huez erfolgen.

Es war ruhig und nasskalt auf dem Startplatz oben. Van der Meer grüßte Dutronc im Vorbeifahren. Der Franzose trug eine blaue Jacke über seinem Gelben Trikot und fuhr beinahe unbemerkt durch das hauptsächlich aus Italienern bestehende Publikum. Der Franzose hatte seine Hand gehoben, als er vier Meter vor Van der Meer war, und beim Vorbeirollen deutlich »Merci« gesagt.

Message understood – Botschaft verstanden, dachte Van der Meer, der sein Fahrrad abgestellt und sich einen Becher Kaffee geholt hatte.

Er hatte sich auf einen der Plätze eines Cafés im Skiort gesetzt, das heute leerer war als an anderen Tagen. Er hatte L'Equipe von einem Tisch genommen, schnell die Fotos angeschaut und die Seite mit der Gesamtwertung aufgefaltet. Er hatte eine vage Vorstellung davon, wie es nun weiterging; er wusste um seine eigene Position in der Tour, aber er wollte genau wissen, wie das Klassement aussah. Er ging es Position für Position durch. Dutronc war 63 Stunden, 34 Minuten und 54 Sekunden in dieser Tour gefahren und hatte 29 Sekunden Vorsprung auf White. Für den Amerikaner war dies eine günstige Ausgangsposition, denn Dutronc war kein Zeitfahrer. Die Frage war nur, ob White das dann, nach Blois, noch nutzen konnte.

Auf dem dritten Platz stand nun Andersen mit 2:07 Rückstand auf den Franzosen. War er in der Lage, mehr daraus zu machen? Van der Meer glaubte mit einiger Sicherheit: nein. Die Verletzungen würden sich auswirken, der Norweger dürfte schwere Nächte haben und froh sein, wenn er Paris erreichte. Müller lag auf dem vierten Platz, 2:55 zurück, und das war für den Deutschen noch zu schaffen.

Dutronc war eine sichere Beute; White schien auch kein Problem. Dazan kam danach, 2:59 zurück, aber Van der Meer wusste, dass der italienische Haudegen gegen den Deutschen immer den Kürzeren ziehen würde, wenn es ums Zeitfahren bei einer einigermaßen flachen Etappe ging. Wohl traute er der Nase noch zu, etwas auf der anstrengenden Etappe des nachfolgenden Tages zu unternehmen, auf dem Weg nach Saint-Étienne. Darüber hatte er am Abend zuvor noch mit Den Daas gesprochen. Nicht die Etappe heute nach Alpe d'Huez war gefährlich für die Position der Führenden; nein, nach Saint-Étienne würde jemand von den sieben noch etwas zu reißen versuchen.

Heute – das war etwas für die Top-Bergfahrer, die spanischen Kletterer, etwas für die großen Verlierer von gestern. Niemand aus der Führungsgruppe würde mitgehen, das war sicher. Van der Meer wusste, dass heute wohl gefahren würde, mehr aber auch nicht. Vielleicht, dass Müller Probleme bekommen könnte, aber darüber musste man sich erst später Gedanken machen. Bis jetzt hatte der Deutsche gute Karten und konnte abwarten. Wenn er in den nächsten Tagen einigermaßen durchkommen würde, konnte er im Zeitfahren über vierundsechzig Kilometer eine Entscheidung zu seinen Gunsten erzwingen.

Van der Meer las seinen eigenen Namen auf dem sechsten Platz, 3:07 hinter Dutronc. Er hatte Aussicht auf den dritten Platz in Paris. Als Den Daas ihm das am Vorabend vorgehalten hatte, hatte er laut gelacht und gerufen, ein Platz auf dem Treppchen wäre schon fantastisch. Den Daas hatte darauf schneidend erwidert: »Ich begreife wohl, dass du deine eigene Position schon ausgemacht hast«, wonach

Van der Meer vom Tisch aufgestanden und schweigend auf sein Zimmer gegangen war.

Van Geneugden war Siebter und hatte 5:22 Rückstand auf Dutronc. Achter war der Franzose Josselin, der gestern Morgen noch in Gelb gestartet war, mit einem Rückstand von 36 Minuten und elf Sekunden. »Schade«, brummte Van der Meer. Er legte die Zeitung zusammen und ging zu seinem Fahrrad zurück.

Aus der Ferne hatte er die Glocken der Tour-Organisation läuten gehört. Es wurde wieder Zeit für einen Arbeitstag.

Während er träge zum Start rollte, tippte jemand ihm auf die Schulter. Er sah sich um und sah in das ernste Gesicht von White. Der Amerikaner nickte ihm zu, sagte aber nichts. Schweigend fuhren sie nebeneinander her.

Während sie sich den Fahrern, die am Start warteten, anschlossen, dachte Van der Meer: Und du wirst doch nicht die Tour gewinnen. Um ein Haar hätte er die Worte auch ausgesprochen, aber er hielt seinen Mund.

Drei Reihen vor White und Van der Meer stand Müller mit zwei Mannschaftskameraden. Der Deutsche war gerade dabei, seine Sonnenbrille zu putzen.

Amsterdam

Um kurz vor halb zwei fuhren vier Taxis vor. Die Gesellschaft hatte von Restaurantbesitzer, Ober und Bedienungspersonal Abschied genommen, und Van der Meer hatte zu seinem nicht geringen Erstaunen gesehen, dass White einen Betrag von hundert Gulden in ein unbenutztes Weinglas gesteckt hatte. »Das stimmt so«, hatte er noch gerufen, aber auch Andersen und Dazan hatten prompt einen Schein aus der Tasche gezogen, und als sie sahen, dass ihnen nichts anderes übrig blieb, hatten die drei anderen das auch getan. Womit Van der Meer der Einzige war, der nichts gegeben hatte. Er hatte in seinen Taschen gesucht und nur niederländisches Kleingeld, ein Bündel Dollar und zwei Kreditkarten entdeckt. Dumm guckend und unter dem Gejohle der anderen hatte er einen Hundert-Dollar-Schein genommen, und Van Geneugden hatte gerufen: »Es gibt immer einen, der es noch besser kann!«

»Darf ich Sie nach Hause bringen?«, hatte Van der Meer Jacqueline gefragt, aber er kannte die Antwort schon.

»Nein, vielen Dank«, hatte sie prompt geantwortet. »Ich kenne mich aus in Amsterdam.« Und während schon drei Taxen weggefahren waren, hatte er ganz kurz sehr nah neben der müde aussehenden Frau gestanden.

»Dann nehmen Sie dieses Taxi«, hatte er gesagt, und sie hatte für einen Moment gezögert. »Und Sie?«, fragte sie.

»Ich laufe lieber«, hatte er geantwortet und die hintere Tür des Wagens für sie aufgehalten. »Bis Montagmorgen«, hatte er mit entschlossener Stimme gesagt, worauf sie ihn kurz angelächelt hatte. »Was wollten Sie sagen?«, hatte er gefragt.

Sie hatte gesagt: »Sie wollen nicht zusammen mit den anderen im Hotel ankommen ... ist es das?« Er hatte genickt: Das war es. »Vor sieben Jahren kamen wir auch nicht zusammen an, nicht wahr?«

»Sie wollen nicht sehen, wie die Beute aufgeteilt wird.« Da war ein Anflug von Spott in ihrer Stimme.

Das hatte sie gut eingeschätzt. Er würde alles bezahlen, aber er wollte es nicht sehen. Deshalb sein Spaziergang durchs nächtliche Amsterdam – in der Hoffnung, dass er allein im Hotel ankäme und direkt auf sein Zimmer gehen könnte.

»Ich verstehe«, sagte sie und stieg ein.

»Versuchen Sie doch mal, etwas weniger kühl zu sein«, sagte Van der Meer.

Sie schaute auf, nickte kurz und sagte: »Gute Nacht. Wir sehen uns Montag. Danke für den netten Abend.«

»Das war wohl ein Scherz«, sagte er schnell.

»Nicht ganz, aber ich begreife nun eine ganze Menge mehr von Ihnen und Ihren Trabanten«, sagte sie und schloss die Wagentür.

Der Mercedes rauschte ab, und Van der Meer stand allein auf der Straße.

»Dann los«, sagte er zu sich selbst und machte sich auf den Weg.

Blois

Van der Meer saß auf einem kleinen Stuhl im Startwagen fürs Zeitfahren. Er hatte sich gut warm gefahren, und der Schweiß tropfte von seiner Stirn. Er fühlte sich allein, hatte ein leeres Gefühl im Kopf und versuchte sich zu konzentrieren. Die Tour de France stand vor der Entscheidung. Der große Strippenzieher bei der Gesamtwertung sah aus seinem Augenwinkel, dass zwei Kameraleute von zwei konkurrierenden Fernsehanstalten ihn voll im Bild hatten. »Fliehen geht nicht mehr«, hatte er mit einem gequälten Lachen in die Richtung der Kameraleute gerufen und hatte sich dann auf seine Zeitfahrmaschine gesetzt. Heute würde er alles drum geben, um Dritter zu werden und nicht zu gewinnen.

Die vorangegangenen Etappen waren nervenaufreibend gewesen. Dazan hatte listig versucht, auf dem Weg nach Saint-Étienne auszureißen, aber die Knechte von Müller und White hatten den Italiener beinahe in den Graben hineingefahren bei ihren Versuchen, Ruhe in der Gruppe zu behalten.

Die Etappe war tödlich schwer gewesen. In einer wilden Jagd war die Karawane durchs erstickend warme Frankreich gezogen, und ein paar Mal hatte Van der Meer seine ganze Strategie scheitern sehen; Müller selbst zerbrach beinahe, als er in einer dritten Gruppe zurückfiel; und als später, zehn Kilometer vor dem Ziel, eine ziemlich große Gruppe ausriss, hatte Van der Meer etwas zu spät bemerkt, dass White klammheimlich mitgeschlichen war. Mit Todesverachtung hatte Van der Meer im Hauptfeld Tempo gemacht und die Gruppe wieder eingeholt, kurz bevor sie nach Saint-Étienne hineinfuhren.

Das war ungefähr das Letzte, was er in dieser Tour unternehmen konnte. Von diesem Moment an war eine tiefe, fast bleierne Müdigkeit in seinen Körper gekrochen. Nicht nur in seine Beine, sondern überall. Er schlief schlecht, hatte kaum noch Appetit, und in Montlucon war er gar in einer Gruppe angekommen, die zig Sekunden Rückstand hatte auf den ersten Teil des Hauptfeldes. Es war ihm gleichgültig gewesen, auch als Den Daas ihn beim Abendessen scharf kritisiert hatte. Er hätte aufpassen müssen und nicht pennen dürfen. Damit würde er doch alle Chancen auf einen Platz auf dem Treppchen wegwerfen. Ob er das begreifen könne. Er wäre ein Profi und sollte auch so handeln. Nun hatten die Niederlande endlich mal wieder die Chance auf einen Tour-Sieger, da ließ sich Mijnheer, verdammt noch mal, einfach übertölpeln in einer nichts sagenden Scheiß-Etappe ... Das und noch viel mehr hatte Den Daas in seiner blinden Wut gerufen.

»Das Podium«, hatte Van der Meer nach einigen Sekunden des Abwartens seinem Teamchef geantwortet, »das Podium kann mich mal am Arsch lecken, wenn ein Podium das wirklich könnte ... Weißt du, ihr könnt mir alle den Buckel runterrutschen. Ihr habt überhaupt keine Ahnung ...«

Er hatte den Tisch verlassen und war zu seinem Zimmer gegangen, an dessen Tür zwei Minuten später José angeklopft hatte.

Van der Meer hatte den Betreuer schweigend angesehen. Was wollte der hier?

»Erstens bin ich nicht zu alt«, hatte der Helfer gesagt und sich dabei aufs Bett gesetzt.

Van der Meer hatte schnell überlegt und dies dann direkt mit Ricardo in Verbindung gebracht. »So habe ich es auch nicht gemeint«, hatte er nur geantwortet.

José hatte ihn angeschaut und kurz gelacht. »Auch wenn du es so gemeint hast ... Tim van der Meer, ich habe bis heute eine ganze Reihe von Fahrern unter meinen Händen gehabt und ich habe sie alle kennen und schätzen gelernt. Du bist ein besonderer, ein ganz besonderer sogar, weil du ein halber Intellektueller auf dem Rad bist.

Versteh' mich richtig, ich werde dich weiter betreuen, aber ich glaube, dass du zu hoch spielst, und ich weiß, dass du die ganze Geschichte, in die du dich begeben hast, bereuen wirst. Ich weiß von anderen Fahrern, auch von früher, dass sie Jahre danach noch damit beschäftigt waren, nachdem sie einen großen Deal gemacht hatten. Diesbezüglich bist du nicht anders, obwohl du doch anders bist … Verstehst du mich?«

Van der Meer hatte den alten Betreuer lange angesehen und dann gesagt: »Ich glaube, dass ich dem gewachsen bin.«

»Ich glaube nicht«, hatte der Betreuer reagiert. Er war aufgestanden und zur Tür gegangen, hatte, bevor er zum Gang hinausging, gesagt: »Es dauert Jahre, bis du das verarbeitet hast. Ich weiß nicht, wie du das hingedreht hast, aber ich habe in diesem Job schon zu viel mitgemacht. Ich bin nicht blind, vielleicht alt, aber nicht zu alt, glaub' mir das.«

Van der Meer hatte kurz danach fest gegen die Tür getreten.

Der Kampfrichter neben ihm zählte ab: »Cinq, quatre, trois, deux, un, partez«, und ließ das Rad los. Van der Meer stieg in die Pedale und schoss die Schräge hinunter. Nach ungefähr zwanzig Sekunden spürte er, dass er nach Luft schnappte. Er war nervös und schaltete herunter statt herauf. »Gott verdammt noch mal!«, sagte er laut zu sich selbst und schnitt die erste Kurve an. Nur noch vierundsechzig Kilometer, dann war die Plackerei vorbei.

Erst nach fünf Minuten fühlte er, dass er seinen Rhythmus gefunden hatte. Er fuhr auf der größten Übersetzung und wurde langsam ruhiger. Jetzt war es wichtig, gut dosiert zu fahren. Schnell, aber nicht zu schnell.

Nach zwölf Kilometern bekam er von Den Daas, der schräg hinter ihm bleiben musste, eine Zwischenzeit. Er fuhr die zweitschnellste Zeit in diesem Augenblick. Nur Müller war schneller; Dutronc musste noch an der Zeitmessung vorbei.

So geht es gut, so muss es bleiben, dachte er, schnappte sich seine Flasche und nahm einen schnellen Schluck. So geht's besser, alter Kilometerfresser.

Trotz der Anstrengungen musste er wegen seines kindischen Reimes lachen.

»Los, Tim, schneller, schneller«, hörte er die Stimme seines Mannschaftskapitäns hinter sich.

»Tölpel«, zischte er vor sich hin und schaltete auf das Zwölferritzel.

Amsterdam

Es war immer noch was los in der Stadt. Auf dem Rokin ging Van der Meer an einer Gruppe von Jugendlichen vorbei, die auf dem Weg zu einem Fest zu sein schienen. Sie hatten Bierkisten bei sich und lärmten ausgelassen.

Van der Meer fühlte sich gut, obwohl es sich in seinem Kopf leicht drehte. Er hatte versucht, wenig zu trinken, aber von dem Bier in der Brauerei über den Champagner im Grachtenboot und den guten Weinen im Restaurant war er doch dicht an seine Grenze gekommen. Betrunkenheit führte bei ihm dazu, dass er sanft und sentimental wurde.

Jetzt hatte er es wieder. Während er Richtung Dam lief, wanderten seine Gedanken zurück in die vergangenen Jahre. Amsterdam war seine Heimatstadt gewesen, aber als Radprofi hatte er in diesen Jahren eigentlich kein Zuhause gehabt. Ja, sein Koffer war sein Zuhause gewesen. Er hatte sich selbst immer als Amsterdamer gefühlt: frech, mit schneller Zunge und einem Sinn für Humor, aber irgendwo war er in all den Dingen doch etwas gebremst.

Große Radrennfahrer kamen nicht aus einer großen Stadt. Wer hatte das doch wieder behauptet? Van der Meer lächelte vor sich hin. Stijn Miller hatte es gesagt in einer großen, langen Live-Sendung am Tag nach dem Tour-Finale in Paris: Top-Fahrer waren Bauernsöhne aus der Bretagne, knorrige Typen aus dem harten Schweizer Bergland, Jungs von der Po-Ebene und knochige Flegel aus Westflandern. Und Van der Meer war ein Mokumer, ein echter Amsterdamer, der seine Mittlere Reife gemacht und dazu noch Großstadtmanieren hatte, und deshalb war er anders, hatte der Fernsehmann gesagt. Van der Meer hatte es so stehen gelassen. Wenn man so ein Bild von ihm hatte ... okay, sollte er es ändern?

Er wohnte in dieser Zeit bequem im Süden der Stadt, war verheiratet mit einer fröhlichen, ausgelassenen jungen Frau, die sein sauer verdientes Geld mit gefährlicher Geschwindigkeit ausgab, aber auch das konnte ihn nicht stören. Er war ziemlich erfolgreich bei dem, was er in diesen Tagen machte. Man kannte ihn in den Niederlanden, er war ein gern gesehener Gast in Fernseh-Talkshows, er hatte eine freche Schnauze, sah stark und gut aus – und die Zukunft schien noch weit weg.

Er überquerte den Dam Richtung Nieuwe Kerk und überlegte, dass es vielleicht sechs Jahre her war, dass er hier entlanggelaufen war. Er war, nachdem er mit dem Radfahren aufgehört hatte, langsam aus der Stadt weggetrieben. Er war Weltbürger geworden, hatte erst ein Apartment in New York gekauft, wo er viel Zeit verbrachte, und hatte sich später einen Bauernhof nördlich von Montpellier zugelegt, wo er tatsächlich selten oder nie war und wo eine französische Familie zum Aufpassen wohnte. In Amsterdam hatte er ein Haus in der Beethovenstraße behalten, aber wenn er dort zwanzigmal im Jahr hinkam, war das viel.

Meistens schlief er irgendwo unterwegs, in großen Zimmern von teuren Hotels. Oft allein, nur manchmal mit einer Freundin, einer Bekannten oder einer ehemaligen Flamme. Er war etabliert, sagte man. Er war mächtig reich geworden, aber hatte keine Sekunde Ruhe in sein Leben hineinbekommen. Er war geschieden und unzufrieden mit seinen sozialen Bindungen. Harte Arbeit und das viele Reisen vertrieben die quälende Langeweile in den Stunden seines Daseins als Single. Er kaufte, was er kaufen wollte, aber oft wollte er nichts kaufen. Vor ein paar Jahren hatte eine niederländische Abendzeitung eine große Geschichte über die Millionen gebracht, die der Ex-Profi in kurzer Zeit mit seinem kleinen Imperium verdient hatte, das er The Leading Group genannt hatte. An den markantesten Satz aus diesem Artikel erinnerte er sich noch. Er lautete so: »Der Ex-Radrennfahrer muss gut gespart haben, denn seine ersten Investitionen waren gut und frech. Er setzte auffallend auf ausländische Anleihen und hatte anscheinend genug finanziellen Spielraum dafür.«

Vorige Woche hatte noch ein Naseweis so eines verhassten niederländischen Blattes bei ihm angerufen und gefragt, wie viele Millionen auf seinem Konto wären, denn es ginge um die jährliche Millionärsliste des Landes. Van der Meer hatte dem Bengel in drei Sätzen klar gemacht, dass es sinnlos wäre, weiter mit ihm zu reden. »Das interessiert doch niemanden in Holland. Sie langweilen mich mit der Frage und, passen Sie gut auf, ich weiß es nicht einmal«, hatte er gesagt und ganz ruhig aufgelegt. Was für ein Unsinn ... das Ärgerliche war, dass er tatsächlich nicht wusste, wie viel Geld er besaß. Eine typische Eigenschaft von Neureichen. Es störte ihn, dass er diesen üblen Zug auch hatte. Vor noch nicht einmal zehn Jahren wusste er auch nicht, wie viel er besaß, aber er wusste sicher, dass es nicht viel war. Noch immer interessierte es ihn nicht. Jetzt aber mit einem Unterschied: Er schwamm im Geld.

Er sah hinüber zum ehemaligen Postgebäude, jetzt ein Einkaufszentrum, und bog rechts in den Nieuwezijds Voorburgwal ein. Es kam Lärm aus den Kneipen, an denen er entlanglief; es war ein typischer sommerlicher Abend in Amsterdam, jeder schien in der Stadt zu übernachten, Hinz und Kunz ... Es war schön warm, und an diesen Abenden hatte diese Stadt das ganz Besondere, das er nie genau zu definieren wusste: Gemütlichkeit, Spannung, Herausforderung. Es hing eine mit allen Sinnen spürbare Glut über den Menschen; jeder tat, was er wollte ... Er überlegte noch ein paar andere Umschreibungen, wurde aber abgelenkt, als er Andersen auf der anderen Straßenseite mit seiner Begleitung gehen sah. Van der Meer blieb kurz stehen und sah ihnen hinterher. Sie verschwanden in einer Kneipe, und ganz kurz hatte Van der Meer das Bedürfnis, die Straße zu überqueren und quasi zufällig in dieselbe Gaststätte hineinzugehen.

Er schüttelte seinen Kopf und ging weiter. Ganz automatisch landete er wieder bei seinen früheren Überlegungen. Was sollte er tun? Er war allein und fühlte es. Oft konnte er ausgezeichnet mit dem Alleinsein umgehen, aber jetzt war es plötzlich hinderlich; es bedrückte ihn, es bereitete ihm sogar Schmerz.

Er hatte seine Kollegen aus der Spitzengruppe alle mit Begleitung versorgt, während er selbst nun allein durch die Stadt lief, die nicht mal mehr die seine war – und das mit einer Stimmung, die er auch nicht unterbringen konnte.

Bis zu seinem Hotel waren es noch eineinhalb Minuten, aber sollte er nun direkt auf sein Zimmer gehen und schlafen? Gab es nichts mehr zu tun in der Stadt?

Er verlangsamte seinen Schritt, versuchte eine Antwort zu finden, dachte kurz über die Straßen nach, die er links von sich sah und wo noch viele Kneipengänger unterwegs waren. Sollte er?

Nein. Mit einem Male machte er ein paar schnelle Schritte und ging geradewegs Richtung Hotel.

Kurze Zeit später stieß er die Tür auf und betrat den kühlen Empfangsraum.

Hier drinnen – das konnte überall sein: Washington, Tokio, London oder Amsterdam.

Er lief zum Aufzug und hörte, wie sein Name gerufen wurde: »He, Tim!«

Er drehte sich um und sah, wie Katzman auf ihn zukam.

»Ich bin aufgeblieben, um zu hören, wie alles gelaufen ist«, sagte der Hoteldirektor.

Van der Meer nickte: »Gut, sehr gut sogar … ich glaube, dass jeder es bis jetzt sehr nett gefunden hat.«

Einen kurzen Augenblick war es still zwischen den beiden Männern.

»Noch etwas zu trinken? Ich habe ein kühles Bier für dich«, sagte Katzman und zeigte mit seiner Hand auf die Bar.

»Eins dann noch«, sagte Van der Meer.

Blois

Nach zweiunddreißig Kilometer Zeitfahren hatte Stijn Miller in sein Mikrofon gerufen, dass (nach Joop Zoetemelk 1980 und Jan Janssen 1968) ein dritter niederländischer Tour-Gewinner im Bereich des Möglichen wäre. Die Zwischenergebnisse waren gerade auf dem Bildschirm erschienen, und der Kommentator hatte mit sich fast überschlagender Stimme geschrien, dass Van der Meer auf jeden Fall auf dem Weg zu Platz zwei wäre. Er hatte den Rückstand auf Müller auf drei Sekunden zurückgeschraubt.

Van der Meer hörte die Zwischenzeiten kurz danach. Er hatte einen wunderbar runden Tritt, hatte nicht ein einziges Problem mit dem großen Gang und hatte mit Genugtuung beobachtet, dass er seine Herzfrequenz unter Kontrolle halten konnte. Er war bis in seine letzten Muskelfasern ermüdet, aber er schaffte es noch. Zwar »bien préparé«, wie José ihm am Morgen erzählt hatte, aber das gehörte zu diesem Topsport.

Der alte Soigneur hatte ihn am Morgen in seinem Zimmer aufgesucht und ihm eine Spritze in die rechte Pobacke gegeben. »Du bist ein ganz Besonderer, und das ist das Mindeste, was ich für dich tun kann«, hatte er gesagt und dann, als Van der Meer gefragt hatte, ob das gefährlich im Hinblick auf die Kontrolle wäre, seinen Kopf geschüttelt: »Nein, es ist ein schöner Cocktail.«

Van der Meer hatte sich weiter keine Sorgen gemacht: José wurde zwar älter, aber er war ein Meister seines Fachs. Er wusste viel von dieser Materie und hatte immer die guten Präparate. Er hatte wohl schon mal gefragt, wie er denn an dieses fortschrittliche Zeugs käme, und José hatte damals geantwortet: »Du hast Helfer im Rennen, ich habe Freunde in meinem Metier. So hängt das zusammen.« Van der Meer wusste von José, dass er ein paar Mal im Jahr zu einem Apotheker in der Nähe von San Sebastian fuhr und dort seine Vorräte auffüllte. Er hatte dem Betreuer immer vertraut.

Den Daas fuhr zwei Meter schräg hinter ihm und sagte die Zeiten durch ein Megaphon an. Van der Meer hörte der blechernen Stimme aufmerksam zu: »Du fährst noch drei Sekunden hinter Müller. Dutronc ist schon zurückgefallen; er ist jetzt schon mehr als zwei Minuten langsamer. White ist noch gefährlich. Andersen fährt stark, aber du kannst gewinnen.«

Gewinnen, hatte Van der Meer überlegt. Was gewinnen? Das Zeitfahren, die Tour? Was meinte dieser Idiot im Auto?

Er hatte eine halbe Minute nachgedacht über das, was sein Teamchef ihm zugerufen hatte, und fragte sich, was der nun genau mit den drei Sekunden gemeint hatte. War das der Rückstand im Zeitfahren oder hatte Den Daas die gefahrenen Zeiten schon fürs Gesamtklassement berechnet?

Mit einem Male fühlte er ein heißes Kribbeln durch seinen Körper ziehen. Gewinnen? Drei Sekunden – wie, wo, wann? Er ließ die Straßen des Dorfes Autreche hinter sich und sah, dass die Haare an seinen Oberarmen zu Berge standen. Verdammt, dachte er, so habe ich mich noch nie gefühlt. Hinter sich sah er ein Motorrad des französischen Fernsehens und schräg dahinter ungefähr fünf Wagen. Den Daas streckte seine Faust aus dem offenen Fenster und rief etwas. Van der Meer konnte es nicht verstehen.

Wie, überlegte er sich, während er kurz zurückschaltete, weil ein kleiner, gemeiner Hügel im Parcours aufgetaucht war, wie sollte er hinter die Bedeutung dessen kommen, was sein Mannschaftskapitän gerade gerufen hatte? Er war routiniert genug, um zu wissen, dass er sich nicht ausgiebig mit ihm unterhalten konnte; er wusste schließlich, das ein UCI-Kampfrichter neben Den Daas saß. In der Tour konnte schon mal geschummelt werden, aber hier ging es um Sport der allerersten Kategorie. Dies waren die entscheidenden Kilometer eines großen Sportereignisses, und mit den auf die Favoriten gerichteten Kameras im Rücken konnte er hier nicht ausgiebig diskutieren.

Auf dem kleinen Abhang fand Van der Meer seinen Rhythmus wieder und auch eine Lösung für sein Problem. Er schaltete, schaute kurz auf seine Kette und hob seine Hand. Es dauerte kaum zehn Sekunden, bis Den Daas mit seinem Wagen neben ihm war. Van der Meer schaute ins Auto hinein und rief Kamiel, dem Mechaniker, zu: »Guck dir mal meine Gangschaltung an.«

Kamiel begriff sofort, was jetzt passieren musste und hing fünfzehn Sekunden später mit einer Ölkanne aus dem Autofenster.

»Geht's um drei Sekunden beim Zeitfahren?«, rief Van der Meer gegen den Wind seinem Teamchef zu.

Kamiel berührte ihn am Hintern, und der Mann aus der Jury, rechts neben Den Daas sitzend, achtete genau darauf, dass Van der Meer das Auto auf keinen Fall berührte.

»Nein, du Penner, du bist an Gelb dran«, rief Den Daas zurück.

Heiliger Jesus zu Pferd, dachte Van der Meer und fuhr vom Auto weg. Er beobachtete auf seinem Herzfrequenzmesser eine unbekannte Reaktion und schniefte Rotz aus seiner Nase.

Zwei Minuten später zweifelte er an den Worten seines Teamchefs. War das eine List, um ihn dazu zu bringen, noch schneller zu fahren? War der Sack dabei, ihn zu beschummeln? Im Laufe der Jahre hatte er die seltsamsten Tricks der Mannschaftsführer mitgemacht. Den Daas war einer mit einem ganz besonderen Sinn für Teamchef-Humor. Vor zwei Jahren, auf dem Weg nach Metz, kam er in die Führungsposition und hatte gute Aussichten, die Etappe zu gewinnen. Kurz vor dem Ziel hatte er seinen Teamchef gefragt, ob er wüsste, wie der letzte Kilometer verliefe, etwas bergauf oder ganz flach? Den Daas hatte ihm statt einer Antwort mit unbewegter Miene aus seinem Wagen zugerufen: »Die blonde Tour-Miss, die den Etappensieger küsst, hat nie einen Slip an, wusstest du das?«

Van der Meer hatte die Etappe gewonnen und während der Siegerehrung ihren Popo befühlt. Während er mit seiner linken Hand einen Riesenstrauß Blumen hoch hielt und damit dem Publikum und den Fotografen zuwinkte, war seine rechte Hand hinter die Französin geglitten und hatte sehr schnell und zielsicher eine Aktion unter dem kurzen Rock ausgeführt. Wie so häufig hatte sein Teamchef Unrecht. Die Frau selbst hatte es wahrscheinlich nicht einmal bemerkt.

Amsterdam

Van der Meer hatte noch zweimal »Das allerletzte dann« gesagt und die kühlen Biere mit einiger Vorsicht ausgetrunken. Katzman hatte zuerst die geschäftlichen Dinge für den nächsten Tag besprochen – den Brunch und danach den Abschied – und dann hatten die zwei, an der Bar sitzend, von der Tour damals angefangen.

»Was ich nie begriffen habe«, hatte der Hotelmann gesagt, »waren die letzten Kilometer des Zeitfahrens. Ich erinnere mich noch, dass Stijn Miller alle Gefühlszustände mitmachte, beinahe durchdrehte und herausschrie, dass wir wieder einen Tour-Sieger hätten und dass du nur noch drei Sekunden Rückstand auf den Mof hattest, aber was danach passierte, weiß ich eigentlich nicht mehr.«

Van der Meer hatte seinen Nachbarn mit einigermaßen feuchten Augen angesehen und gesagt: »Ich eigentlich auch nicht.«

»Ich kann mich wohl noch erinnern, dass du Pech mit der Kette hattest«, bemerkte Katzman.

»Stimmt«, sagte Van der Meer.

»Aber dann, was passierte danach?«

»Der Deutsche fuhr schneller als ich. So einfach war das.«

»Du weißt, dass kritische Journalisten daran noch Tage nach diesem Zeitfahren gezweifelt haben«, sagte Katzman vorsichtig.

Van der Meer nickte. Er hatte die Geschichten auch gehört und zwei von ihnen gelesen. Die Analyse des jungen Reporters Wagen war Van der Meers Wahrheit ziemlich nahe gekommen, erinnerte er sich. Der Mann hatte eine gute Geschichte zusammengeschrieben, die auf einer sehr hilfreichen Aktion von Van der Meer im letzten

Anstieg der großen Alpenetappe basierte, gepaart mit einem plötzlichen Zurückfallen des Amsterdamers im Zeitfahren in genau dem Augenblick, in dem er sich ins Gelbe Trikot zu fahren schien. Wagen hatte übrigens den Sportjournalismus verlassen und war nun Korrespondent einer Morgenzeitung in Washington.

Die andere Geschichte, die er am Tag nach der Tour gelesen hatte, stammte aus der Feder eines Amsterdamer Schriftstellers, der zwar eine unwahrscheinliche Menge an Unsinn geschrieben hatte, in diesem ganzen Blödsinn aber ein paar Mal die perfide Existenz des Radprofis im Allgemeinen und die Auswüchse davon angetickt hatte und speziell hier einige Details sehr gut erkannt hatte. Der Mann hatte sogar noch einen Preis für diesen Artikel bekommen und war später, unmittelbar vor einer Fernsehsendung, in der sie beide zu Gast waren, auf Van der Meer zugegangen und hatte sich mehr oder weniger dafür entschuldigt, dass er solch hässlichen Dinge über ihn geschrieben hatte.

Van der Meer erinnerte sich genau daran, was er damals geantwortet hatte. »Ihre Worte können mich nie treffen«, hatte er gesagt, und der Journalist hatte etwas von oben herab geantwortet: »Ich fürchte, dass etwas Wahres daran ist, Sie werden sie nicht verstehen«, worauf Van der Meer genickt hatte und mit den Worten »Das wird es sein. Ich bin ja doch nur ein Radfahrer« gegangen war.

»Was mir immer aufgestoßen ist«, sagte Van der Meer, der den Barkeeper um eine Tasse Kaffee gebeten hatte, »ist die Tatsache, dass dieser Kerl den Radsport als ein Gelage von sich betrügenden, Doping verschlingenden, unwissenden, dummen Kraftmenschen beschrieben hat, die nichts anderes tun als falsch zu spielen.«

»Und das ist gar nicht so?«, fragte Katzman mit beißendem Zynismus in seiner Stimme. Er schaute den Ex-Profi, der müde lächelte, von der Seite an.

»Was erwartest du jetzt von mir? Das ich das bestätige? Radfahren ist für mich ein wichtiger Teil meines Lebens gewesen. Ich habe Spaß gehabt und ich habe mit den Regeln des Pelotons gelebt … und ich gebe zu, dass dies oft nicht die Regeln sind, die in deiner Umgebung zählen. Natürlich habe ich Dinge getan, die nicht erlaubt waren. Und natürlich habe ich schon mal Doping benutzt, nur haben alle meinen Kollegen von früher, damals und jetzt, ich auch, dies nie hinausposaunt. Radfahrer gelten meinetwegen als nicht besonders helle, jedenfalls in den Augen anderer, sie sind aber in jedem Fall nicht so dumm, ihr eigenes Nest zu beschmutzen, indem sie alle und jeden beschuldigen. Es entgleist vielleicht mal einer, aber …«

Katzman unterbrach: »Dein Sport ist nach außen abgeschottet wie kein anderer.«

Van der Meer nickte bedächtig, wartete kurz und sagte: »Weiß ich nicht genau. Würden Formel-1-Fahrer und NBA-Spieler und Top-Fußballer in England und Italien ihre Welt nicht auch geschlossen halten?«

Katzman sagte: »Ich glaube wohl.«

»Schau«, fuhr Van der Meer fort, »die ganzen Dopinggeschichten haben dem Radsport nicht geholfen, aber niemand aus dem Sport selbst hat es nach draußen lanciert. Im vergangenen Jahr war es doch Gemeingut jedes Sportinteressierten, dass jeder Fahrer Pillen und Spritzen benötigte, um vorwärts zu kommen. Das ist der größte Blödsinn, den es gibt, entstammend der Gedankenwelt von Menschen wie dem Kerl, der damals die Geschichte über mich schrieb – wie hieß er doch noch?«

Katzman sagte schnell: »Jean-Paul van Asseldonk«, und Van der Meer nickte: »Ja, dieser … diese Salonmenschenkenner … Journalisten, Künstler, Werbefritzen, Anwälte, das neue Börsenproletariat, Incrowd, Schriftsteller, Fernsehleute, der letzte Jahrgang von Politikberatern auch. Sie glauben alle, dass sie wissen, wie es im großen Sport zugeht, aber ihr Wissen ist nur Mutmaßen, Romantisieren, ein Gerücht auffangen und es auf das eigene Leben beziehen. Der Miller vom Fernsehen hat auch so seine eigene Art des Interpretierens; manchmal trifft er es ganz gut, aber oft auch nicht. Und wenn Menschen, die Meinung machen im Fernsehen, Radio und in Zeitungen, genügend Unsinn publizieren, erreicht es auch mal die große Mehrheit, wie …«

»Das Publikum hat sich nie vom Radsport abgewendet, sogar im vergangenen Jahr nicht«, sagte Katzman.

Van der Meer reagierte mit weit ausgebreiteten Armen: »Natürlich nicht. Es wird fürs große Publikum keine Bedeutung gehabt haben, wieso ich in der Tour gefahren bin. Ich habe sie später da stehen sehen bei den Kriterien … Zehntausende … drei Reihen hintereinander in winzigen Dörfern … Bierchen in der Hand und genießen.«

»Ist dies dann die Bestätigung eines korrekten Benehmens?«, fragte Katzman.

Van der Meer trank seinen Kaffee, stand auf und legte seinen rechten Arm um die Schulter des Mannes, mit dem er früher zusammen zur Schule gegangen war. »Und du, was hast du aus deinem Leben gemacht?«, sagte er.

Katzman lachte mit einem leichten Schluckauf und sagte: »Nichts. Ich bin Direktor einer gut laufenden Hütte geworden; ich arbeite mich kaputt, verdiene gutes Geld und bin selten zu Hause.«

»Verheiratet?«, fragte Van der Meer, während er die Schulter seines Freundes wieder losließ.

Katzman nickte wenig überzeugend: »Ja, aber die Ehe hat Schläge mitbekommen.«

Sie standen beide hinter ihrem Barhocker, bereit um zu gehen.

Plötzlich hatte Van der Meer eine Eingebung: »Pinkelst du manchmal neben das Becken?«

Katzman schaute ihn erstaunt an: »Wie meinst du das?«

Van der Meer schaute hoch und sah Katzmans irritierte Blicke.

»Ich könnte es mir wohl vorstellen … Was für ein schöner Mensch«, sagte er auf einmal und er machte drei Schritte in Richtung Tür.

Hinter sich hörte er die Stimme von Katzman: »Woher weißt du das? Hat sie …?«

Van der Meer zuckte mit den Schultern, drehte sich nicht mehr um und ging schnell weg. Als er den Lift betrat, bedauerte er bereits seine Bemerkung.

Blois

In Santenay, nach sechsundvierzig Kilometern, war Müller der Schnellste. Van der Meer hatte 31 Sekunden Rückstand auf den Deutschen, Andersen folgte mit 57 Sekunden, White war fast zwei Minuten zurückgefallen, bedingt durch eine Panne bereits nach drei Kilometern, und Dutronc hatte beinahe vier Minuten verloren. Dazan fuhr ganz gut auf Platz sechs; nur Koupernikow, ein russischer Sprinter in italienischen Diensten, hatte sich auf dieses Zeitfahren konzentriert und sich zwischen die Ersten der früheren Spitzengruppe gesetzt.

»Allez, allez«, hörte Van der Meer dauernd hinter sich, aber er fuhr trotzdem nicht schneller. Sein Rhythmus war noch gut, aber irgendwo, tief in seinem Körper, fühlte er, was er sehr selten bei Wettkämpfen mitgemacht hatte: Eine nahezu verzweifelte Müdigkeit, die sich quälend langsam in seine Muskeln schlich und Gefühle von leichtem Schmerz, Krampf und Übelkeit mit sich brachte.

Er schwitzte und spürte, dass er Schaum um seinen Mund hatte; wohl das Zeichen, dass er alles gab, denn gute Zeitfahrer hatten dies eigentlich immer. Ganz kurz nahm er seine rechte Hand vom Triathlon-Lenker und wischte seine Nase. Er besah sich das Ergebnis und brummelte in sich hinein.

Dazan fuhr nun vor ihm. Er würde den Italiener überholen, das war sicher.

Zwei Minuten später schob er sich langsam an der Nase vorbei. Van der Meer hatte die rechte Seite der Straße gewählt, und Dazan fuhr ganz links, aber doch begegneten sich ihre Blicke in dem Moment, als sie aneinander vorbeifuhren. Der Blick von Van der

Meer war leer; er vergaß sogar, Triumph hineinzulegen. Dazan reagierte allerdings prompt. Er verzog das Gesicht und rief: »Stronzo – Scheiße.«

Van der Meer machte eine Geste mit seiner linken Hand.

Die Folge davon war, dass Dazan sich herausgefordert fühlte und für zwei Kilometer an der äußersten linken Seite der Straße blieb, während Van der Meer an der anderen Seite fuhr, vielleicht eineinhalb Meter schräg vor ihm. Gehupe aus dem nachfolgenden Wagen von Van der Meer war zu hören, aber der Italiener blieb dabei, obwohl auch er wusste, dass der Kampfrichter, der neben Den Daas saß, nichts von dieser Wettbewerbsverzerrung wissen wollte.

Er ging davon aus, dass er noch nicht vollständig überholt worden war, und deshalb fuhr er voll durch. Beide fuhren mit der 12 einen runden Tritt, als ob es überhaupt keine Mühe bereitete, aber in den Körpern der beiden Profis knisterte es.

Das seltsame Schauspiel endete, als Dazan die Spannung aus seinen Muskeln nahm und mit lauten Verwünschungen den Holländer fahren ließ. Van der Meer lächelte; das war doch noch ein nettes Duell gewesen. Was er nicht wusste, war, dass er dabei dermaßen schnell gefahren war, dass er bei der Zwischenzeit von Molineuf, nach fast fünfundvierzig Kilometern, nur sieben Sekunden hinter Müller lag.

Stijn Miller stand in diesem Augenblick vor dem Platzen. Der Kommentator, der bei der vorhergehenden Zwischenzeit Van der Meer bereits abgeschrieben hatte und für den Gesamtsieg Müller oder White ausgemacht hatte, musste nun in seiner Berichterstattung wieder die Richtung verändern.

Die Fernsehbilder zeigten den völlig zusammengebrochenen Dutronc, der zwar von einer Armada von Motorrädern und Autos begleitet wurde und auch viel zu viel ins Bild gesetzt wurde, im gesamten Zeitfahren und für die Gesamtwertung aber keine Rolle von Bedeutung mehr spielte.

Der französische Regisseur hatte es an diesem Tage schon schwer. Er musste das Gelbe Trikot im Bild haben, er musste ein Auge auf die Nummer Zwei, White, haben, musste aber auch auf die Favoriten für den Gesamtsieg achten.

Er hatte deshalb ein Motorrad neben Müller positioniert und hatte ein anderes eine Zeit lang bei Van der Meer gehalten, aber das verrückte Duell zwischen Dazan und dem Holländer war nur kurz über Hubschrauber im Bild zu sehen gewesen, weil auch noch die Aktivitäten von Andersen interessant zu werden begannen, als sich herauskristallisierte, dass Müller, Van der Meer, White und Andersen nur knapp eine Minute auseinander lagen.

Miller sprach von einem nie gesehenen fesselnden Zeitfahren und benutzte alle Superlative, die sein Wortschatz parat hatte. Weil Dutronc meist im Bild war, hatte er keine Vorstellung davon, wie Van der Meer fuhr.

Das muntere Duell mit Dazan machte sich jetzt auch beim Holländer bemerkbar. Er spürte, dass seine Kräfte langsam aus den Beinen wichen und versuchte es gleich mit einem kleineren Gang. Er trank schnell ein paar Züge von dem immer noch lauwarmen Brei und versuchte so lange wie möglich den Rhythmus zu halten, der ihn bis jetzt so gut im Rennen hatte aussehen lassen.

Während er in der Ferne die Silhouette von Blois sah, spürte er, dass es abwärts ging und nicht nur ein bisschen. Das laute, scharfe Gehupe von Den Daas hinter ihm half nicht; das Beste war herunter, und das Zeitfahren schien knappe drei Kilometer zu lang für ihn zu sein. »Einundsechzig wäre eine bessere Distanz gewesen«, sagte er sich selbst.

Zweimal schaltete er noch hoch, aber er musste auch zweimal herunter, weil er einen beißenden, sich festssetzenden Krampf in seinen Beinen spürte. Er fluchte auf sich selbst, aber er konnte nichts anderes tun, als sich zweimal auf die Pedale zu stellen und seine Beine lang zu machen.

Den Daas erschien neben ihm. Der Teamchef drehte fast durch »Mach zu, verdammt noch mal … noch zwei Kilometer. Du liegst fantastisch im Rennen, Mann! Los, hau rein, du kannst noch gewinnen! Mach weiter, Tim!«

Van der Meer hörte einen unbekannten Unterton in der Stimme seines Mannschaftsführers, spätestens beim Nennen seines Namens, und er schaute kurz zur Seite. Den Daas gestikulierte mit allem, was er hatte: Los, weiter, mach' schon, nach vorn, deutete er auf fast komische Art und Weise an, und Van der Meer konnte nicht anders als kurz zu lachen.

Er hatte, bei Gott, alles gegeben und war besser als jemals zuvor gefahren, aber das Lämpchen ging aus bei ihm und dieser Depp hinter dem Lenkrad begriff das nicht.

»Komm, los, Tim, noch eineinhalb Kilometer …«, hörte er hinter sich.

Es würden die schwersten fünfzehnhundert Meter seiner Karriere werden, überlegte er, während er nun mit einer Hand auf seinen rechten Oberschenkel drückte.

Zuerst dachte er, er würde komplett platzen, und wenig später merkte er, dass er dabei war, viereckig zu fahren. Er konnte nun auch das Fünfzehnerritzel nicht mehr rund hinbekommen, und als er hinter sich wieder Gehupe hörte, fuhr Dazan locker auf der anderen Seite der inzwischen breiten Straße vorbei.

»Arschloch«, rief Van der Meer laut, aber »die Nase« schaute nicht auf oder zurück und löste sich ganz locker von ihm.

Mit einem Male begriff Van der Meer, dass er sich am besten selbst so beschimpft hätte. Er hatte sich enorm vom Italiener provozieren lassen und bezahlte diesen Fehler nun doppelt und dreifach. Hatte er während der Minuten des schauderhaften Duells auf seinen Herzfrequenzmesser geachtet? Er konnte sich nicht daran erinnern. Er war ein riesengroßer Dummkopf gewesen, überlegte er, und er sah das rote Dreieck in der Ferne. Was hatte Den Daas vorhin gerufen? Noch eineinhalb Kilometer? Rechnen konnte er also auch nicht!

Van der Meer sah sich um. Den Daas hatte alles mitbekommen, blieb im Auto, rief auch nichts mehr. Er wusste es; er würde nun nicht in die Geschichtsbücher eingehen als Teamchef eines Tour-Siegers.

Noch einmal setzte Van der Meer kurz an, aber der Krampf zog große Spuren heftigen Schmerzes durch seine Oberschenkel. Er hatte sich selbst komplett in den roten Bereich gefahren und war froh, dass er mit einem kleinen Gang überhaupt noch Rad fahren konnte.

Er sah den Abzweig für die Autos, schaltete noch einmal hoch, aber hielt während der letzten zwanzig Meter vor dem Ziel seine Beine ruhig. Er starb fast vor Schmerzen und hörte angesichts des gewaltigen Lärms bei seiner Zieleinfahrt seine gefahrene Zeit nicht. Es war ihm eigentlich auch egal.

Auf der Pressetribüne rief Stijn Miller, fast schon verrückt geworden, ins Mikrofon: »Was ist auf den letzten Kilometern mit unserem Helden passiert? Unglaublich, meine Damen und Herren, noch niemals habe ich so etwas mitgemacht. Aber was ist die Zeit wert? Es ist die bisher beste Zeit, mit Abstand zwar, aber ist sie gut genug für ein großes Fest? Schauen Sie sich noch einmal die Wiederholung an. Ai, ai, ai! Tim van der Meer, du kriegst den Tritt einfach nicht mehr rund, Mann … Wo stehst du am Sonntag?«

Langsam fuhr Van der Meer aus, kam, ohne sich nach ihm umzudrehen, an José vorbei, der sechzig Meter hinter dem Ziel treu mit einem warmen, nassen Handtuch bereitstand, und spuckte den noch unter seiner Nase und um den Mund herumklebenden Schleim weg.

Er fühlte seine Niederlage vor allen in seinen Beinen, fuhr noch zweihundert Meter vorsichtig durch und wendete dann langsam sein Fahrrad. Er rotzte einen großen Brocken Schleim vermischt mit Spucke und sogar etwas Blut auf den Asphalt und sagte zu sich selbst: »Jetzt wird es gemütlich.«

Ha, da kamen die niederländischen Journalisten in einer großen Gruppe auf ihn zugestürmt. Die ersten Journalisten liefen auf gleicher Höhe neben ihm. Niemand fragte etwas. Es herrschte betretenes Schweigen.

Amsterdam

Van der Meer hatte um zehn Uhr den Saal betreten, in dem der Abschiedsbrunch serviert wurde. Drei Ober waren mit dem Tischdecken beschäftigt und grüßten beinahe im Chor: »Guten Morgen.« Van der Meer grüßte zurück. Er begutachtete den Tisch in der Mitte des Raumes, der wie gewünscht rund war.

Auf der Stirnseite des Saales war eine große Tafel aufgestellt, auf die Van der Meer zuging. Er probierte den schwarzen Filzschreiber aus, schrieb das Wort SPITZENGRUPPE auf das leuchtende Weiß, nahm den Lappen und wischte das Wort wieder weg.

Für halb zwölf waren die sieben Männer mit Hilfe der Einladungskarte, die in allen Zimmern lag, einbestellt: Schluss-Brunch.

Van der Meer schaute auf seine Uhr; er hatte noch etwas Zeit. Er lief gedankenverloren aus dem Raum, zögerte, ob er noch einmal seine Suite aufsuchen sollte, wo er noch eine Anzahl von Faxen lesen musste, aber entschied sich dann doch zu einem Spaziergang.

Amsterdam am Sonntagmorgen war etwas für früh aufstehende Touristen, das erkannte er wieder einmal sehr schnell. Horden von Japanern liefen fotografierend herum und die ersten Rucksacktouristen machten sich auf den Weg zu den Coffeeshops, aber echte Amsterdamer waren nicht zu sehen. Das war immer so gewesen, erinnerte er sich. Früher trainierte er gern am Sonntagmorgen, und als er dann nach Hause kam, nach 120 Kilometern gegen den Wind, kam er immer gegen Mittag zurück, wenn die Hauptstadt erwachte, träge und schön.

Van der Meer ging schräg weiter bis zum Damrak, sah, dass auf dem kleinen Platz zwischen der Börse und dem Kaufhaus Bijenkorf ein Café öffnete, setzte sich in die Sonne und bestellte einen doppelten Espresso und ein Mineralwasser.

Am Abend zuvor hatte er, gleich nachdem als er sein Zimmer betreten hatte, zwei Aspirin genommen, aber irgendwo mitten in seinem Körper hatte er ein Gefühl, das er mit leichtem Brechreiz umschrieb: kein echter Kater, wohl ein bisschen Nachdurst.

Er dachte nach. Wie sollte er seine Ansprache beginnen? Sollte es eher kurz und witzig sein, oder sollte er sich gerade Zeit nehmen, um alles zu erklären? Und wann sollte er die Umschläge präsentieren? Wer zuerst, wer als Letzter? Und sollte er bei jedem etwas anderes erzählen? War es angebracht, diesen Männern sein ganzes Tun und Lassen der letzten fünf Jahre zu erzählen, oder sollte er es ein wenig allgemeiner halten? Sollte er erklären, wie sein Imperium funktionierte? Ging das überhaupt irgendjemanden etwas an?

Er trank seinen Kaffee und sah, dass White sich ihm näherte, vorsichtig den Stuhl neben ihm zurückzog und sich setzte.

»Good morning. Mind if I sit down – guten Morgen, was dagegen, wenn ich mich setze?«, sagte der Amerikaner.

Van der Meer schaute seinen Nachbarn erstaunt an, der noch immer die Breitcordhose trug, diesmal mit einem T-Shirt und einem kurzärmeligen Hemd darüber.

»No, no, not at all – nein, nein, überhaupt nicht«, reagierte Van der Meer, während er sich aufrecht setzte.

Kurze Zeit blieb es still zwischen den zwei Männern. Der Amerikaner bestellte Tee und sagte dann: »Ich habe mich eigentlich nie selbst für den Nachmittag in Sestriere bedanken können. Da bin ich erst gestern Abend drauf gekommen. Ich erinnere mich wohl, dass wir einen Tag nach dieser Etappe Augenkontakt hatten, aber ich glaube, dass ich dir nie etwas gesagt habe.«

Van der Meer nickte ihm zu: »Stimmt. Ich hab da aber auch nie drauf gewartet. Es war eine kurzfristige Absprache gewesen, und ich wusste, dass es geglückt war.« Er musste ob der Worte lachen und fuhr fort: »Niemand war doch positiv in der ganzen Tour. Also dann ...«

»Du hast uns genug Zeit gegeben. Daran erinnere ich mich noch sehr gut, denn als du den Pinkeldoktor am Arm mitzogst, wusste ich vor lauter Nervosität nicht, wie ich es anstellen sollte. Der Franzose war schneller, hatte das wohl schon öfter mitgemacht.«

Van der Meer erinnerte sich an den halbdunklen Wohnwagen, wo die Fahrer in sehr kurzer Zeit ihre Taten verrichten mussten.

»Wer hat für dich gepinkelt?«, fragte er, und der Amerikaner zog seine Schultern nach oben: »Ich glaube der Chauffeur vom Bus, aber ich habe den nie gefragt. Es musste schnell gehen, und danach ist innerhalb der Mannschaft nie mehr drüber gesprochen worden. ich weiß nicht einmal, wie sie dich bezahlt haben ... Das ging mich ja auch weiter nichts an; dafür musste die Mannschaftsführung sorgen.«

Van der Meer sah den Amerikaner an. Er glaubte ihm. White war in dieser Zeit ein junger, unerfahrener Fahrer gewesen, der auf einmal Aussichten auf den Gesamtsieg in der Tour de France hatte.

»Was passierte eigentlich mit dir während des Zeitfahrens nach Blois? Meiner Meinung nach fuhrst du besser, als jeder dachte, und doch gab es was ...?«

White nickte Van der Meer zu: »Wenn ich keinen Platten gehabt hätte, eigentlich unmittelbar nach dem Start, hätte ich gewinnen können. Da bin ich mir nahezu sicher. Ich hatte genug Moral, und weil jeder auf dieses knisternd spannende Duell Andersen – Müller und auch auf dich achtete, konnte ich in Ruhe mein Rennen fahren. Ich weiß wohl noch, dass ich durchs Ziel kam und meine gefahrene Zeit sah; ich wusste nicht, dass ich so schnell gefahren war. Verrückt, aber ich sehe es noch genau vor mir. Du standest nicht weit von mir mit einer ganzen Horde von Journalisten um dich herum, und Andersen stand kotzend dicht hinter mir.«

Van der Meer versuchte sich das Bild vor Augen zu führen. Er schloss seine Augen und dachte nach. Er spürte die Amsterdamer Morgensonne auf seinem Gesicht flimmern. Wollte er es wirklich alles genau wissen?

Blois

Sie mussten ziemlich lange warten, ehe Dutronc da war. Der Franzose kam mit seinem Kopf tief zwischen seinen kantigen Schultern gesenkt durchs Ziel. Das Gelb stand ihm in diesem Augenblick schon nicht mehr zu, und aus dem Lager der deutschen Mannschaft, zwanzig Meter weiter auf dem Asphalt, erklang Jubel. Müller wurde, umgeben von Leuten in gelben Jacken, zum Treppchen geführt, was Van der Meer aus der Distanz beobachtete.

»Du bist Dritter«, hatte Den Daas ihm kurz zuvor mit sich überschlagender Stimme zugerufen, worauf er sich sein Gesicht von José hatte abputzen lassen.

Er bekam eine zweite Flasche mit lauwarmem Tee gereicht und begann vorsichtig zu trinken. Sein ganzes Inneres bäumte sich noch immer auf, sein Magen drehte sich und er musste sich vorsichtig aufs linke Bein stellen, weil der Krampf sonst in seinen Oberschenkel schoss. Er hatte alle Journalistenfragen beantwortet, hatte zwei Dosen Cola eingeworfen, wodurch er noch heftiger transpirierte, und bei all dem seine Gedanken und Gefühle kaum unter Kontrolle bekommen können. Alles kreiselte. Er belegte im Gesamtklassement den dritten Platz, erinnerte sich aber der Worte von Schulz auf dem Weg nach Sestriere: »Fünfzig Prozent der Siegprämie in Paris …« Er war sich ganz sicher, das gehört zu haben. Wenn jetzt nur Schulz auch noch wusste, dass er dies gesagt hatte.

Er wusste, dass in diesem Metier ein Wort noch ein Wort war, und er ging davon aus, dass er durch die Moffen nicht reingelegt würde. Das bedeutete, dass er mit einem Male ein reicher Mann war, und dieses Bewusstsein, das in der vergangenen Woche zwar ganz anregend immer präsent war, wurde nun immer deutlicher und klarer.

Van der Meer sah zum Siegertreppchen und sah Müller, der die beiden Tour-Damen dicht an sich zog. Sogar jetzt achtete er noch darauf.

Die Zieleinfahrt des Deutschen war spektakulär gewesen. Van der Meer hatte den Journalisten seine Geschichte erzählt und dabei aus einer kurzen Entfernung gesehen, dass Andersen und Müller dicht hintereinander durchs Ziel fuhren. Das bedeutete, dass der Deutsche den Norweger beinahe vorgeführt hatte, aber es bedeutete auch, dass Andersen, der Youngster in der Gruppe, ein großartiges Zeitfahren hingelegt hatte.

Müller hatte ihn drei Kilometer vor dem Ziel eingeholt, aber der Norweger hatte nicht aufgegeben und in einem tödlichen Sprint war er vierhundert Meter vor dem Finish wieder am Deutschen vorbeigezogen. Einer der Journalisten hatte schnell im Kopf gerechnet und gerufen, dass White wahrscheinlich Zweiter würde, Andersen oder Van der Meer Dritter. Die Unterschiede wären klein, hatte er hinzugefügt; Van der Meer hatte genickt: Das war bekannt.

Er hörte die Endzeit von Müller und sagte dem jungen Journalisten Wagen: »Dann habe ich nur eine verdammte Minute Rückstand ... ich bin zufrieden.«

Nach der Zieleinfahrt von White waren die Journalisten wieder am Rechnen, diesmal mit Papier und Bleistift, und jemand hatte ausgerufen: »Der Amerikaner hat nur sieben Sekunden Rückstand auf den Deutschen. Wartet, ich weiß nicht, ob es stimmt ... Nein, es ist eine Minute und sieben Sekunden ... Nein, doch nicht.«

Alle hatten über den ungeschickten Mann gelacht. Van der Meer hatte gesagt: »Wenn ich so mit dem Rad fahre, wie du rechnest ...« – worauf der Journalist bissig formuliert hatte: »Dann würdest du im Allgemeinen gut und heute mit Sicherheit in der Spitze der Gesamtwertung fahren.«

»Ich würde so etwas nie von mir selbst sagen«, hatte Van der Meer vorsichtig behauptet. Am anderen Morgen stand in einer der niederländischen Zeitungen, dass Radprofi Tim van der Meer nach dem Finish noch überheblich gewesen wäre.

»Wie ist es möglich …«, hörte er José neben sich sagen.

»Wie ist was möglich?«, fragte er seinen Helfer.

»Dass der wahrscheinlich schwächste Bergfahrer aus der Spitzengruppe von Sestriere hier die Tour gewinnen wird«, sagte der alte Betreuer, der nachdenklich seinen Kopf schüttelte.

»Dinge passieren so, wie sie passieren«, sagte Van der Meer, der sein Fahrrad nahm und vorsichtig aufstand. Er hatte eine Trainingsjacke angezogen und wollte langsam zum Mannschaftsbus fahren. Er hatte ein großes Bedürfnis nach Ruhe und einer langen Massage. Kurz vor dem Bus wurde er überholt von einem Mann in gelber Jacke. Ob er direkt mitkommen könnte zur Dopingkontrolle; sie hatten vergessen, es ihm zu sagen. Der Zweite einer Etappe musste doch immer pinkeln.

Er hatte ein Handtuch um seinen Hals geschlagen und war wieder umgekehrt. Drei Minuten später hatte er zwei volle Fläschchen abgeliefert, die Kampfrichter Dokter speziell dafür bereitgehalten hatte. Er war allein mit dem Pinkeldoktor im Wohnwagen gewesen. Nahezu schweigend hatte er, mit der Hose überm Knie und in Richtung des Kontrolleurs, sein Bedürfnis erledigt und dann, als ob es Usus wäre, ein Bier vom Tisch genommen, die Dose geöffnet und den Inhalt in einem heruntergeschluckt.

Der Pinkeldoktor hatte da gestanden, ihn angeguckt und nur hinzugefügt: »Gut, dass du heute allein da bist.«

Van der Meer hatte lachend einen säuerlichen Rülpser losgelassen, hatte seinem Landsmann auf die Schulter geschlagen und gesagt: »Nur noch zwei Tage, dann darfst du wieder ins Freie. Meiner Meinung nach kannst du dann keine pinkelnden Typen mehr sehen.«

Kampfrichter Dokter war kopfschüttelnd im Wohnwagen zurückgeblieben. Er wusste noch immer nicht, was er von Van der Meer halten sollte.

In seinem Hotel angekommen, hatte er direkt den Fernseher in seinem Zimmer eingeschaltet und eine Nachbetrachtung im französischen Programm gesehen. Dutronc war lange im Bild zu sehen gewesen und hatte in einem beißend scharfen Interview behauptet, dass man von einem guten Bergfahrer nicht auf einmal erwarten sollte, dass er auch noch ein guter Zeitfahrer auf so einer extrem langen Strecke sein würde. Der französische Radsportberichterstatter, ein Typ, der immer auffällig gekleidet im Bild zu sehen war und sich für wichtiger hielt als die Fahrer, hatte Dutronc zum Schluss gefragt, ob er wüsste, wie spannend es nun wäre im Kampf um den Gesamtsieg und wer sein Favorit für diesen Sieg wäre.

Dutronc hatte gesagt, dass er keine Vorstellung davon hätte und dass es ihm auch egal wäre, weil er jetzt wüsste, dass er keine Chance mehr hätte. Danach war im Bild eine Tafel zu sehen mit den Ergebnissen des Zeitfahrens. Van der Meer hatte rasend schnell mitgelesen, während er nackt am Fußende auf dem Bett saß.

Müller hatte die vierundsechzig Kilometer zurückgelegt in 1 Stunde, 13 Minuten und 21 Sekunden; unglaublich schnell übrigens. Van der Meer schaute auf die anderen Namen. Er selbst war Zweiter geworden mit 57 Sekunden Rückstand. »Nicht schlecht«, murmelte er noch einmal vor sich hin, »aber das Scheiß-Zeitfahren hätte über einundsechzig Kilometer gehen müssen.«

Dann erschien der Name von White. Der Amerikaner war auf 2.13 Minuten zurückgefallen, aber das war trotzdem eine gewaltige Leistung. Dazan folgte mit 2.40, und dann erschien der Name des Nicht-Zeitfahrers Andersen, der alles, was er drauf hatte, ins Gefecht geworfen hatte und mit 2.56 Rückstand angekommen war. Dahinter der Russe Koupernikov auf 2.59 als erster Fahrer, der nicht aus der Spitzengruppe stammte – und der Vollständigkeit halber nannte die französische Regie auch noch die Namen von Van Geneugden auf 5.01 und Dutronc auf 5.36.

Van der Meer hatte sich ausgerechnet, dass er auf dem dritten Platz stand und nickte, als das Klassement ins Bild gesetzt wurde.

Müller fuhr in Gelb, White war Zweiter, mit einem Rückstand von nur sieben Sekunden. Er selbst war Dritter auf 1.08, und es durchzuckte ihn kurz, als er den Rückstand von Andersen las: 1.09.

Es durfte in den nächsten Tagen also nichts passieren. Er wollte, koste es was es wolle, den dritten Platz halten, und wusste, dass er deshalb sehr aufmerksam fahren musste. Eine Sekunde Unterschied … wo gab es denn so etwas?

Er durfte nicht stürzen, er durfte in keiner der beiden Etappen im Finish in einer eventuellen zweiten Gruppe des Hauptfeldes ankommen. Er musste also noch zwei Tage voll konzentriert zur Sache gehen.

Und die Frage war, ob White in den kommenden Tagen mit seiner Mannschaft nicht noch etwas unternehmen würde, weil sieben Sekunden doch nur sieben Sekunden waren.

Er konnte es sich nicht vorstellen, denn es war beinahe ein ungeschriebenes Gesetz, dass nach dem letzten Zeitfahren in der Tour nicht mehr für die Gesamtwertung angegriffen wurde.

Van der Meer war aufgestanden und unter die Dusche gegangen. Er hatte den Warmwasserhahn aufgedreht und feststellen müssen, dass nicht alle französischen Duschen gut funktionierten. Dies war eine davon, bei der ganz langsam neunzehn kleine Wasserstrählchen aus einem hässlichen Plastikduschkopf kamen. »Willkommen in der Wunderwelt von Novotel«, hatte er gerufen und war dann nackt und halbnass wieder hinausgelaufen, als er das Telefon klingeln hörte.

»Hallo«, hatte er in den Hörer gesprochen.

»This is Jack«, hatte eine Stimme gesagt.

»Jack?«, hatte Van der Meer wiederholt.

»From the Bald-Eagle-Team, you know. Wir müssen uns noch sehen …«

Kurz blieb es still. Dann sagte Van der Meer: »Wie werdet ihr bezahlen?«

»Mach einen Vorschlag«, hatte Jack geantwortet.

»In Dollar … In Paris, nach der Zieleinfahrt«, hatte Van der Meer gesagt, und Jack hatte versprochen, dass es in Ordnung ging.

Van der Meer hatte aufgehängt und war wieder unter die Dusche gegangen.

Amsterdam

Um kurz nach zwölf saß die Gesellschaft beisammen. Der Tisch war voller Köstlichkeiten, und sie tranken dazu Kaffee. Van der Meer hatte sich vorgenommen, keinen seiner Gäste nach den nächtlichen Eskapaden zu fragen. Er vermutete, dass früher oder später irgendeiner davon anfangen würde, aber bis zu diesem Augenblick war nicht einmal eine Andeutung gemacht worden.

Die Gespräche kamen auf die verschiedenen Abflugzeiten, und Andersen und White waren dabei, Telefonnummern auszuwechseln. »Das ist nicht nötig«, hatte Van der Meer gesagt und hatte ihnen allen eine braunlederne Schreibmappe angeboten. Auch diese Idee war von Jacqueline gekommen. Ein Auge fürs Detail, hatte er überlegt, als er die Mappen aus dem bereitstehenden Karton nahm.

In der Mappe fanden die Männer einen Füllfederhalter mit Namensgravur, eine vollständige Liste ihrer Adressen und Telefonnummern, einen Schreibblock und Briefumschläge. Überall war klein und sauber »Die Spitzengruppe« aufgedruckt.

»Klasse«, hatte Dazan gesagt und die anderen hatten genickt: Das war wirklich etwas Besonders.

»Warum eigentlich?«, begann Dutronc. »Warum hast du das alles hier bis ins Letzte organisiert? Warum hast du uns hier im Luxus schwelgen lassen: das Essen, die Reise, die Geschenke, einschließlich des Nachtservice von gestern … Ich habe diese Nacht darüber nachgedacht, aber ich habe keine Antwort gefunden.«

Van der Meer schaute in die Runde. Die anderen nickten schweigend; sie waren einer Meinung mit dem Franzosen.

»Und ich will noch etwas wissen: Ich habe in verschiedenen Radsportblättern von damals immer lesen müssen, dass du etwas mit Zahlen und Ziffern hattest. Auch in dieser Tour. Wie war das genau?«, fragte Van Geneugden. Der Belgier hatte gerade eine ganze Abhandlung über EPO-Gebrauch abgehalten und zwischen ihm, Müller und Dazan waren harte Worte gefallen »Ihr wart die Ersten, die es als Mannschaft taten«, hatte der Flame gegenüber Müller gesagt, worauf Dazan widersprochen hatte: »Nein, das waren wir. Nein, zuerst war es die Pronto-Mannschaft ... Könnt ihr euch noch daran erinnern, dass sie alles kurz und klein fuhren? Eins, zwei und drei im Wallonischen Pfeil mit acht Minuten Vorsprung, überall gut vorn drin, Giro gewonnen ... Sie fingen an, mit diesem Doktor ... Komm, wie hieß der doch noch?«

Van der Meer hatte zugehört: »War das nicht Dottore Bonzi?«

»Genau, der war's«, hatte Dazan gesagt und hatte eine weitere unheimliche Geschichte erzählt, die er mal von einem Fahrer aus seiner Mannschaft gehört hatte. Der Fahrer gehörte zwei Jahre zur Pronto-Mannschaft. Alle anderen hörten nun zu.

»Es war im Giro. Da war so ein großer Russe, Snaitov, der stand eine Woche an der Spitze und den mussten sie nachts um drei Uhr wecken. Der muss richtig voll gewesen sein, das war kein Blut mehr, das war zu Sirup geworden.

Van der Meer hatte die Geschichte schon mal gehört. Er wusste, dass Snaitov in diesen Jahren sicher nicht der einzige war, bei dem es passierte. »Sie können es fast schon rauskriegen?«, fragte er alle, und Müller nickte und sagte: »Fast. Es scheint vom Laboratorium abzuhängen oder vom Verband, der den Test veranlasst.«

Dazan ergänzte: »Es gibt ein neues Mittel. Habe ich gehört, eine Weiterentwicklung von EPO. Pfiffiger bei großen Mengen, aber nicht auffindbar, und stärker. Auch nicht so teuer, sodass nicht nur die Totfahrer ...«

»Hast du jemals EPO genommen?«, fragte White Andersen.

Der Norweger schüttelte sein Haupt: »Ich traute mich nicht. Ich bin da ehrlich. Ich habe nie etwas an all den kleinen Kuren gefunden, auch nicht an den einfachsten Erholungsmitteln. Wenn ich wieder fit werden wollte, reiste ich nach Norwegen und ging Skilanglaufen. Da kam ich im Winter zu meinen Kräften, komisch aber wahr.«

»Bist du denn der einzige?«, fragte Müller, der sich in der Gruppe umsah.

Andersen wartete kurz, schaute zu den anderen und antwortete geistreich: »Bin ich dadurch verdächtig?«

»Ja, sehr verdächtig«, sagte Van der Meer, der aufstand und zur Tafel ging, den Filzstift nahm und »Die Spitzengruppe« darauf schrieb. Die anderen Männer folgten seinen Bewegungen. Was hatte dieser Holländer vor? Sie hatten viele Überraschungen mitgemacht, aber was würde jetzt noch kommen?

»Meine Herren, ich möchte gern das eine oder andere erklären«, sagte Van der Meer und schaute sich in der Gesellschaft um. »Ich habe vor ungefähr fünf Jahren mit dem Radrennsport aufgehört und habe danach sofort mein nächstes Leben begonnen. Die meisten von euch wissen, dass ich Geschäfte mache. Ich kaufe und verkaufe Dinge ... Öl, Gold, Anteile, Kaffee, Kautschuk, Silber, Optionen – alles Mögliche, und es ist mir die vergangenen Jahre sehr gut gegangen. Wenn ich euch erzähle, dass ich in den ersten Jahren sehr erfolgreich mit Termingeldern gearbeitet habe, sagt das vielleicht genug.« Er vergewisserte sich der Aufmerksamkeit seiner Zuhörerschaft.

Dazan und Müller nickten. Dutronc sagte, dass auch er sehr erfolgreich mit Optionen gewesen war, aber Andersen und Van Geneugden schworen, dass sie noch niemals eine Aktie gekauft hätten. Der Norweger sparte konventionell, und Van Geneugden rief ein wenig herausfordernd: »Bei mir ist das meiste Geld draufgegangen.« White erzählte, dass er alle sauer verdienten Pfennige mit nach Amerika genommen hätte und irgendwo in seinem Apartment aufbewahrte. Er wäre eigentlich Anhänger der These, dass Geld sich nicht vermehren könnte, und dazu kam noch, dass er im Prinzip nicht so viele finanzielle Mittel nötig hatte, um in seinem zweiten Leben eine bestimmte Form von Glück zu finden.

Van der Meer hatte gesagt: »Jedem das Seine, aber lasst mich jetzt darauf zurückkommen, was Van Geneugden gerade sagte: Dass ich etwas mit Zahlen haben würde. Da hat man schon mal etwas drüber veröffentlicht, aber nicht jeder aus unserer Branche weiß davon.«

»Du warst ein Mathe-Genie auf dem Fahrrad«, ulkte Müller, und die meisten lachten darüber. »Du warst bekannt als Mann, der für sich selbst gut rechnen konnte«, ergänzte Van Geneugden mit lauter Stimme.

Van der Meer schüttelte lachend seinen Kopf und fuhr fort: »Nein, weit davon entfernt, aber ich hatte und habe es mit Zahlen. Nennt es Aberglauben, aber ich habe immer sehr stark an Primzahlen geglaubt. Ich fand 17 zum Beispiel eine schöne Rückennummer, und ich wollte gern, dass Etappen 229 Kilometer lang waren und dass 13 oder 17 Leute in einer Spitzengruppe saßen, dass mein Zimmer auf der fünften Etage war und dass ich auf Platz 47 im Klassement stand ... Es ist bescheuert, ich weiß es, aber auf die eine oder andere Weise achtete ich immer auf Nummern und Zahlen.«

Ihm gegenüber blieb es jetzt still. Die Männer aßen etwas, tranken ihren Kaffee und hörten ihrem Gastgeber zu. Der fuhr fort: »Ich werde euch deutlich machen, was ich meine. Nicht dass ich besessen von Zahlen bin, aber sie spielen schon eine Rolle in meinem Leben. Ich fordere euch auf, dass ein jeder sich seiner Rückennummer von damals erinnern möge. Ich bin davon überzeugt, dass die meisten ihre Rückennummer nicht mehr wissen.«

Er schaute sich um und sah grübelnde Blicke.

»Ich fuhr mit ... äh, mit ... 157«, sagte Müller, und Van der Meer rief: »Genau«, und war erstaunt.

»Wer noch? Wer kennt seine damalige Nummer noch?«

White hob seine Hand: »Sixty-seven, I think«, sagte er.

»Noch mehr?«, sagte Van der Meer.

Andersen probierte es vorsichtig: »Etwas um die zweihundert ... vielleicht 213 oder so, aber es kann auch 203 gewesen sein.«

»Stimmt«, bestätigte Van der Meer dem Norweger: »Zo hundre od tre.« Er tat sein Bestes, um sein Norwegisch so gut wie möglich auszusprechen. Andersen lächelte ihm zu: sehr gut.

Van Geneugden wusste seine Nummer auch noch und lachte: »Ich war die 28, nicht wahr?« Dazan schätzte sich irgendwo in den 20ern ein, und Dutronc behauptete steif und fest; »Cinquante-sept et troi, Monsieur le Nez, tu portais le dosard numéro quatorze, n'est-ce pas?«

Van der Meer klatschte in seine Hände: »Bravo!« Er hatte geglaubt, die Trefferquote würde viel geringer ausfallen.

Er nahm den Filzstift und wandte sich der Tafel zu.

»Wir hatten also eine Spitzengruppe mit den folgenden Nummern ...«

Untereinander schrieb er die Reihe auf:

Dutronc	57
White	67
Andersen	203
Müller	157
Dazan	14
Van Geneugden	28
Van der Meer	137

Er wandte sich wieder der Gruppe zu. »Macht zusammen 663. Das hatte ich, als wir zusammen fuhren, schon ausgerechnet«, sagte er und fuhr fort: »Ihr werdet wahrscheinlich denken, ich sei verrückt, aber ich hatte das immer schon: Ich glaubte an Ausreißversuche mit schönen Zahlen. Ich habe immer geglaubt, dass ein Vorstoß Sinn macht, wenn darunter viele ...« Er zögerte kurz. Wusste jeder, was eine Primzahl war? »Äh, nombre premier, prime number, Primzahl ... äh.« Er dachte nach. Irgendwo hatte er auch das italienische Wort dafür gelesen. Wie hieß es doch noch?

»Numero primo«, half Dazan ihm.

Van der Meer schaute zu Andersen. »Sorry«, sagte er.

Andersen lachte breit. »Primtall«, rief er mit akzentuierter Aussprache – und jeder grinste.

Der Norweger machte weiter: »Du spinnst vielleicht, aber ich fuhr auch gern mit einer ungeraden Rückennummer. Ich fuhr siebzehn Rennen in meinem Leben, fünfzehn davon mit einer ungeraden Rückennummer. Ein Fan von mir hat das mal herausgefunden. Ich hatte wohl auch was mit Zahlen.«

»Jesus, womit ihr euch beschäftigt habt!«, sagte Van Geneugden. »Ich fuhr Rennen, und es war mir Wurscht, was auf meinem Rücken stand.«

»Wartet mal«, rief Van der Meer. »Mit welcher Rückennummer ist die Tour am häufigsten gewonnen worden?«

White antwortete spontan: »Mit Nummer 1 …«

Van der Meer nickte. »Und Nummer 61«, sagte er schnell, aber die Antwort des Amerikaners klang auch sehr gut.

Die Atmosphäre war nun prima. Die anderen schauten den Gastgeber neugierig an, und Van der Meer fuhr fort: »Ich habe mal einen Artikel gelesen, in dem es um eine ganz spezielle Zahl ging, und mit der bekamen wir es an diesem Tage zu tun, glaubt es oder glaubt es nicht. Ich weiß noch genau, wie wir zehn Kilometer unterwegs waren und gerade zu hören bekamen, dass wir ein paar Minuten Vorsprung hatten. Dicht vor mir fuhren damals Dazan, Van Geneugden und Dutronc, und ich guckte mir ihre Rückennummern an.«

Van der Meer schrieb die Ziffern hintereinander an die Tafel: 1 4 2 8 5 7 und machte weiter: »Auf den ersten Blick eine ganz normale Zahl, aber damit kann man alles Mögliche machen …«

Seine Gäste schauten ihn voller Verwunderung an, auch ein wenig zweifelnd. Worauf wollte er mit dieser Rechnerei hinaus? Drehte ihr Gastgeber langsam durch? Was hatte dies noch mit der Etappe von damals zu tun?

»Es ist verrückt, aber diese Zahl, die 142857, schwebte mir immer im Kopf herum. Ich werde euch zeigen, was ich meine.«

Er multiplizierte erst mit 2, schrieb 285714 auf, nahm sie dann mit 3 mal, worauf er auf 428571 kam, und rechnete weiter mit der Multiplikation von 6, mit dem Ergebnis von 857142.

»Schaut, man sieht die Zahlen immer wieder hintereinander zurückkommen, und genau das hatte ich an diesem Tag immer vor Augen. Eine Spitzengruppe mit diesen Nummern musste gut sein, darum waren wir auch so erfolgreich.«

Die sechs schauten ihn an. Dazan hatte Erstaunen in seinem Blick: Dass dieser holländische Radrennfahrer diesen Tick sogar in sein sportliches Dasein mit hineingenommen hatte! White war dabei, die Rechenkünste von Van der Meer zu überprüfen und sagte: »Unbelievable«, und Müller fragte: »Hast du dich an diesem Tag wirklich mit diesen Dingen beschäftigt?«

Van der Meer nickte und sagte: »Nicht nur an diesem Tag. Ich tat das bei jedem Rennen. Ich achtete immer auf Rückennummern; ich versuchte Kombinationen zu finden ... Es mag vielleicht keinen Wert für euch haben, aber für mich war es eine Art, mich während eines Rennens abzulenken. So machte ich es mit noch zu fahrenden Kilometern vor Augen und mit Nummernschildern von vorbeifahrenden Autos. Ich gebe zu: Idiotisch, aber ich habe damit noch niemand anderen genervt. Ich habe es immer für mich behalten.«

»Bist du ansonsten auch fit mit Zahlen?«, fragte Andersen ernsthaft interessiert nach. Van der Meer nickte.

»Ja, das bin ich. Ich rechne schnell im Kopf, und Leute in meinem Betrieb sehen mich oft rechnen, wenn wir Geschäfte machen. Ich bin natürlich nicht besser als ein Computer oder eine Rechenmaschine, aber ich habe in der Tat etwas mit Zahlen.«

Er wandte sich wieder zur Tafel und wischte alle Berechnungen weg.

»Schaut«, sagte er und schrieb wieder 142857 auf. Jetzt multiplizierte er die Zahl mit 7. Zuerst schaute er zu den Männern. »Mit wie vielen waren wir in der Etappe?« fragte er sie.

»Seven«, sagte White. »The famous fucking seven.«

Van der Meer rechnete in Ruhe weiter und schrieb 999999 auf.

Lachend drehte er sich um.

Dazan kratzte sich am Hinterkopf. »Was bedeutet dies denn für dich?«, fragte der Italiener.

Van der Meer zuckte mit seinen Schultern und sagte: »Von vorn nach hinten und von hinten nach vorn waren wir dasselbe; wir waren auch teilbar durch drei ...«

Er dividierte, schrieb deutlich 333333 auf und hörte leises Lachen hinter sich.

Van Geneugden hatte den Faden verloren: »Entschuldige, Tim, aber warst du im Rennen mit diesen Dingen beschäftigt, sobald du bessere Drogen genommen hast? Ist so vielleicht das Hobby entstanden?«

Van der Meer schüttelte seinen Kopf: »Nicht immer, und Drogen hatten damit nichts zu tun, aber diese Zahl war so schön. Schau ...« Ohne sich irritieren zu lassen, machte er weiter. Er teilte wieder durch 3 und erhielt: 111111. »Verbindet damit den Wert, den ihr selbst darin findet, aber ich hatte da einfach Spaß dran. Ich kann es einfach halten und weitermachen, und ihr werdet es wohl verstehen.« Er teilte 111111 durch 3 und schrieb 37037 auf. »Das ist eine symmetrische Zahl, wenn ich die durch 3 teile, komme ich wieder bei unserer Gruppe heraus.

Er schrieb 12345,67 auf und sah zu seinen total verdutzten Kameraden. »Das sind wir, die Nummern 1, 2, 3, 4, 5, 6 und 7 ... der Tour de France von 1992. Vergesst es alles, aber ich habe damals viel Spaß daran gehabt und jetzt eigentlich wieder, weil ich sehe, dass ihr mich für einen komischen Kauz haltet.«

Andersen sah sich die voll geschriebene Tafel an: »Logisch, dass es dir geschäftlich so gut geht–wenn man sich so mit Zahlen zurechtfindet!«

Van der Meer schüttelte heftig seinen Kopf: »So funktioniert das nicht. Ich wusste zufällig um diese Zahl. Ich kannte die Möglichkeiten. Äh, jetzt werde ich doch wieder ernsthaft, denn ich habe diese Tafel nicht umsonst hier aufstellen lassen. Wartet ...« Er ging zum Tisch und goss sich selbst einen Kaffee ein.

Die anderen folgten seinem Beispiel, und für Augenblicke herrschte eine beinahe fühlbare Spannung. Was hatte er jetzt vor?

Van der Meer wischte die Tafel sauber, ließ aber »Die Spitzengruppe« stehen.

Er drehte sich um und hüstelte. »Äh, Männer«, begann er, und er spürte ein Prickeln auf seinem Rücken. Er spürte, dass es ihn persönlich sehr stark berührte und nahm schnell einen Schluck Kaffee.

»Männer«, begann er erneut. Er hatte nun den richtigen Klang in seiner Stimme und machte weiter: »Es wurde nach dieser Etappe eine Menge spekuliert, gemutmaßt und geredet. Ich weiß nicht, inwieweit jeder von euch Bescheid wusste, was damals alles passiert ist, aber heute ist eine schöne Gelegenheit, um alles zu erklären. Lasst mich anfangen mit meiner Ansicht darüber, dass jeder Radprofi die Freiheit hat, einen Deal im Peloton zu machen; das ist immer mein Prinzip gewesen.«

Van Geneugden sagte gerade heraus: »Aha, jetzt kommt das große Geheimnis von Mijnheer Van der Meer. Haben wir also sieben Jahre drauf warten müssen.«

»Ssst«, sagte White ärgerlich.

Van der Meer fuhr fort: »Ich habe in dieser bewussten Etappe einen Deal gemacht, und ich habe jahrelang nach einer Möglichkeit gesucht, dies mit euch zu besprechen. Jetzt ist der Moment dazu gekommen. Ich bin nicht stolz darauf, dass ich es damals getan habe. Mehr noch, ich habe es sehr schwer damit gehabt, aber ich wollte auf meine Art ehrlich sein und habe diesen Weg hier gewählt. Ich werde euch erzählen, wie es gelaufen ist.«

Er schaute in der Gruppe herum und sah in sechs Paar erwartungsvolle Augen.

»Warte«, sagte Dazan, »weiß niemand davon … außer dir?«

Van der Meer nickte und sagte: »Es gibt Menschen, die vielleicht einen Teil wissen, aber ich habe es nie mit jemandem besprochen. Ich sage euch ehrlich, dass ich dickes Geld bekommen habe vom Teamchef von Weltcom.«

Müller starrte auf seine Schuhe und sah weiter auf den Boden, als

Van der Meer fortfuhr: »Müller wusste nur, dass er bei mir in der Nähe bleiben musste, schon vom zweiten Berg an, glaube ich. Wir haben darüber nie ein einziges Wort gewechselt. Es war eine Blitzabsprache zwischen Teamchef Schulz und mir, und niemand hat das jemals mitbekommen.«

White rief: »Das erklärt, verdammt nochmal, die Tatsache, dass Müller oben am Berg noch so dicht dran war. Es hat mich immer gewaltig erstaunt, weil er sich schon auf dem zweiten und dritten Berg so verausgaben musste.«

Van der Meer machte weiter: »Ich hatte mein Wort gegeben und Schulz hat sein Wort gehalten. Das ist Teil eins. Daneben habe ich einen Trick angewandt, den zwei von euch kennen ...« Er schaute zu den sechs Männern, und White nickte. Dutronc zeigte keine Regung.

Van der Meer setzte seine Beichte fort: »Fragt mich nicht, wie es gelaufen ist, aber es ist geschehen. Ich konnte den Pinkeldoktor vielleicht 45 Sekunden lang ablenken, und das ist genug gewesen für ...« Er schaute zu den Männern, die ihm gegenüber saßen.

»Für mich und für Dutronc«, sagte White. Der Amerikaner breitete seine Arme aus. Sollte er es abstreiten? Dutronc sagte noch immer nichts.

»Warte mal ...«, sagte Andersen leise. Der Norweger stellte sich hin. »Wollt ihr sagen, dass ... ja, verdammt, das ist es. Van der Meer, was bist du an diesem Tag für ein Hund gewesen! Du lässt mich in den Graben fahren, du schneidest mich später so, dass ich einen Platten kriege und dann gebrauchst du meine Verletzungen, um sie deinem ängstlichen Landsmann zu zeigen ... Verdammt ... Ich sehe es noch genau vor Augen ... das Interesse, das du da auf einmal gezeigt hast, die Tatsache, dass ich draußen in der Sonne die Schnittwunden an meinem Arm zeigen musste ... Jesus, unglaublich ... Ich bin da an diesem Tag auf jede erdenkliche Art und Weise zum Narren gehalten worden!«

Van der Meer ergriff vorsichtig wieder das Wort: »Ich gebe zu, dass mein Auftritt keinen Hauptpreis verdient, wenn es denn um normales menschliches Verhalten geht, aber die Tour de France ist in ihren entscheidenden Momenten auch nichts für normale Menschen. Ich habe so gehandelt, wie ich damals meinte handeln zu müssen, und davon wollte ich euch heute erzählen.«

Kurz blieb es still. Dazan pfiff zwischen den Zähnen. White sagte: »You bloody …«, aber hielt dann seinen Mund.

Andersen schüttelte immer noch seinen Kopf, und es blieb fast eine Minute still im Raum.

Van Geneugden durchbrach die Stille mit einem lauten: »Allez, du hast also Geld bekommen von allen Seiten …«, worauf Van der Meer zugab: »Das habe ich tatsächlich.«

»Viel?«, fragte Dazan auf einmal ganz interessiert.

Van der Meer nickte: »Viel in dieser Zeit, das schon. Nicht viel, wenn man es vergleicht mit dem, was White, Dutronc und sicherlich Müller nach der Tour aus dem Rennen herausholten. Schaut, wenn ich nicht das sehr gewagte Spiel mit dem niederländischen Kontrolleur in der Pinkelkabine gespielt hätte, wären White und Dutronc wahrscheinlich positiv … oder nicht?«

»Ich habe meine Zweifel, ob ich, als Franzose, jemals positiv in einer Tour sein könnte, nachdem ich die schwerste Alpenetappe gewonnen habe«, sagte Dutronc scherzhaft. Van der Meer hatte diesen Gedanken auch schon mal gehegt.

»Ich wäre hops gegangen«, sagte White ohne Umschweife.

»Und deshalb habe ich folgenden Plan«, sagte Van der Meer. Er schrieb die Zahl 500 000 auf.

Dazan pfiff abermals. Er arbeitete zwar täglich mit Lire und dachte in Lire, aber er war oft genug in den Niederlanden gewesen, um zu begreifen, was Van der Meer hier hinschrieb. Links setzte er eine 7 davor, und während Andersen »No … not this« sagte, schrieb er mit großen Ziffern das Resultat von 71428,571 auf.

»Vergebt mir, dass ich nicht in Zehnteln von Cents bezahlen kann, aber ihr seht, was ich sehe. Die Zahl von eben ist wieder da. Sie war von Beginn an im Wettkampf, sie war in den vergangenen Jahren in uns drin, und sie kommt heute also zurück.«

Er ging an die Seitenkante des Getränketisches, wo sein Pilotenkoffer stand. Mit einer schnellen Bewegung klickte er den Koffer auf und entnahm ihm sechs große weiße Briefumschläge.

Die Ex-Profis beobachteten ihn atemlos.

Van der Meer überreichte Andersen den ersten Umschlag: »Bitte … ich hoffe, dass du es akzeptierst, obwohl ich mir vorstellen kann, dass du dir deinen Teil dabei denkst.«

Zu Van Geneugden meinte er: »Dein Anteil ist hier. Mach was Vernünftiges damit.« Der Belgier wollte den Umschlag gleich aufreißen, hielt sich aber gerade noch rechtzeitig zurück.

Dazan war der dritte Empfänger. Nickend nahm er den Umschlag an: »Cornuto«, sagte er nur. Arschloch.

White akzeptierte den Umschlag erst schweigend, schaute Van der Meer an und sagte dann: »Das ist also die große Abfindung … Jetzt ist dein Gewissen sauber, nehme ich an?«

Van der Meer reagierte nicht. Er lief zu Dutronc und gab den Umschlag dem bleichen Franzosen, der nichts anderes tat, als das Geschenk vor sich auf den Tisch zu legen. Er betrachtete den Niederländer und schüttelte seinen Kopf.

Der Letzte war für den wartenden Müller, der »Danke« sagte und den Umschlag direkt einmal gefaltet in seine Innentasche steckte.

Van der Meer räusperte seine staubtrockene Kehle und probierte: »Männer … ob dies meine Abfindung ist? Könnte sein. Ich habe das mir damals zugesteckte Geld verwendet für gewagte Spiele auf dem Kapitalmarkt in New York und hier in Amsterdam, und ich habe damit sehr viel Geld verdient. Vor drei Jahren wurde die Idee geboren, das Geld zurückzubezahlen. Ich habe jedem ein Siebtel des Betrages von 1992 gegeben, etwa 71 000 Gulden. Es ist schwarzes Geld … niemand von euch braucht es wo auch immer anzugeben. Wie ich das gemacht habe, ist meine Sache. Ich hoffe, dass ihr es akzeptieren werdet, dass ihr akzeptiert, dass ich … dieser komische Holländer, hiermit mein Radsportleben zumindest im Hinblick auf meine Kollegen aus der Spitzengruppe in dieser Hinsicht gereinigt habe … und ich hoffe, dass ihr …«

Weiter kam er nicht. Er spürte ein warmes Zittern durch seine Brust ziehen, und seine Augen wurden feucht. Er ging zum Getränketisch und schenkte sich selbst ein Glas Wasser ein. In einem Zug leerte er das Glas, aber als er wiederum etwas zu sagen versuchte, gelang es abermals nicht.

Er sah die Männer ihm gegenüber. Dazan war nahezu gedankenlos dabei, die Banknoten zu zählen. Auch Van Geneugden hatte das ganze Bündel in der Hand. White sah auf den Umschlag und meinte trocken: »So this is a Sunday-morning-gift of about thirty-five thousand dollar.«

»Yeah«, fügte Andersen hinzu: »Tax-free.«

Van der Meer setzte sich zu den anderen an den Tisch, aber in den ersten Minuten war kein normales Gespräch möglich. Müller probierte es zwar, aber Dazan wischte die Worte des Deutschen grob zur Seite. Schließlich war es Andersen, der sagte: »Ich habe in meinem Leben noch niemals so etwas mitgemacht und ich glaube nicht, dass ich hier der einzige bin. Tim, du hast uns überrascht, und damit meine ich nicht die Tatsache, dass du uns dieses Geld so einfach mitgibst. Es geht mir um deine persönlichen Gedankengänge. Du legst Menschen rein, du nimmst Geld an, du bist danach erfolgreich mit diesem Geld und dann kaufst du dich von der moralischen Schuld frei. Ich bin sprachlos, wirklich wahr. Das ist wie im Film, aber ich habe ganz das Gefühl, mittendrin dabei zu sein.«

Van der Meer sah jeden Einzelnen an. Langsam kamen wieder Gespräche in Gang, obwohl anfangs sehr steif. Der Gastgeber hatte schnell erkannt: Van Geneugden, Dazan und Müller hatten das Geld einfach nötig. Bei White und Andersen zweifelte er. Dutronc schien ihm finanziell sehr unabhängig zu sein.

»Wenn es jemanden mit großen moralischen Problemen gibt …«, begann er.

Dazan lachte auf einmal laut: »Nein, die moralischen Probleme lasse ich dir gern … Ich habe es kurz auf mich einwirken lassen, aber ich halte das eigentlich für eine intelligente Lösung von dir. Das Gefasel mit diesen Ziffern begreife ich inzwischen auch. Ich habe dich immer für einen ganz seltsamen Mann im Peloton gehalten, aber nach diesem Wochenende verstehe ich dich besser. Du konntest gut Rad fahren, aber du warst nie ein echter Radrennfahrer.«

Er stand auf und ging auf Van der Meer zu.

Die Männer standen sich gegenüber. Dazan küsste Van der Meer heftig auf jede Wange. Die anderen schauten zu.

Paris

Van der Meer hatte dem Endspurt aus einer geringen Entfernung zugesehen. Er fuhr ungefähr auf Platz 30 und ihn interessierte überhaupt nicht, an welcher Position er war. Also saß er, in der Gruppe außen, etwas aufgerichtet, um den Sprint beobachten zu können, und sah zu seiner Überraschung, dass Van Geneugden gewann.

»Der arme Schlucker schlägt also doch noch mal zurück«, sagte er zu sich selbst.

Da stand er nun: die Nummer drei der Tour de France.

Die Leute von der Organisation kamen ihn schon holen. Er wartete kurz auf José, der mit dem unvermeidlichen nassen Lappen herbeilief, und ließ sich zum Siegerpodest mitnehmen. Er würde alles auf sich zukommen lassen und abwarten. Er hatte sich vorgenommen, es zu genießen, wenn er das denn konnte.

Eine Stunde später, nach der Ehrenrunde, die angesichts der geringen Anzahl von Fahrern seiner Tritec-Mannschaft sicher kein Erfolg war, hatte Van der Meer kurz darauf gewartet, dass seine drei Mannschaftskameraden sich zum Fahrerhotel aufmachten. Er hatte ein Sponsor-Trikot angezogen und war erschöpft rechts vom Ziel in die Einbahnstraße gebogen, so wie es alle Fahrer jedes Jahr nach dem Vorbeifahren machten.

Nach fünf Minuten war der Wagen des Sportlichen Leiters von Bald Eagle, der Mannschaft von White, neben ihm gefahren. Der Engländer hatte das Fenster heruntergekurbelt. Van der Meer hatte kurz hineingeschaut und dann den dicken, braunen Umschlag genommen. »Thanks, Jack«, hatte er gesagt, und der Engländer hatte

»Thank you« geantwortet, mit großer Betonung auf »you«. Danach war das Auto langsam weitergerollt.

Das Bald-Eagle-Team stellte die Nummer zwei der Tour der France, und die Direktion des amerikanischen Konzerns hatte den Sponsorenvertrag um drei Jahre verlängert. Man war sehr zufrieden mit White. Niemand aus der Geschäftsleitung, die für dieses Wochenende nach Paris gekommen war, hatte jemals etwas von der Existenz eines Pinkelwagens gehört. Niemand aus der Gesellschaft wusste etwas von irgendwelchen Kontrollen. Warum sollten sie auch?

Van der Meer hatte das Bündel schnell unter seinem Renntrikot in seine Hose gesteckt, wo es nun hart gegen seinen Bauch drückte.

Er hatte sich umgeschaut, aber außer einer kleinen Gruppe von spanischen Fahrern, vielleicht hundert Meter hinter ihm, war wirklich niemand aus dem ganzen Tour-de-France-Zirkus zu sehen. Er trat weiter durch, setzte sich eine Weile aufrecht und dachte an den Vorabend, als nota bene drei Leute des Weltcom-Teams auf ihn gewartet hatten, als er einen kleinen Umweg in der Nähe des Hotels machte. Die drei hatten auf einer Terrasse gesessen und das Gespräch war kurz und gut gewesen. Am Mittwoch, nach Chaam, würden in jedem Fall zwei Männer der deutschen Mannschaft bei Van der Meer in Amsterdam sein und den vereinbarten Betrag übergeben.

Schulz, der Mannschaftsführer, war als Erster aufgestanden und hatte Van der Meer kräftig die Hand geschüttelt. »Du hättest Bahnfahrer werden können«, hatte er gesagt und war gegangen, gefolgt von den beiden anderen.

Van der Meer beobachtete das Gewusel rund ums Hotel. Wie die Organisation darauf kam, alle Mannschaften für diese Schlusstage in ein Hotel zu stopfen – das war ihm ein Rätsel. Draußen, rund um den Wagenpark, standen hunderte, vielleicht sogar tausende Touristen, die auf die Fahrer warteten, und Van der Meer lavierte sich vorsichtig durch die Menschenmenge.

Er gab dem zweiten Mechaniker sein Fahrrad mit den Worten: »Morgen Abend in Boxmeer brauch' ich's wieder. Behandle es gut«, und lief zum Hoteleingang.

In der Hotellobby ging es zu wie auf einem Basar. Es liefen hunderte Menschen umher, meistens Frauen, Kinder und Familienmitglieder der Fahrer, und bei den Aufzügen warteten Massen von Menschen. Es war hier ein Chaos, und gleichzeitig spürte Van der Meer den steifen Umschlag in seiner Hose jetzt gegen seinen Oberschenkel drücken.

Ganz kurz blieb er stehen,damit sich seine Augen an das Halbdunkel gewöhnen konnten. Er wusste, dass seine Frau in der Menge links hinten in der Halle wartete. Wahrscheinlich stand sie mit anderen Fahrerfrauen zusammen und trank ein Gläschen, so wie jedes Jahr.

Begleitet vom Klacken der Radschuhe auf dem Fußboden ging er durch die Halle und sah sie zwanzig Meter weiter sitzen. Er bekam einen trockenen Mund. Sie sah verdammt hübsch aus, im kurzen Rock und einer Wickelbluse, wie man erkennen konnte, Seide, und sie hatte ihr Haar hoch gebunden.Er hielt inne und fragte sich, ob es nicht besser wäre, erst sein schönes Päckchen auf sein Zimmer zu bringen, aber sie hatte ihn auch gesehen und war schon aufgestanden. Aus einer kurzen Entfernung winkte sie mit dem Zimmerschlüssel, und zehn Sekunden später fiel sie ihm in den Arm.

Van der Meer hatte immer eine gewaltige Abneigung dem ganzen Getue gegenüber gehabt. Alle Hühnerlein wurden zu den Hähnen gebracht, und schon in der Halle begann das Ritual zwischen Männern und Frauen, die sich fast vier Wochen nicht gesehen hatten und wussten, was sie innerhalb der nächsten fünf Minuten tun würden.

Sie waren im Aufzug mit fünf Belgiern gefahren, die auch mit ihren Frauen auf die Zimmer gingen, und waren in der siebzehnten Etage ausgestiegen. Van der Meer hatte seinen Arm um ihre Schulter gelegt und versucht, ganz normal zu fragen, wie es ihr ginge.

Der Versuch brachte nichts. Er fühlte das Blut in die Schläfen steigen und ihm wurde überall warm.

Seine Frau drehte den Schlüssel im Schloss um. Er schob sie vorsichtig ins Zimmer und beförderte die Tür mit einem Fuß ins

Schloss. Sie drehte sich mitten im Raum um. »Hallo«, sagte sie, lachend und herausfordernd.

Er schob seine Hand unter ihren Rock und berührte sanft ihre Mitte. Dann zog er ihre Bluse aus, sah ihre Brüste und schob sie weiter ins Zimmer.

Ohne etwas zu sagen, nahm sie seine Rennhose mit beiden Händen an der Seite und zog sie schnell nach unten. Während ein kleines braunes Paket auf den Boden fiel, griff sie mit einer Hand nach seinem jetzt steif gewordenen Glied und begann langsam, daran zu ziehen.

Van der Meer hob sie vorsichtig hoch, legte sie mit dem Rücken aufs Bett, riss mit einer Bewegung ihr Höschen kaputt, kniete nieder und drang ohne zu zögern in sie ein.

Er hatte sein Hemd noch an, seine Rennschuhe und Socken auch, und er spürte auch noch seine Sonnenbrille auf dem Kopf. Er küsste sie heftig, feucht und wild und bewegte rhythmisch seine Hüfte. »Oh, Gott«, rief er und erhöhte sofort sein Tempo.

Sie sagte: »Macht nichts … komm einfach.«

Eine Minute später stand er wieder vor dem Bett, hechelnd.

Sie lag auf dem Überwurf des Bettes und schaute ihn sanft an.

Bis acht Uhr blieben sie im Zimmer, und sie machten es viele Male hintereinander; erst stehend vor dem Fenster, danach unter der Dusche, im Bett und schließlich im Bad. Sie saß auf ihm und mit der Zeit tat ihm alles weh. So oft kommen – das schmerzte ihn langsam. Sie spürte keinen Schmerz. Sie wollte nicht aufhören.

Sie hatte den Umschlag vor dem Bett nicht gesehen. Er hatte das Ding aufgehoben und in seine Rennhose gestopft.

Als sie sich beide anzogen, rief er aus dem Badezimmer: »Liebst du mich eigentlich noch?«

Sie stand im Vorraum und kämmte sich die Haare. »Ein bisschen«, hatte sie gesagt.

»Das ist genau richtig«, hatte er lachend zurückgerufen.

Amsterdam

Van der Meer hatte allein gegessen. Um die Mittagszeit hatte er sich von allen sechs Männern verabschiedet. White war als Letzter gegangen, und danach hatte Van der Meer da gestanden und still hinausgesehen.

»Und jetzt?«, hatte er sich gefragt, aber niemand hatte eine Antwort gegeben. Er war in seine Suite gegangen, hatte geduscht und sich danach für drei Stunden zum Schlafen gelegt.

Nach dem Essen war er durch die Halle gelaufen; eine Frau von der Rezeption hatte ihn gerufen: Es war für ihn ein Briefumschlag zurückgelassen worden. Er hatte das weiße Päckchen abgeholt und gefragt, ob man ihn um acht Uhr am folgenden Morgen wecken könnte.

Ob er noch etwas Besonderes wünschte?

Er hatte sie gebeten, einen Kanne Kaffee und ausreichend Mineralwasser zu bringen und alle vorhandenen Wochenendzeitungen.

An den Abschied von den anderen Männern denkend, hatte er den Lift betreten. Die meisten hatten den Körperkontakt gesucht. Viele hatten sich umarmt, Dazan hatte jeden geküsst, Andersen hatte kräftig die Hände geschüttelt. Er schien seit dem Brunch sehr durcheinander zu sein. Vier Mann reisten zusammen nach Schiphol, Van Geneugden hatte sein Auto vorfahren lassen. Nur White musste nicht direkt los. Er nahm die Abendmaschine nach New York.

»Maybe in seven years«, hatte der Amerikaner gesagt auf die Frage, ob sie ihn jemals wiedersähen.

Van der Meer ging in sein Zimmer und nahm sofort den Hörer von der Gabel. Er ließ sich in den großen Sessel fallen und tippte die

Nummer ein. Nach viermaligem Klingeln wurde aufgenommen. »Hallo«, sagte eine Frauenstimme eilig.

Eigentlich hatte er schnell wieder auflegen wollen, aber er sagte: »Tim am Apparat. Guten Abend.«

»Jesus, du …«, sagte seine Ex-Frau.

»Ja, ich«, antwortete er.

Von einem lockeren Gespräch konnte keine Rede sei. Sie erzählte, dass sie nach einem hektischen Wochenende sehr gestresst wäre, und er fragte, was sie denn so beschäftigt hätte.

»Soziale Verpflichtungen«, hatte sie gesagt.

Nach drei Minuten Smalltalk hatte er sie gefragt, ob sie am nächsten Morgen zum Frühstück kommen wollte. Ganz normal ohne Hintergedanken, ganz einfach miteinander reden, im Restaurant des Hotels.

»Blödmann, aber ich hoffte schon darauf, dass du so etwas vorschlagen würdest«, hatte sie geantwortet, und sie hatten sich für halb zehn verabredet.

»Tschüs, bis morgen dann«, hatte sie gesagt, und Van der Meer hatte minutenlang schmerzerfüllt auf den Telefonhörer gestarrt. So war sie in den letzten Jahren nie zu ihm gewesen. Wann wurden sie denn noch mal geschieden? Ja, er wusste es natürlich genau: Ein halbes Jahr nach dieser bewussten Tour de France. Nachdem sie von ihren fantastischen Sommerliebeleien am Strand von Bloemendaal und den himmlischen Tänzen in den Abendstunden erzählt hatte. Wie sie in roten, weißen und schwarzen Kabrioletts gefahren war, sich hatte verführen lassen, und wie sie Reihen von jungen Kerlen im Bett gehabt hatte. Wie sie abends nur noch auf das Telefongespräch mit ihm gewartet hatte und dann in die Arme eines jeden gebräunten Muskelpakets geeilt war, das es überhaupt gab. »Mein Mann wird Dritter in der Tour, aber ich bin die Erste am Strand«, hatte sie mal gegenüber einer Freundin erzählt.

Sie hatte ihm, später in Amsterdam, sehr vorsichtig von ihrer beinahe nymphomanen Lebensweise im Sommer erzählt. Ohne Scham, kurz nachdem sie sich ziemlich wild geliebt hatten – nach dem Derny-Kriterium von Noordwijk, bei dem er Müller um Reifenbreite geschlagen hatte.

Er hatte damals ziemlich bitter zu ihr gesagt: »Madame ließ sich also von knackigen Strandjungs bumsen, während ich mir in der Tour den Arsch aufriss«, worauf sie genickt hatte: »Genau.«

»Dann geh deinen eigenen Weg«, hatte er gesagt und hatte sie lange und innig geküsst. Sie waren noch zweimal miteinander zum Höhepunkt gekommen.

»Ich werde deinen typischen Radsportkörper vermissen«, hatte sie gesagt.

»Was meinst du mit typisch?«, hatte er gefragt.

»Oh, die tiefbraunen Arme und Beine und der schüchterne weiße Körper. Es ist beinahe unheimlich, dich anzusehen.«

Es wurde an der Tür geklopft; ein Ober brachte ein kleinen Wagen voller Dinge: Zeitungen, Kaffee, Mineralwasser und eine Schüssel mit frischem Obst. Van der Meer nahm einen Zehn-Gulden-Schein vom Tisch und gab ihn ihm.

»Schönes Wochenende gehabt?«, fragte der Ober.

Van der Meer nickte, ließ ihn gehen und schenkte sich selbst Kaffee ein.

Er setzte sich und überlegte, was er in der kommenden Woche zu tun hatte. Zurück nach New York, Mittwoch nach Curacao für einen Transfer und am Freitag wieder nach Houston für ein Pro-Am-Golfturnier. Er wusste nicht, ob er dabei Sponsor oder Spieler war.

Er nahm den kleinen Umschlag vom Tisch und riss ihn vorsichtig auf. Erstaunt betrachtete er den Inhalt: ein Päckchen Banknoten und dahinter ein Brief. Er beließ die Geldscheine im Umschlag und las den Brief. Der war in einer sehr großen Handschrift verfasst:

Tim,

Entschuldigung wegen meiner Art und Weise des Abrechnens, aber so offen, wie du es gemacht hast, kann ich es nicht.

Ich wäre niemals so weit gekommen, aber deine merkwürdige Offenheit hat mir zu denken gegeben. Du hast dich von uns freigekauft, von den anderen sechs, wie du es formuliert hast. Dein Gewissen muss jetzt beruhigt sein, du darfst jetzt ruhig schlafen, hoffe ich.
Was du wissen solltest, ist, dass du nicht der Einzige warst, der bei dem Handel beteiligt war. Erinnerst du dich an das Zeitfahren von Blois? Erinnerst du dich noch daran, wie du neben mir fuhrst, wie ich beschleunigte und du mitgingst? Wie wir minutenlang weit über unseren Möglichkeiten fuhren und wie du mit einem Male eingebrochen bist? Ich sag es dir jetzt ehrlich: Ich hatte dies mit dem deutschen Teamchef besprochen. Auf seinen Vorschlag hin, das schon. Er vermutete, dass du Müller noch aus dem Gelben Trikot fahren könntest, und ich sollte ihm helfen, indem ich dich dazu brachte, in der Schlussphase einzubrechen. Ich habe dich brav abgewartet, denn ich vertraute dir in diesen Tagen nicht. Es gab mir damals ein tolles Gefühl, dich verlieren zu lassen. Ich bedauere diese Aktion allerdings bis heute, und das Bedauern wurde an diesem Wochenende noch größer. Genau wie du habe ich auch kassiert. Ich überlasse dir hier die Hälfte des Betrages, den die Deutschen mir bezahlt haben. Es war übrigens schwierig, innerhalb von einer Stunde diesen Betrag bei einer Bank im Hauptbahnhof zu bekommen, aber es ist mir geglückt. Nimm es als Bußgeld meinerseits. Ich wage hier zu behaupten, dass du die Tour gewonnen hättest, wenn ich dich damals vor dem Ziel nicht abgewartet und dich nicht hätte scheitern lassen. Aber in diesem Duell gewann dein Ehrgeiz. Pene! Danke für ein schönes Wochenende, Ottavio Dazan

P. S. Ich habe das niemals gegenüber irgendeinem anderen erzählt.

Van der Meer sackte nach hinten und stieß einen langen Seufzer in Richtung Decke aus.

Der Betrüger betrogen. Er lachte und sagte in den Raum hinein: »Riesendummkopf!« Er schaute auf das Bündel von Banknoten. Er schätzte den Betrag auf 22 500 Gulden.

»Gottverdammter lausiger italienischer Mafiosi«, sagte er mit lauter Stimme und ging ins Badezimmer.

Er betrachtete sich lange und aufmerksam im Spiegel. Er war hereingelegt worden und hatte nichts davon geahnt.

Er nahm eine Aspirin aus seiner Kulturtasche und spülte die Tablette schnell mit Wasser herunter. Die würden echte Kopfschmerzen werden, das wusste er. Verlieren war eine Sache für andere – nicht für Tim van der Meer.

Paris

Am Sonntagabend hatte Van der Meer Verträge für sechzehn Kriterien unterzeichnet. Der Mann, der solche Dinge für alle niederländischen Fahrer regelte, war auf sein Zimmer gekommen, genau in dem Augenblick, in dem die Van der Meers sich frisch gemacht hatten.

»Störe ich?«, hatte der Mann vom Flur aus gerufen.

»Du weißt, wie es in diesem Hotel zugeht«, hatte Van der Meer lachend gesagt.

Er hatte auf die Honorare für die Kriterien geschaut und nur genickt: Das schien ihm in Ordnung. Er konnte in einem Monat noch ungefähr dreihunderttausend Gulden dazuverdienen.

»Jeder will dich ... Tim van der Meer«, hatte der Manager lachend gesagt, und von hinten aus dem Zimmer hatte seine Frau gerufen: »Jeder?«

Van der Meer hatte darauf nichts gesagt.

»Ich bin im kommenden Monat also bei vielen Rennen«, hatte er für sie übersetzt, als sie das Zimmer verließen.

»Das habe ich verstanden, aber du musst tun, was du nicht lassen kannst«, hatte sie gesagt und dabei ihren Arm um seine Hüfte gelegt.

Im Aufzug hatten sie neben zwei anderen frisch riechenden Fahrerpaaren gestanden. Die sechs Menschen hatten sich angeschaut. Niemand hatte etwas gesagt, aber sie hatten alle an dasselbe gedacht.

Amsterdam

Van der Meer war schon um sieben wach geworden. Er hatte am Vorabend genau eine Zeitung ausgelesen, zwei Flaschen Mineralwasser getrunken und war bei eingeschaltetem Licht eingeschlafen. Er hatte am Sonntag ganz wenig Alkohol getrunken, aber er spürte einen richtigen Kater und ihm war sogar übel.

Um halb neun hatte Jacqueline ihn angerufen. Ob er vielleicht eine Viertelstunde für sie hätte, um die geschäftlichen Dinge zu Ende zu bringen. Sie würde in der Hotellobby auf ihn warten.

Eine halbe Stunde später war er nach unten gegangen, noch immer verkatert, und hatte um ein Glas Wasser gebeten.

Sie sah gut aus. Fast klassisch schön gekleidet: schöner Rock, Leinenjacke, teure italienische Schuhe, kaum aufgedonnert, aber sehr geschmackvoll. Sie roch frisch und lachte ihn an: »Hallo, wie geht es Ihnen?«

Sie hatten ein paar Rechnungen abgehakt, er hatte seine Unterschrift auf ein Papier mit einem forschen Betrag gesetzt – und hatte versucht zu entziffern, was den diversen Begleitservice-Büros ausbezahlt werden musste.

»Wollen Sie das wirklich wissen?«, hatte sie gefragt.

Zuerst hatte er genickt, aber als sie hinzufügte: »Ich habe dreimal den vollen Betrag bezahlen müssen«, hatte er nicht weiter darauf bestanden. Er wusste nun genug.

Er hatte sich danach bei ihr für den sehr guten Service bedankt und noch etwas zum Thema Lockerlassen gesagt.

»Man kann nur auftauen, wenn das Umfeld sehr warm ist«, hatte sie gesagt, und er hatte müde gelächelt: »Verstehe, merci.«

»Habe ich Sie gekränkt? Lässt sich jede von Tim van der Meer mitnehmen? Ist es das?«, hatte sie gefragt.

Er hatte verneint und sie danach gefragt, wie es kam, dass sie am Samstagabend plötzlich am Singel mit den sechs anderen Mädchen stand.

»Das habe ich doch schon am Samstagabend erklärt?«, hatte sie gesagt. »Es war jemand ausgefallen. Das war eine spannende Viertelstunde für mich.«

»Wieso ausgefallen?«, hatte er abermals, jetzt aber schärfer nachgefragt.

»Ganz einfach ... es gab ein Mädchen, das sich unpässlich fühlte ... das hab ich doch schon erzählt. Da musste ich eben ran.«

Van der Meer sah, wie sie rot wurde. »If the truth dies then wisdom will kill us«, hatte er sehr nonchalant formuliert, ein Zitat aus einem Zeitungsartikel, den er am Vorabend gelesen hatte.

»Abraham Lincoln«, hatte Jacqueline geantwortet, und er hatte überrascht genickt: »Bingo.« Er hatte ihre Hand kräftig geschüttelt und sich nochmals für den außergewöhnlichen Service bedankt. »Grüßen Sie den feigen Katzman, und seien Sie ein bisschen vorsichtig mit ihm«, hatte er hinterhältig gesagt, worauf sie abermals errötete. Von einem Ohr zum anderen.

»So schlimm ist es nun auch wieder nicht«, hatte er schnell gesagt.

»Stimmt«, hatte sie geantwortet, und sie war mit hoch erhobenem Haupt gegangen.

Zwanzig vor zehn hatte er sich vom Tisch im Restaurant erhoben. Seine Ex kam an. Sie rief schon von weitem, dass sie zu spät wäre, aber dass in der Stadt ein Chaos herrschte.

Van der Meer schaute sie genauer an und fand, dass sie älter geworden war; ihre Haut wirkte fahl unter viel Make-up. Zogen die Jahre für sie auf einmal schneller vorbei? Und sie rauchte auch, eine Zigarette nach der anderen.

Sie redeten eine halbe Stunde miteinander. Über die Familie, über ihr neues Haus, ihr kaputtes Auto, ihr doch auf einmal leeres Leben in ihrem immer noch swingenden Umfeld.

»Schön, dass du dieses Wochenende in Amsterdam warst und schön, dass die anderen Fahrer auch da waren«, hatte sie unvermittelt gesagt, und Van der Meer hatte sich wie von der Tarantel gestochen aufrecht hingesetzt. Wieso wusste sie davon? Er hatte ihr nichts von diesem Wiedersehenstreffen erzählt und jetzt …

»Warte«, sagte er scharf und fasste sie an der Schulter.

Sie wandte sich von ihm ab, wissend, dass er sie ertappt hatte.

»Verdammt noch mal«, sagte er plötzlich viel zu laut und verstärkte seinen Griff. Alles wurde ihm mit einem Schlag deutlich.

»Also du bist … Gott verd … als ob ich es gefühlt … Wie?«

Van der Meer fand keine Worte mehr. Er schaute sie lange und schweigend an und fragte dann: »Warum …? Du hast eine Menge Geld mitbekommen … Warum in Gottes Namen?«

Sie hatte sich ihm zugewandt und »Sorry« gesagt. Leise und mit Tränen in den Augen.

»Wie … wie?«, begann Van der Meer, beinahe stotternd vor Wut.

Sie hatte ihn angeschaut und gesagt: »Ich war auf dem Schiff und dann bekamen alle Mädchen so ein Papier mit Infos, wer ihr alle wart und was ihr früher gemacht hattet. Ich sagte sofort, dass ich dies nicht könnte … aus persönlichen Gründen. Die Tante von der Organisation habe ich dann gefragt, wem ich denn zugewiesen worden wäre. … Naja, dann …« Sie ließ ihren Tränen freien Lauf. Andere Gäste im Frühstückssaal schauten herüber.

»Und diese Frau erzählte dir, dass du dich an diesem Abend um Tim van der Meer kümmern solltest?«, sagte Van der Meer mit einer kalten Stimme, die ihn selbst erschreckte. »Das du alles tun solltest, um was der Kunde dich bittet, nicht wahr?«

Er schaute sie nun voller Mitleid an.

»Wie kannst du … warum?«, sagte er. »Seit wann arbeitest du in diesem … wie nennt man das … in diesem Fach?«

Sie schluchzte: »Schon fünf Jahre. Man verdient sehr gut.« Van der Meer hatte weiter geschwiegen.

»Weißt du noch, was du damals in Paris gesagt hast?«, hatte er nach einiger Zeit gefragt. Sie hatte mit dem Kopf geschüttelt: »Nein.«

Worauf er sagte: »Dass ein Mensch tun müsse, was er nicht lassen könne – weißt du das noch? Ich musste doch unbedingt die Kriterien alle fahren? Schon wieder einen Monat von zu Hause weg!«

Sie hatte genickt: »Ich verstehe … aber ich schäme mich so«, und sie hatte wieder zu schluchzen begonnen.

Er hatte sie eine Viertelstunde später hinausbegleitet, hatte sie sanft zweimal geküsst und ihre Tränen vorsichtig von den verweinten Wangen gewischt. »Ich rufe beim nächsten Mal wieder an, wenn ich in der Stadt bin«, hatte er gesagt, worauf sie nur traurig geantwortet hatte: »Besser nicht«. Danach war sie gegangen.

Er war bestimmt dreißig Sekunden regungslos in der Hotelhalle stehen geblieben und dann wie in Trance in seine Suite zurückgegangen, wo er seine Koffer gepackt hatte.

Um elf Uhr waren seine Gedanken noch immer wie versteinert. Er hatte vor Wut geheult und sich selbst angeschrien, er war wieder unter die Dusche gegangen und hatte sich zum zweiten Mal an diesem Morgen eingekleidet. Er hatte zweimal ihre Telefonnummer gewählt, aber nur das Band gehört. Er hatte seine Reisedokumente zusammengesucht und gesehen, dass er um ein Uhr für den Flug 641 nach New York einchecken sollte. Unwillkürlich hatte er 6, 4 und 1 zusammengezählt und festgestellt, dass 11 eine schöne Zahl wäre.

Er war nach unten gelaufen, an der Rezeption vorbei, wo er nur kurz hinterließ, dass sein Gepäck bereitstünde, um abgeholt zu werden, und dass er noch frische Luft schnappen wollte. Draußen angekommen, hatte er tief eingeatmet. Er war nach links abgebogen, hatte gesehen, dass sich auf der anderen Seite des Nieuwezijds Voorburgwal in Amsterdam die Sonne gezeigt hatte und war über die Straße gegangen.

Er sah die Straßenbahn nicht kommen. Hörte sie vielleicht noch im letzten Moment. Es war die Linie 7, Fahrschule.